Sandra Turchi

Estratégias de MARKETING DIGITAL na Era da INTELIGÊNCIA ARTIFICIAL

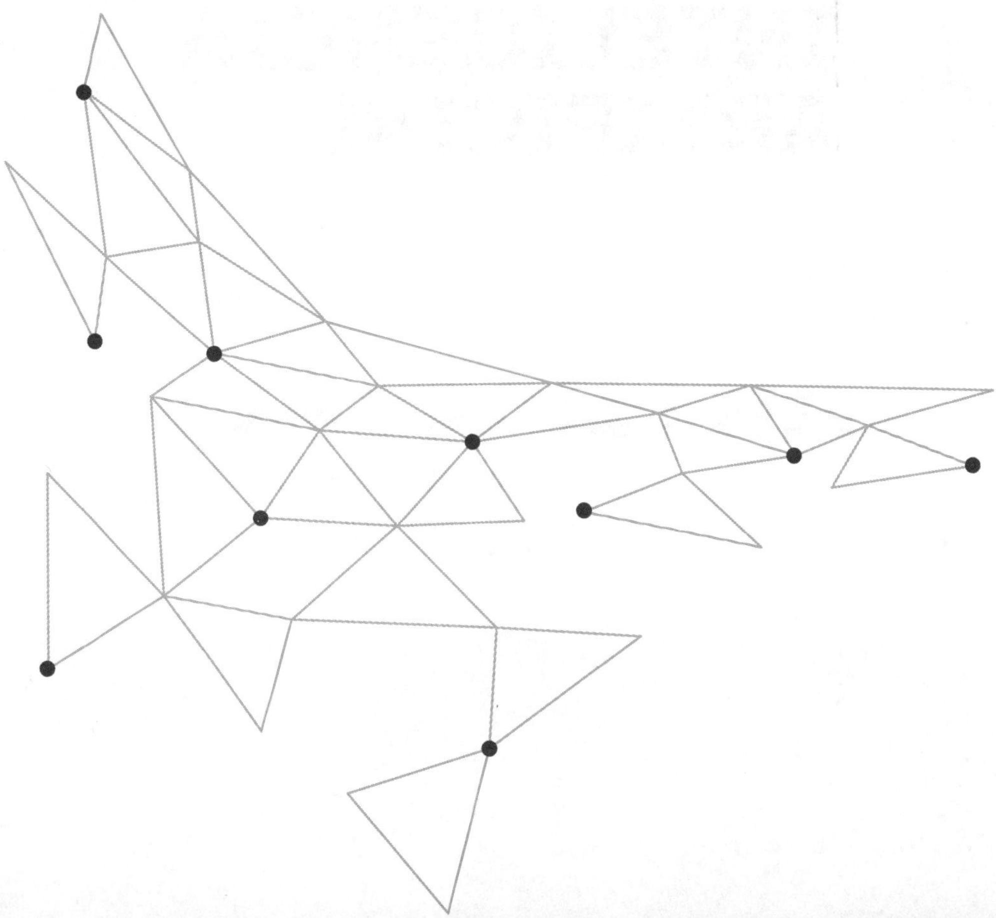

Sandra Turchi

Estratégias de MARKETING DIGITAL na Era da INTELIGÊNCIA ARTIFICIAL

DVS EDITORA
www.dvseditora.com.br
São Paulo, 2025

Estratégias de Marketing Digital na Era da Inteligência Artificial

Apoio e Revisão de Textos: Gabriel Jareta
Revisão de Textos: Hellen Suzuki
Design de capa, projeto gráfico e diagramação: Bruno Ortega | BRO® studio

Dados Internacionais de Catalogação na Publicação (CIP)
(Câmara Brasileira do Livro, SP, Brasil)

Turchi, Sandra
Estratégias de marketing digital na era da inteligência artificial / Sandra Turchi. -- São Paulo : DVS Editora, 2025.

ISBN 978-65-5695-153-9

1. Empreendedorismo 2. Estratégia de marketing 3. Inteligência artificial 4. Marketing digital I. Título.

25-282811 CDD-658.8

Índices para catálogo sistemático:

1. Marketing digital : Estratégias : Administração 658.8

Eliete Marques da Silva - Bibliotecária - CRB-8/9380

Nota: Muito cuidado e técnica foram empregados na edição deste livro. No entanto, não estamos livres de pequenos erros de digitação, problemas na impressão ou de uma dúvida conceitual. Para qualquer uma dessas hipóteses solicitamos a comunicação ao nosso serviço de atendimento através do e-mail: atendimento@dvseditora.com.br. Só assim poderemos ajudar a esclarecer suas dúvidas.

AGRADECIMENTOS

Escrever este livro foi uma jornada desafiadora e enriquecedora. Desafiadora porque, infelizmente, não pude pausar a vida para escrevê-lo. Pelo contrário, precisei desenvolver este projeto em paralelo a tantas outras atividades que desempenho, como mãe, filha, empresária, professora, palestrante e mulher. E, ao mesmo tempo, enriquecedora, pois, ao levantar dados, realizar entrevistas, escrever e revisar o conteúdo, posso afirmar que também expandi meus próprios conhecimentos. Sendo assim, essa missão não poderia ter sido concluída sem o apoio e a inspiração de muitas pessoas, a quem sou profundamente grata.

Agradeço, em primeiro lugar, à minha família e amigos, por sempre acreditarem no meu trabalho e me incentivarem a seguir adiante. Seu apoio incondicional foi essencial em cada etapa deste projeto. Em especial, ao meu filho, Lucca Turchi Memoli, pela paciência e compreensão diante da minha presença reduzida em alguns momentos.

Aos profissionais do mercado de marketing digital e inteligência artificial que compartilharam seus conhecimentos e experiências, enriquecendo ainda mais esta obra. Suas contribuições foram fundamentais para que este material refletisse a realidade dinâmica e inovadora da área, muitos deles parceiros de cursos e negócios, com quem tenho o prazer e a honra de trocar aprendizados constantemente.

Um agradecimento especial aos especialistas entrevistados nos podcasts (listados a seguir), que complementam esta obra. Suas perspectivas e insights foram essenciais para ampliar a visão sobre as estratégias do marketing digital na era da IA.

À DVS Editora, que acreditou no potencial desta obra, e ao Gabriel Jareta, pela revisão primorosa. Minha gratidão também a todos os envolvidos na produção deste livro, pelo empenho e dedicação em transformar esta ideia em realidade.

E, claro, a você, leitor, que dedica seu tempo para explorar este conteúdo. Espero que este livro seja uma ferramenta valiosa em sua jornada profissional e que o ajude a compreender e aplicar as melhores estratégias no mundo digital impulsionado pela inteligência artificial.

Muito obrigada!

Sandra Turchi

Especialistas convidados para a gravação dos podcasts:

- Cynthya Rodrigues
- Fernanda Nascimento
- Flávio Horta
- Lara Magalhães
- Ligia Mitestaines
- Thiago Fraga
- Lucas Jardim
- Lucas Reis
- Marcel Guiraldini
- Martha Gabriel
- Nino Carvalho
- Rafael Rez
- Romeo Busarelo
- Silvia Fagundes
- Soraia Lima

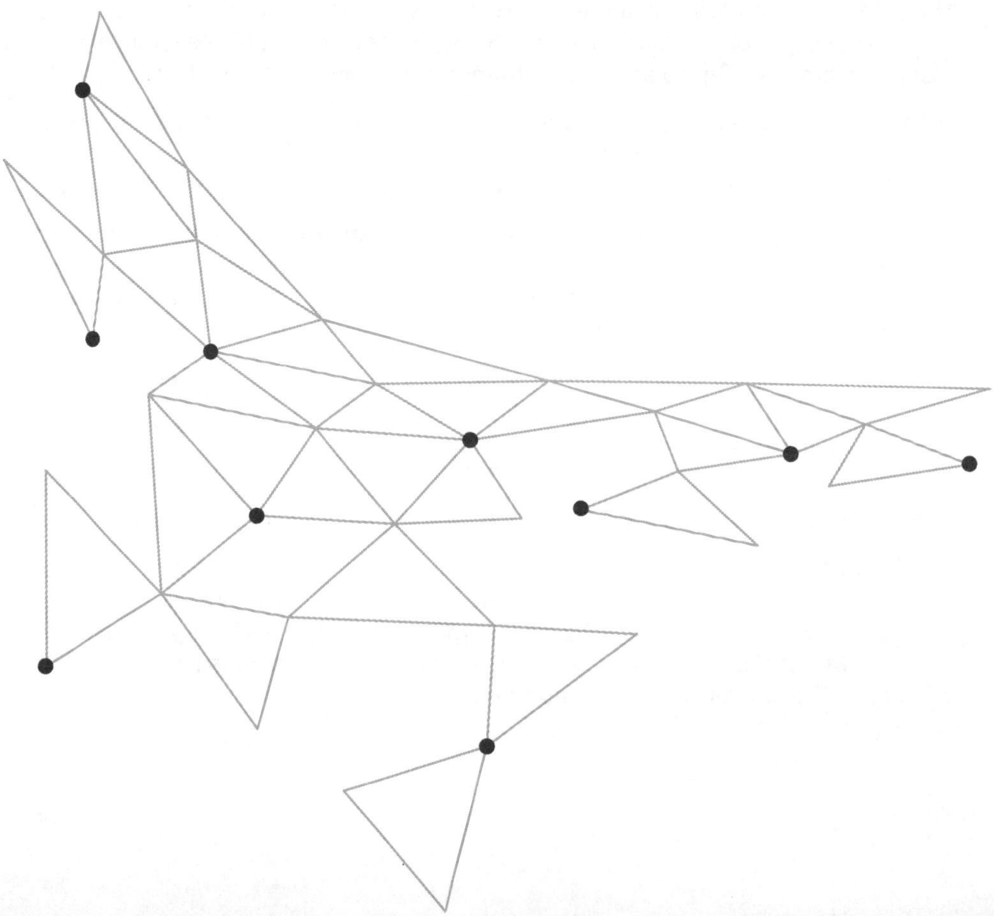

SUMÁRIO

CAPÍTULO 5

CAPÍTULO 6

CAPÍTULO 7

CAPÍTULO 8

CAPÍTULO 9

CAPÍTULO 10

PREFÁCIO

A transformação digital não é mais sobre o futuro, mas sobre o agora. Ela já está redefinindo a forma como empresas e profissionais de marketing operam, impulsionada pela inteligência artificial (IA). Esta tecnologia, além de automatizar processos, está mudando profundamente a maneira como criamos, distribuímos e personalizamos a comunicação entre marcas e consumidores. E, não por acaso, ela será o maior investimento dos gestores de marketing em 2025 e 2026, segundo institutos como Gartner e McKinsey.

O ritmo dessa mudança é acelerado. Ferramentas evoluem rapidamente, novas tendências surgem quase diariamente, e o que funcionava há poucos anos pode já estar obsoleto. Mais do que acompanhar essa evolução, o grande desafio é usar o digital de forma estratégica, sem se perder no excesso de informações e possibilidades.

Foi-se o tempo em que marketing digital significava apenas anúncios segmentados ou estratégias de conteúdo envolventes. Hoje, ele está profundamente ligado à capacidade de interpretar dados, prever comportamentos e construir conexões genuínas e eficazes. Nesse cenário, surge uma pergunta essencial: como profissionais e empresas podem transformar inovação em vantagem competitiva?

Um guia para quem quer ir além

Este livro, escrito por Sandra Turchi, chega em um momento crucial para responder a essa questão. Ele é um guia estratégico, desenvolvido por uma profissional que há décadas acompanha a evolução do marketing digital e capacita empresas e profissionais a aplicarem-no com inteligência. Sandra é uma referência quando o assunto é inovação no digital. Seu trabalho na educação executiva e na consultoria empresarial tem impactado diretamente a forma como líderes e marcas encaram o digital, e eu sou testemunha disso.

Nós nos conhecemos dentro do ambiente acadêmico, quando Sandra já era uma das principais referências no ensino de marketing digital. Como aluna, aprendi com ela conceitos que me ajudaram a enxergar o mercado e, principalmente, a criar meus próprios caminhos para desenvolver um trabalho diferenciado. Como profissional, tive o privilégio de desenvolver projetos ao seu lado e perceber, na prática, sua visão estratégica e sua capacidade de traduzir a complexidade do digital de forma clara e aplicável.

Com o tempo, nos aproximamos ainda mais por causa do interesse comum no universo digital, e nos aprofundamos num segmento que já vivencio há mais de 30 anos, o B2B, que exige um olhar estratégico e diferenciado. Marketing para corporações não segue as mesmas regras do marketing para o consumidor final. Ele demanda um equilíbrio entre construção de marca, geração de demanda qualificada e relacionamento de longo prazo. E foi essa afinidade que nos levou a desenvolver, juntas, três cursos sobre marketing B2B na ESPM, capacitando profissionais a enfrentarem os desafios desse mercado.

Sendo assim, foi uma grande honra receber o convite da Sandra para contribuir com o Capítulo 9 deste livro, que aborda o marketing digital no setor B2B.

O que esperar desta leitura?

Ao longo dos capítulos, encontramos respostas para algumas das perguntas mais urgentes do marketing digital na era da IA:

- Como a revolução da IA está impactando o marketing digital? O que muda na forma como coletamos, analisamos e usamos dados para tomar decisões mais inteligentes?
- Redes sociais ainda são tão relevantes quanto antes? Como as plataformas evoluíram e o que realmente gera engajamento no mundo hiperconectado?
- Automação é a solução ou um risco para a personalização? Como equilibrar eficiência e autenticidade na comunicação digital?
- Publicidade programática: como garantir impacto real? O que funciona (e o que não funciona) quando o assunto é mídia digital.
- Marketing B2B e B2C: quais são as estratégias que realmente fazem a diferença? Como abordar públicos distintos de maneira estratégica?
- Quais métricas importam de verdade? Estamos olhando para os números certos ou apenas acompanhando dados irrelevantes?

Essas são apenas algumas das provocações que este livro traz, e cada capítulo foi estruturado para oferecer não apenas respostas, mas insights estratégicos e aplicações práticas.

Para quem quer construir o futuro do marketing

Assim, mais do que uma coletânea de conceitos, este livro é uma referência essencial para qualquer profissional que deseja compreender o presente e se preparar para o futuro do marketing digital.

Além da base teórica, o conteúdo traz cases reais, dados de mercado e reflexões estratégicas, tornando o aprendizado dinâmico e aplicável. Sandra ainda apresenta conversas com especialistas renomados, referências em suas áreas, para complementar cada grupo de assunto.

Entendendo o impacto que a Sandra gera no mercado e a sua dedicação à disseminação do conhecimento de qualidade, me sinto muito confortável em afirmar que *Estratégia de Marketing Digital na Era da Inteligência Artificial* representa mais um passo nessa missão, trazendo um conteúdo valioso para aqueles que desejam acompanhar a evolução do marketing digital e também liderá-la.

Espero que esta obra seja tão enriquecedora para você quanto é para mim. E que, como profissional, você seja tocado pela entrega da Sandra em suas iniciativas como eu fui. Que cada insight apresentado aqui o inspire a criar estratégias mais inteligentes, a tomar decisões mais precisas e a enxergar a IA como uma aliada poderosa para o crescimento sustentável e inovador dos negócios.

Boa leitura!

Fernanda Nascimento
CEO da Stratlab

INTRODUÇÃO

Nos últimos anos, o marketing digital passou por uma revolução sem precedentes. Com a ascensão da Inteligência Artificial, o acesso a dados e o avanço da tecnologia, as estratégias de marketing se tornaram mais inteligentes, ágeis e precisas.

Com base em anos de experiência teórica e prática, lecionando marketing digital nas melhores escolhas do país e também do exterior, palestrando em inúmeros eventos para empresas e instituições, além de um trabalho intenso de consultoria em marketing digital focada em atender empresas de diversos setores e portes, eu procuro com este livro contribuir com os profissionais que buscam entender este momento do mercado para atuar de forma mais eficiente, fazendo melhores escolhas e investimentos.

Para além de aspectos estratégicos e práticos integro também o olhar humano sobre como os profissionais deverão lidar com suas carreiras num ambiente tão mutante e transformador.

O que antes era baseado em tentativa e erro, agora é guiado por algoritmos sofisticados que analisam padrões, antecipam comportamentos e personalizam interações. Estamos vivendo a era do marketing data-driven, onde a IA não apenas facilita processos, mas redefine completamente a forma como marcas e consumidores se conectam.

Este livro tem como objetivo explorar essa transformação e fornecer um guia completo para profissionais que desejam se atualizar e entender como a Inteligência Artificial está impactando o marketing digital. A proposta é apresentar tanto a parte estratégica quanto os detalhes técnicos que moldam o cenário atual, permitindo uma visão holística e prática das mudanças em curso.

A jornada começa com uma análise da evolução da internet e do impacto da transformação digital no comportamento dos consumidores. A partir daí, aprofundamos o papel da Inteligência Artificial no marketing digital, explorando suas diferentes aplicações, implicações éticas e influência no mercado de trabalho.

O planejamento de marketing digital é tratado em profundidade, demonstrando como ele deve ser estruturado para gerar resultados efetivos, tendo em vista que este mercado virou cada vez mais tático, levando muitas empresas a investirem tempo e dinheiro sem alcançar resultados, em grande parte devido à falta de visão estratégica.

Além disso, abordamos com detalhes as principais estratégias de SEO, SEM e publicidade online, analisando como a IA influencia os mecanismos de busca e a compra de mídia programática.

As redes sociais, que hoje desempenham um papel central na comunicação digital, também são exploradas de forma abrangente. O livro trata desde a gestão da presença digital das marcas até técnicas avançadas como storytelling, influência digital e a força das comunidades online, passando por gestão de crises no ambiente digital, fator de suma importância nos dias atuais.

Outro ponto essencial abordado é o Inbound Marketing e suas estratégias de captação e nutrição de leads, com foco na automação e no uso inteligente dos dados para personalizar a comunicação. O mobile marketing e o marketing conversacional também são discutidos, destacando a importância dos apps, do WhatsApp marketing e da ascensão dos assistentes virtuais na interação com os consumidores.

A mensuração de resultados é um fator crítico no marketing digital moderno. Por isso, um dos pilares do livro é a análise de métricas e o conceito de Data-Driven Marketing, apresentando ferramentas e indicadores essenciais para medir a efetividade das campanhas. Além disso, há uma discussão aprofundada sobre a transformação do marketing digital no mercado B2B, onde a personalização, a automação e a inteligência coletiva desempenham papéis cada vez mais relevantes.

Por fim, o livro convida o leitor a refletir sobre o futuro profissional na era da Inteligência Artificial. Com tantas mudanças em curso, entender quais habilidades serão indispensáveis para os profissionais de marketing se tornará um diferencial competitivo essencial.

Um dos diferenciais deste livro é que, além de um conteúdo abrangente e atualizado, este livro traz podcasts exclusivos com profissionais experts do mercado. Em cada capítulo, você terá acesso a entrevistas que realizei com cada um deles e que complementam o conteúdo, trazendo insights reais sobre as mudanças e tendências do marketing digital. Essas conversas oferecem uma visão prática e aprofundada do impacto da IA, ajudando a conectar teoria e aplicação no mundo real.

Seja você um profissional buscando atualização ou alguém que deseja compreender o futuro do marketing digital, este livro foi criado para oferecer um guia completo e estratégico. A Inteligência Artificial já está moldando o presente e o futuro do marketing. Cabe a nós entender, adaptar e aproveitar seu potencial ao máximo.

Vamos juntos explorar esse novo mundo?

CAPÍTULO 1

EVOLUÇÃO DA INTERNET E A TRANSFORMAÇÃO DIGITAL

NESTE CAPÍTULO, VOCÊ VAI:

- *Entender como a internet influencia nos vários tipos e tamanhos de negócios, no marketing e na vida cotidiana em um contexto pós-pandemia.*
- *Conhecer o histórico, números da internet e do marketing digital no Brasil e no mundo.*

É quase impossível pensar a nossa vida atual sem a internet. Por meio dela podemos fazer compras a distância, realizar operações bancárias, acessar notícias, estudar sobre uma infinidade de assuntos, conhecer pessoas de outros países, conversar com amigos, jogar online, entre inúmeras outras atividades que se tornaram muito mais fáceis nas últimas três décadas. É graças ao desenvolvimento da internet que podemos trabalhar em home office ou de forma remota, de qualquer lugar do mundo. Esse ambiente digital e interligado, que no princípio era também chamado de "grande teia mundial" (World Wide Web, o "www" do início dos endereços dos sites), experimentou um crescimento acelerado desde que se tornou acessível para qualquer usuário, em meados dos anos 1990, e mantém-se em contínua evolução — uma evolução que tem desdobramentos como a inteligência artificial (IA), um campo do conhecimento que está revolucionando a sociedade.

Mas, por enquanto, vamos nos ater à chamada "rede mundial de computadores", a internet. O mundo corporativo, em particular, foi bastante impactado pelo crescimento rápido e contínuo da internet, não só porque a rede abriu um novo canal para divulgação e comercialização de produtos e serviços para empresas de todos os tipos e portes, como as obrigou a repensar suas estratégias de marketing e a forma de se relacionar com clientes e parceiros de negócios — locais e do mundo todo.

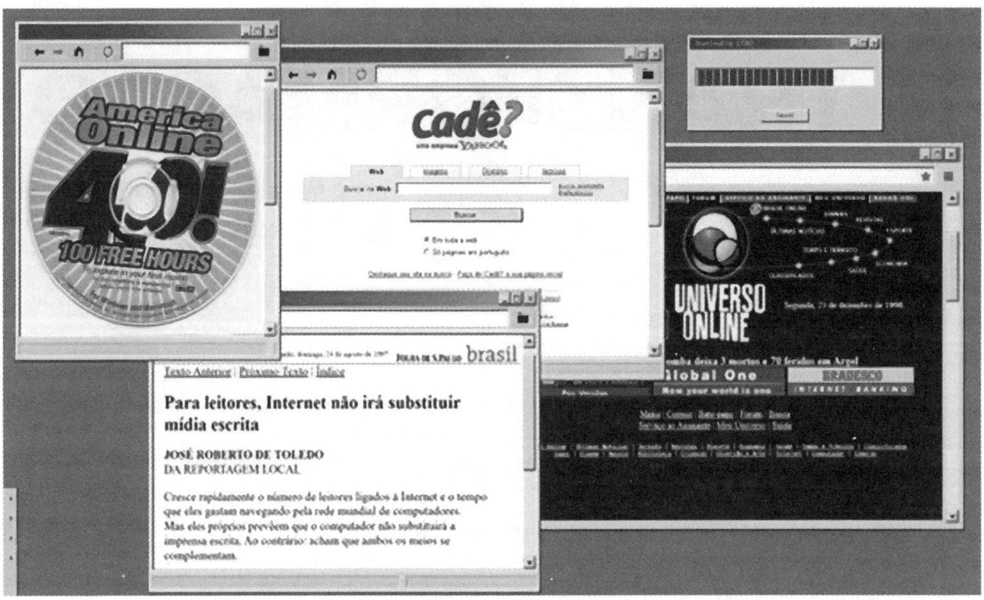

Imagens ilustrativas do início da internet no Brasil, década de 1990.

Fonte: *Pesquisa própria.*

Vale ressaltar que a pandemia causada pela Covid-19 acelerou o uso da internet e dos recursos online, inclusive nas empresas que ainda estavam engatinhando em seus processos de transformação digital. Foi a maneira com que essas empresas encontraram para sobreviver nos anos de 2020 e 2021, quando vários países decretaram lockdown, impondo o distanciamento social e a limitação de diversas atividades econômicas realizadas de maneira presencial. O cenário provocou um grande impacto nas escolas e instituições de ensino públicas e privadas, do fundamental ao superior, que tiveram de correr para se adaptar aos novos tempos e implementar ferramentas tecnológicas para possibilitar as aulas de forma remota.

Assim como fizeram as grandes organizações, muitas empresas de menor porte também precisaram se adaptar e passar a empregar os recursos digitais por uma questão de sobrevivência no mercado, mantendo seus colaboradores em home office e buscando alternativas de atendimento e prestação de serviços de forma online. As pequenas empresas também despertaram para a importância de marcar presença na internet com um site institucional atualizado e informativo, assim como um blog alimentado constantemente com novos conteúdos. Muitas delas começaram a utilizar muito mais as redes sociais e passaram a ter interações mais frequentes por este meio com seus clientes, além de investirem em anúncios e em links patrocinados nos sites de busca, entre outras opções.

Observou-se ainda que boa parcela das empresas que até antes da pandemia contavam apenas com lojas físicas (comércio em geral, restaurantes, bares, padarias, supermercados, entre outros) viram-se obrigadas a realizar transações comerciais pela web com entregas aos clientes via aplicativos ou mesmo iniciar uma operação de e-commerce para vender seus produtos. Isso porque os clientes convencionais e, principalmente, os potenciais estavam e estão na internet, bem como as empresas concorrentes.

Portanto, há muito tempo já não é mais possível ignorar o grande potencial oferecido pelo universo digital e suas mais variadas opções de acesso, desde os desktops até os mais variados dispositivos móveis como smartphones, tablets, notebooks, netbooks, smartwatches entre tantos outros gadgets.

O POTENCIAL DO DIGITAL

Apesar de todas as inovações tecnológicas e da disponibilidade de ferramentas gratuitas na internet, que contribuem para mudar os relacionamentos interpessoais, comerciais e a forma de se fazer negócios, a realidade tem demonstrado que uma parcela das pequenas e médias empresas ainda não usufrui desses recursos como deveria. E nem sequer está familiarizada com as terminologias relativas a essas atividades.

O fato é que a digitalização deixou de ser uma opção para as micro, pequenas e médias empresas (PMEs) e se tornou uma obrigatoriedade, sobretudo durante e após a pandemia da Covid-19. Ao longo do período mais crítico da pandemia, o Sebrae fez levantamentos sobre como os pequenos negócios estavam lidando com as alternativas digitais. Em maio de 2020, 59% dos empresários pesquisados vendiam por redes sociais e aplicativos, como o WhatsApp; em abril de 2022, esse índice passou para 71%[1]. Mas é preciso avaliar até que ponto cada negócio está de fato preparado para encarar essa transformação e para extrair o potencial máximo das ferramentas digitais a seu favor.

Movimentação do e-commerce no Brasil.

Fonte: *Fecomércio*

1 *https://datasebrae.com.br/wp-content/uploads/2020/06/Impacto-coronav%C3%ADrus-14%C2%AAedicao_DIRETORIA-v6.pdf*

Um dos motivos da baixa participação das pequenas e médias no faturamento do comércio eletrônico é a enorme quantidade de empresas que não possui ao menos uma presença digital consolidada, nem sequer investiu em conhecimento. Outra questão é o fato de muitas PMEs não terem sites atualizados e responsivos (adaptáveis a qualquer tamanho de telas, como celulares e tablets), com boa usabilidade, capazes de gerar uma ótima experiência ao consumidor e reter visitantes. Isso porque a maioria dessas empresas nem sequer usa ferramentas de análise, como o Google Analytics, para medir o desempenho de seus sites e de suas ações digitais, por não acreditarem que esses recursos servem para efetuar mudanças capazes de garantir melhores resultados.

É necessário que tais empresas busquem maior conhecimento e condições para realizar negócios, utilizando a web como plataforma para conquistar e reter clientes, aumentar vendas, fortalecer sua imagem e marca, e para divulgar produtos e serviços, entre outras opções. Caso contrário, correrão o risco de desaparecer.

As dificuldades alegadas pelos gestores das PMEs para usar a internet de forma mais intensa são a falta de tempo, de foco para buscar soluções, e de equipe dedicada, tendo em vista que normalmente os microempresários são os responsáveis por grande parte da operação das suas empresas, desde a compra dos produtos, negociações, pagamentos e até vendas, ou seja, a gestão geral do negócio, o que demanda obviamente muito tempo, pois precisam "jogar em todas as posições". Em geral, eles não possuem muitos recursos financeiros, tampouco equipes de marketing e de tecnologia ou profissionais que contribuam para o desenvolvimento digital. Assim, a tarefa de buscar inovações e implantá-las acaba ficando em suas próprias mãos, ou então não é feita.

Junte-se a isso as experiências negativas que já tiveram com algumas agências pouco qualificadas que se proliferaram no mercado nos últimos anos e lhes trouxeram pouco ou nenhum resultado, fazendo com que desacreditassem ainda mais das possibilidades do uso de marketing digital; e, ainda a falta de conhecimento necessário para contratar e analisar os custos dos serviços, fazendo com que esses empresários se sintam muitas vezes até "enganados". Além disso, a falta de conhecimento tem impacto também na hora de contratar profissionais para suas equipes.

É inegável que os anos de 2020 e 2021 impuseram enormes desafios a todas as empresas, e às PMEs ainda mais, em particular. Para algumas companhias, o impacto foi menor; para outras, houve uma mudança radical nas relações de consumo para se manterem ativas. A principal lição aprendida foi a importância da digitalização dos negócios e a busca por mais conhecimento nessa área. Muitas empresas começaram esse processo tardiamente; outras já nasceram na era digital, mas todas, sem dúvida, sentiram o efeito que a digitalização provoca na rotina dos negócios, em qualquer área.

Mas é fundamental reforçar que a transformação digital não significa tão somente investir em tecnologia ou automatizar as ações de marketing ou da rotina de trabalho, e sim promover uma transformação na cultura da empresa. Isso significa aplicar uma mudança de estilo que tornará a organização mais ágil, flexível e inovadora. À medida que essa adaptação ocorre, as empresas reagem a novos modelos de negócios de forma ainda mais dinâmica. A mudança vai além da postura interna da instituição, porque se colocar no mundo digital é abrir um leque de oportunidades e, acima de tudo, é estar disponível para seu público. É um ecossistema de possibilidades que vai impactar os negócios de todas as formas, gerando credibilidade, conquistando leads e aumentando receitas. A tecnologia presente na digitalização dos processos e nas empresas deve ser utilizada como uma ferramenta de transformação e expansão dos negócios.

Faz tempo que a corrida pelo sucesso deixou de ser pragmática. Anos de experiência, tradição no mercado e uma clientela fiel não são mais indicativos de sucesso e de manutenção dos negócios ao longo dos anos. As startups e as novas empresas que surgem a cada dia já nascem digitais e inseridas em um mundo onde o fio condutor das rotinas das organizações é a tecnologia. Por isso, tão importante quanto se digitalizar é promover uma mudança cultural e na forma de pensar e agir entre líderes e colaboradores, para que as alterações estruturais sejam aceitas e estabelecidas dentro da empresa.

A INTERNET NO BRASIL E NO MUNDO: UM POUCO DE HISTÓRIA E NÚMEROS

A internet para uso comercial existe há mais de 30 anos no Brasil. Desde que foi lançada em 1992, durante a realização da ECO-92 (Conferência das Nações Unidas para o Meio Ambiente e Desenvolvimento), no Rio de Janeiro, quando a RNP (Rede Nacional de Ensino e Pesquisa) disponibilizou o backbone para prover o acesso à web aos participantes do evento, a internet não parou mais de evoluir. A oferta da conexão para os usuários finais e para uso comercial (e não mais apenas acadêmico e militar, como era até a década de 1980) foi feita pela Embratel em dezembro de 1994 e, no ano seguinte, pelas empresas de telecomunicações que passaram a conectar os provedores aos internautas. Com a criação do Comitê Gestor da internet (CGI-Br), em maio de 1995, formavam-se as bases para o desenvolvimento da internet no país.

Dos 2 milhões de usuários em 1990, a web passou a ser acessada por mais de 5,5 bilhões em 2025 no mundo. E no Brasil, para uma população de 217 milhões de habitantes, a penetração da internet é de 86,6% (bem acima da média mundial, que é de 66,2%).

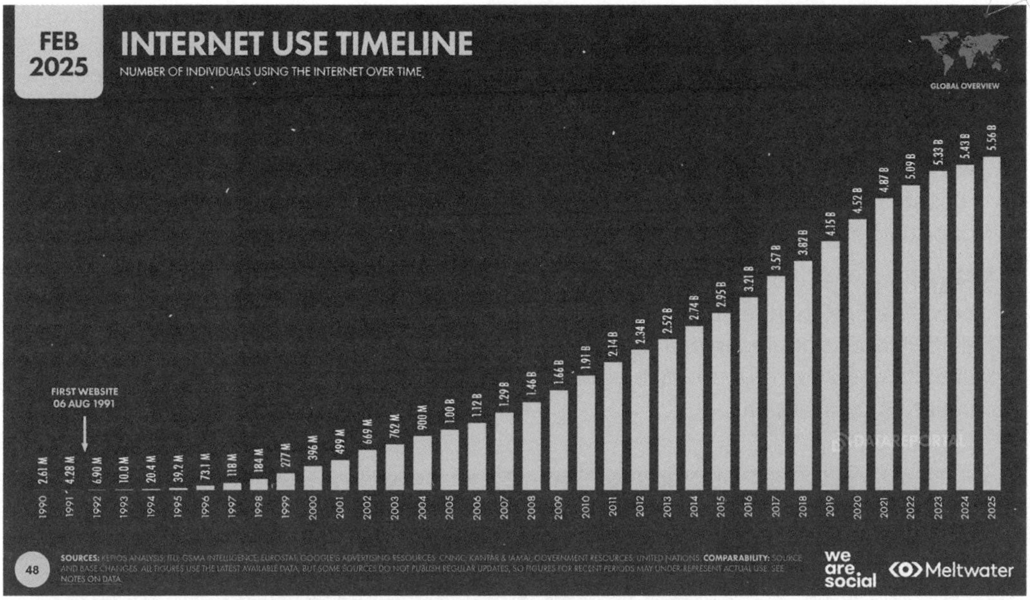

Fonte: *We are social, Meltwater – fev/2025.*

Para as empresas que atuam no país, a internet abriu um leque imenso de novas possibilidades, contribuindo para a condução dos negócios com maior eficiência, tanto internamente, facilitando e agilizando a comunicação entre colaboradores, fornecedores e demais parceiros, como externamente, na oferta de mais informações ao público sobre seus produtos e serviços. Mais do que isso, a internet possibilitou vendas para todo o país e para o exterior pelos canais de e-commerce.

A pandemia da Covid-19 intensificou ainda mais as vendas pelo meio digital, especialmente durante os períodos de confinamento da população em que apenas alguns estabelecimentos como supermercados e farmácias, entre outros, tinham autorização para continuar operando fisicamente. Muitos consumidores se renderam à praticidade de fazer as compras pela internet e, segundo o E-Commerce Brasil, 71% das pessoas aumentaram as compras online durante e após a pandemia e 97% passaram a intensificar o uso da internet para procurar produtos e/ou serviços.

A EVOLUÇÃO

Todas as pesquisas e estatísticas relacionadas ao mundo digital mudam a cada dia, mas o fundamental é entender o que esses estudos comprovam: trata-se de um caminho sem volta, que requer um aprendizado contínuo (na maior parte das vezes, empírico) e apresenta grandes desafios e obstáculos a serem vencidos, mas que, em contrapartida, oferece uma gama inesgotável de possibilidades e oportunidades que, devidamente aproveitadas, podem render excelentes resultados.

Segundo o estudo realizado pela We Are Social e Meltwater, de fevereiro de 2025, cerca de 5,56 bilhões de pessoas acessaram a rede, o que corresponde a cerca de 67,9% da população mundial. No recorte de usuários de internet entre 16 e 64 anos, a pesquisa mostrou que as redes sociais são utilizadas por 94,2% desses usuários de internet.

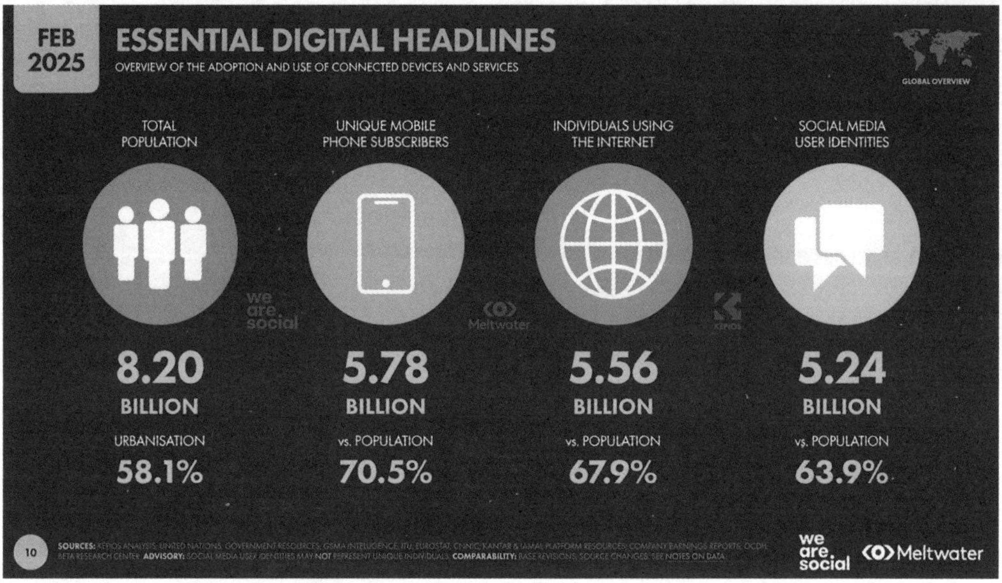

Fonte: *We Are Social, Meltwater – fev/2025.*

No Brasil, o acesso à internet móvel aumentou muito nos últimos anos, especialmente entre as classes C e D. As pesquisas realizadas anualmente pelo CGI-Br revelam que, a partir de 2020, primeiro ano da pandemia de Covid-19, o acesso à web nas residências das classes C, D e E deu um salto. Em 2023, após dois anos de estabilidade, a pesquisa TIC Domicílios 2023 mostra que os avanços mais significativos foram observados na classe C, com aumento de 87% dos domicílios em 2022 para 91% em 2023; e nas classes DE, em que passou de 60% para 67%. Um dado bastante interessante revelado pela pesquisa é que nas classes DE, 87% dos usuários acessaram a rede exclusivamente pelo telefone celular.

O uso da banda larga por meio das redes de telefonia móvel também tem crescido muito a cada ano. A utilização da banda larga, especialmente pelas redes móveis, é importante porque favorece a inclusão de um maior número de brasileiros na moderna sociedade da informação e do conhecimento. Com isso, o acesso por celular passou a ser maior do que por computadores pessoais. A FGVcia, Centro de Tecnologia de Informação Aplicada da Escola de Administração de Empresas de São Paulo da Fundação Getulio Vargas (FGV), promove um estudo anual sobre o mercado brasileiro de Tecnologia da Informação. A edição de 2024 mostra que a base total de computadores no país, considerando desktop, notebook e tablet, chegou a 222 milhões, o equivalente a pouco mais de um item por habitante.

Já o número de smartphones em uso no Brasil soma 258 milhões, ou 1,2 aparelho por habitante. Quando o cálculo é feito levando em conta apenas dispositivos portáteis (smartphones, notebooks e tablets), o total é de 384 milhões de unidades em uso, isto é, 1,8 dispositivo portátil por habitante. E a tendência é de alta, uma vez que o trabalho e o ensino a distância, estimulados pela pandemia, são práticas que deverão estar cada vez mais consolidadas — e isso poderá até ser intensificado pela praticidade que a forma híbrida de trabalho oferece.

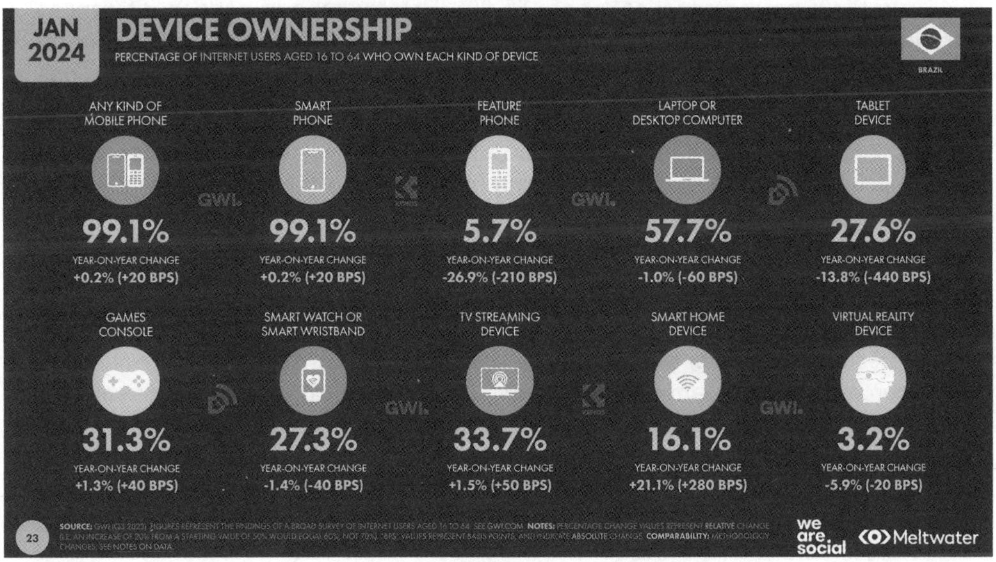

Acesso por tipo de equipamento.

Fonte: *We Are social, Meltwater – jan/2024.*

Quem mais acessa a internet

Assim como tudo que diz respeito à evolução tecnológica conduzida pela internet, a avaliação do número de usuários ao longo dos anos mostra a abrangência crescente da internet e, especialmente, das redes sociais. Em 2014, a segunda edição da pesquisa "Jovem Digital Brasileiro", do Ibope, feita com 1.513 jovens brasileiros com idade entre 15 e 32 anos, revelou que quase todos (96%) usavam a internet diariamente para navegar nas redes sociais (90%) e ver ou baixar vídeos. Esses jovens possuíam perfil em sete redes sociais, em média e em torno de três endereços de e-mail (17% apenas um, 40% dois e 21% mais do que três).

Entre os achados do estudo estão a simultaneidade e a convergência, uma vez que 61% deles estavam habituados a usar mais de um meio de comunicação ao mesmo tempo, e 63% assistiam TV enquanto navegavam na web. Por essa razão, os jovens foram considerados usuários multitelas — comportamento que se acentuou nos últimos dez anos.

Dados da Anatel de junho de 2022 mostram que 90,5% da população do país recebia cobertura 4G. A porcentagem alta, no entanto, escondia diferenças regionais: enquanto 99,6% dos moradores do Distrito Federal podiam acessar o 4G, no Piauí o percentual caía para 73,8%. Havia também grandes diferenças regionais na distribuição da cobertura de internet no Brasil: enquanto o Distrito Federal tinha 77,7% do território coberto por 4G, apenas 0,82% do Amazonas contava com a tecnologia.

E 2022 também marca a chegada da tecnologia 5G ao país, cujo potencial de ampliação da cobertura da banda larga móvel é importante para garantir mais acesso a serviços digitais e um tráfego muito maior de dados. De acordo com a Anatel, no final de 2023 foram registrados mais de 20,5 milhões de usuários de 5G no país, o que representa um crescimento de 3,5 vezes em relação a 2022, somando em torno de 8% do total de linhas móveis ativas.

É interessante observar que, dos primórdios da internet, no Brasil, as lan houses e cibercafés respondiam por 50% do volume de acessos, devido à dificuldade na aquisição de computadores e banda larga pelo público de baixa renda. Esses locais desempenharam um papel fundamental na inclusão digital. Estima-se que no Brasil o número de lan houses superou 100 mil em 2011. Nos anos posteriores esses estabelecimentos se tornaram centros de conveniência devido ao aumento do acesso domiciliar e móvel.

Em 2021, a pesquisa Painel TIC Covid-19 realizada pelo do Cetic-Br, Nic-Br e CGI-Br revelou a consolidação dos hábitos de compras online, similares aos observados em 2020 e superiores ao contexto pré-pandemia. O levantamento mostrou uma grande desigualdade social, já que 58% dos homens e 46% das mulheres adquiriram produtos e serviços pela internet, sendo que 81% eram das classes AB e 30%, das classes DE (30%). Também houve rápida adesão ao Pix, método de pagamento instantâneo lançado em novembro de 2020: 72% dos usuários de todas as classes sociais que compraram pela internet o utilizaram para pagamentos digitais.

As condições para o trabalho a distância também foram desiguais. Para os profissionais das classes AB, o principal dispositivo para trabalho remoto foi o computador, sendo que 47% já possuía esse dispositivo. O telefone celular foi o meio mais adotado pelas classes DE. Entre a parcela de trabalhadores por aplicativos, composta de entregadores e motoristas de carros e motos, 68% encontraram dificuldade de conectividade para suas atividades, por causa da circulação em áreas sem cobertura ou devido ao esgotamento do pacote de dados. Proporção similar (71%) desses usuários adotou estratégias como mudar de plano ou operadora, adquirir um segundo chip ou contar com o apoio da empresa para usar a internet pelo celular no trabalho.

O trabalho remoto ou híbrido em 2021 foi a alternativa emergencial para a manutenção de inúmeras atividades em períodos de quarentena para 54% dos usuários de internet com 16 anos ou mais, segundo a pesquisa do Cetic-Br. O uso da internet para tais atividades foi maior para os usuários com ensino superior (77%) e pertencentes às classes AB (78%).

Com relação ao tempo gasto navegando na internet, o estudo da We Are Social revelou que o brasileiro fica mais do que 9h por dia conectado, sendo que 5h19m foram via celular. O usuário de internet brasileiro passou, em média, 3h37m por dia acessando as redes sociais (via dispositivo mobile ou fixo).

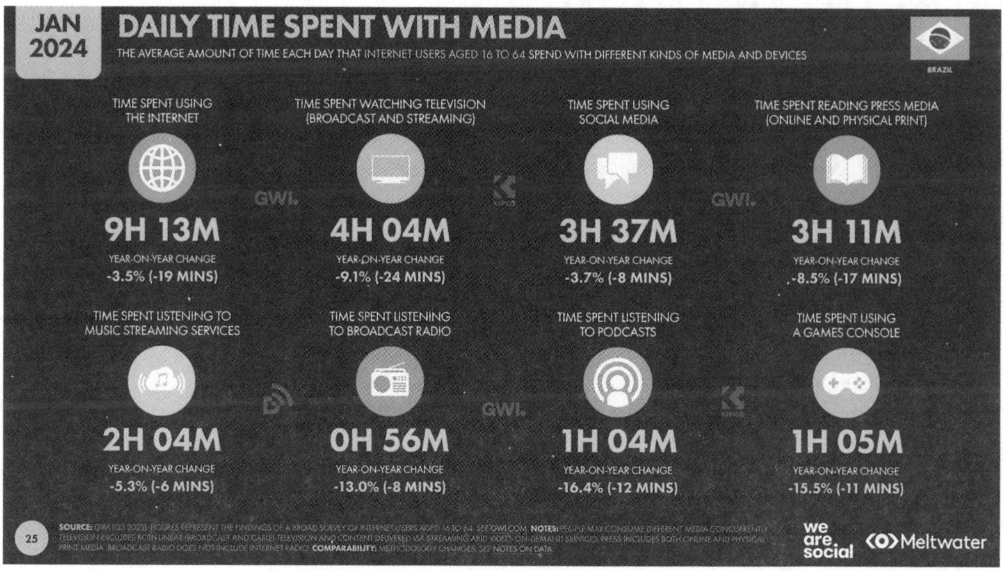

Tempo gasto na internet por dia.

Fonte: *We Are Social, Meltwater – jan/2024.*

Quanto ao tempo gasto na internet, há muitas controvérsias, pois muitos alegam que o brasileiro fica muito tempo online porque seu acesso é mais lento e de pior qualidade ou, mesmo, porque os usuários passam muito tempo assistindo a vídeos e conteúdos de qualidade questionável. Ou seja, ficar conectado por mais tempo não necessariamente é sinônimo de produtividade, principalmente se notarmos que vários países desenvolvidos, como Japão, Coreia do Sul, China, Dinamarca, Suíça etc. permanecem menos tempo conectados à web diariamente, como pode ser visto no gráfico a seguir. Independentemente dessa visão, podemos avaliar também que o brasileiro é um povo entusiasta das novas tecnologias, pois o mesmo se repete quando falamos de acesso à web via celular, em que também há um recorde mundial em tempo de acesso, bem como por seu interesse por novas redes e novas tecnologias.

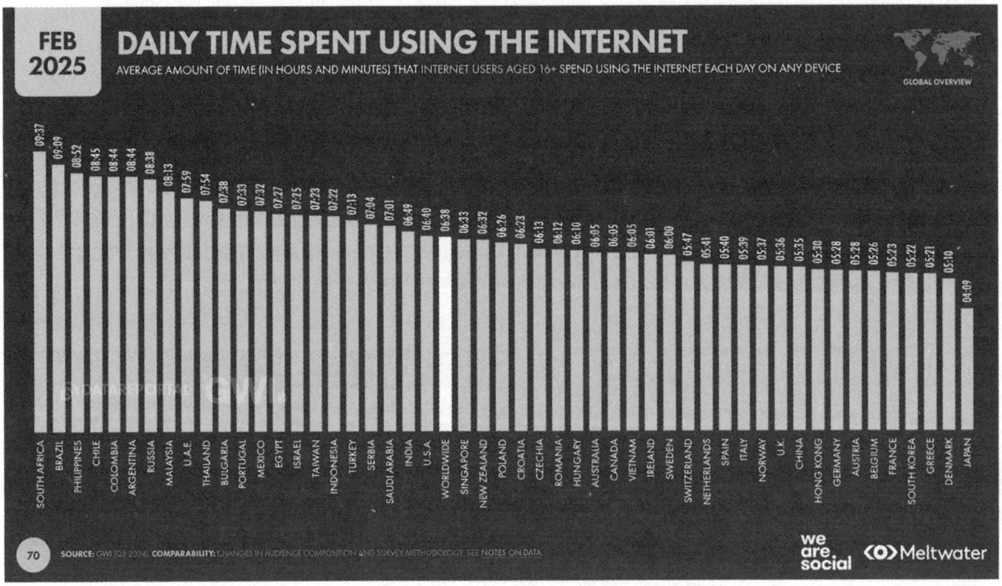

Tempo gasto na internet por país.

Fonte: *We Are Social, Meltwater – fev/2025.*

Em se tratando de dados sobre o mercado publicitário, o IAB Brasil (International Advertising Bureau), associação que retrata o mercado de publicidade digital do Brasil publica um relatório chamado “Digital AdSpend”, feito em colaboração com a Kantar Ibope Media. Segundo esse relatório, em 2023 foram investidos R$35 bilhões em publicidade digital, o que representa um crescimento de 8% em relação a 2022.

A pesquisa também mostra que mais da metade dos gastos com anúncios digitais em 2023 foi para plataformas de mídia social (52%), seguidas por buscadores (29%) e publishers e verticais (19%). Em relação ao share de devices, 74% do investimento foi destinado a mobile e 26% a verticais. Em termos de formatos, 36% do investimento vai para vídeo, 35% para imagens e 29% para search — a pesquisa leva em conta o principal deles, o Google, como demonstra o gráfico a seguir.

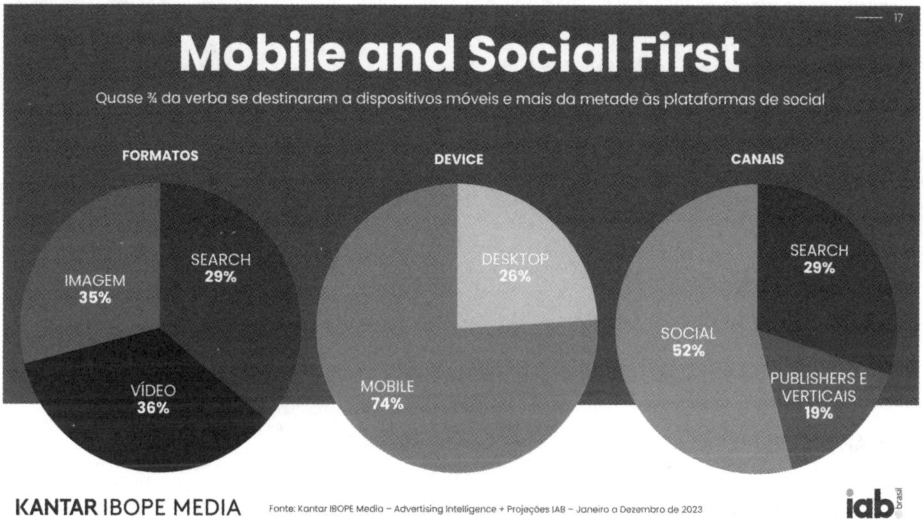

IAB e Kantar Ibope Media 2023.

***Fonte:** Investimento em mídia por formato, device e canal.*

Para se ter uma ideia de valores, o investimento em search (mecanismos de buscas) no Brasil em 2023 foi de mais de R$10 bilhões, segundo dados do mesmo IAB Brasil. Esse é um mercado que continua em pleno aquecimento e o motivo é óbvio: é o canal ainda mais utilizado pelo público para encontrar as empresas. De longe, a maior empresa do segmento de search em todo o mundo é o Google, lançado em 1998, que possui mais de 95% do mercado e, desde então, já indexou páginas de milhões de domínios e encontrou mais de trilhões de endereços na web. Mas, como a internet está mudando, o Google tem de rastrear diariamente mais e mais bilhões de páginas para se manter atualizado e começa a sofrer com a concorrência de buscas feitas pelos usuários em plataformas de mídias sociais, como o Tik Tok, por exemplo.

Ainda segundo a pesquisa do IAB, a atração dos canais digitais é cada vez maior para os anunciantes. Em sete setores econômicos pesquisados, o investimento publicitário no digital superou ou igualou 50% da verba: vestuário (73%), eletro e informática (71%), agropecuária (56%), escritório (56%), industrial (53%), comércio (50%) e educação (50%), como retrata a imagem a seguir. Esse é um movimento que pode trazer mais oportunidades de prospecção para agências, publishers e plataformas. Afinal, alguns setores, como pet, turismo e saúde continuam com a maior parte da fatia publicitária fora do digital.

Participação por setor em investimento publicitário no Brasil.
Fonte: *IAB, Kantar Ibope Media – 2023.*

PERFIL DO E-CONSUMIDOR E DIFERENÇAS GERACIONAIS

O momento socioeconômico e histórico influencia diretamente o comportamento das pessoas. Jovens e adultos de diferentes gerações, em diferentes períodos da história, consomem, trabalham e aprendem de maneira diversa. Não há dúvida que esses são fatores que precisam ser bem analisados e compreendidos para elaboração de uma estratégia eficiente de marketing digital.

Todas as empresas, de diferentes portes e áreas de atuação, devem obrigatoriamente saber quem são os consumidores que se interessam ou poderão se interessar por seus produtos e serviços. Faixa etária, gênero, estado civil, condição social e econômica, nível de escolaridade, localização geográfica, entre outros dados, são importantes para que se possa planejar e criar ações que venham a impactar positivamente o perfil de consumidor desejado. Esses dados se referem à segmentação geográfica, sociodemográfica e psicográfica. Nesse ponto, a enorme capacidade de análise de dados das ferramentas de IA podem oferecer insights preciosos sobre esse público.

A forma de atingir os diferentes perfis também mudou muito com o passar do tempo. Em um passado não tão distante, as únicas formas que as empresas tinham de "falar" com os consumidores era por meio de anúncios publicitários e por matérias jornalísticas publicadas em jornais e revistas impressos, ou veiculadas em programas de rádio ou televisão. Era uma comunicação unilateral, em que só a empresa falava e o consumidor ouvia (ou lia, ou assistia). Com o avanço da internet e das redes sociais essa forma de relacionamento mudou radicalmente, e o diálogo tornou-se multilateral. As pessoas passaram a ter acesso a muito mais informações através dos sites de busca (sendo o Google o principal deles), dos blogs de marca e das postagens que as empresas começaram a fazer em suas redes sociais — ou mesmo postando comentários e questionamentos diretamente nos perfis das companhias.

Os consumidores se tornaram mais críticos e menos fiéis às marcas. Passou a ser um hábito quase obrigatório pesquisar na web antes de efetuar as compras em lojas físicas ou virtuais, para verificar os preços, as características dos produtos e serviços, e considerar a opinião de outros clientes para decidir. As marcas que observam e compreendem esse comportamento são as que obtêm melhores resultados e saem na frente das concorrentes. Afinal, esta é a essência do marketing, na minha opinião: "entender para atender" seus clientes e consumidores.

Além dessa mudança comportamental, temos que considerar também os diferentes perfis geracionais, cada um com suas características particulares, que impactam nas decisões de compra. A seguir apontamos, para fins mercadológicos e comportamentais, os traços mais marcantes de cada geração de consumidores mais recentes:

Baby boomers (nascidos entre 1946 e 1964): esta geração cresceu no pós-Segunda Guerra, em um período de grande expansão econômica e mudanças sociais significativas. Costumam ser competitivos, focados em resultados e valorizam a estabilidade. Embora tenham tido que se adaptar aos avanços tecnológicos, tanto na vida pessoal quanto profissional, sua preferência ainda recai sobre dispositivos como desktops e notebooks. Recentemente, muitos adotaram também os smartphones para acessar a internet, enviar e-mails, mensagens instantâneas e realizar chamadas de vídeo. São majoritariamente usuários de redes como Facebook e LinkedIn, que refletem seu perfil mais profissional e familiar. No ambiente corporativo, uma parcela significativa ocupa cargos de alta direção, sendo decisores influentes. No consumo, valorizam a fidelidade à marca e tendem a ser menos sensíveis a questões ambientais, focando mais a qualidade e a tradição. Marcas como IBM e GM, por exemplo, costumam ressoar bem com este público devido à longevidade e reputação. É um público que vê o digital como desafio, não tanto como aliado. Ainda tem preferência por alguns tipos de mídia tradicionais, como a impressa, ppara o consumo de informações.

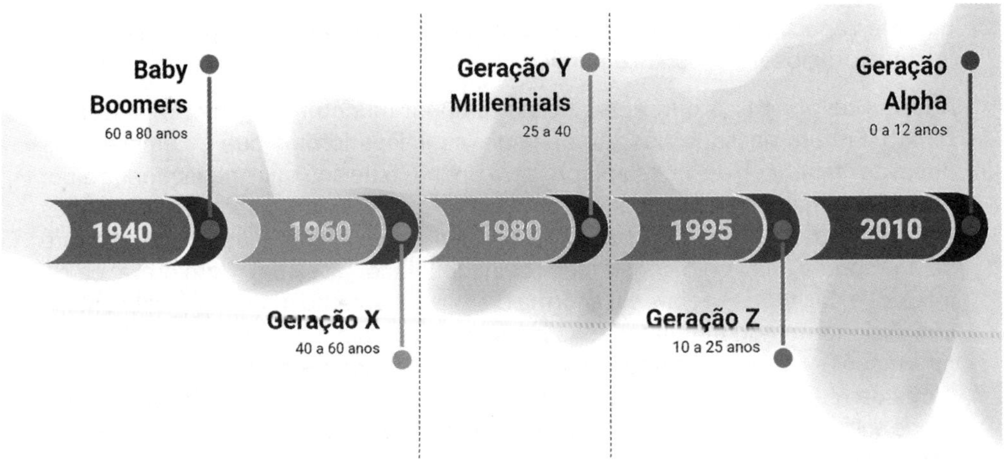

Faixa de consumidores por geração.
Fonte: *criação própria.*

Geração X (nascidos entre 1965 e 1980): esta geração é marcada pela independência e pelo espírito empreendedor. Conhecidos por serem equilibrados e pragmáticos, valorizam a estabilidade e tendem a ser avessos a mudanças bruscas. Embora tenham crescido em um mundo predominantemente offline, adaptaram-se rapidamente às tecnologias digitais, sendo hoje consumidores híbridos que transitam entre o físico e o digital. Profissionais desta geração valorizam a flexibilidade e a aprendizagem colaborativa, utilizando cada vez menos o Facebook, mas usam bastante o LinkedIn e o Instagram para interação profissional e social respectivamente. No ambiente de trabalho, buscam resultados concretos e aperfeiçoamento contínuo de suas habilidades, e já entenderam muito bem o significado do conceito "lifelong learning". Como consumidores, estão entre as gerações anteriores e posteriores: são leais, mas demonstram uma crescente preocupação com práticas socioambientais, preferindo marcas que equilibrem tradição e inovação. Empresas como Microsoft e Nike conseguem atrair esse grupo, por aliar valores de estabilidade e avanço tecnológico.

Geração Y ou Millennials (nascidos entre 1981 e 1996): crescidos em um período bem mais online do que offline, os Millennials são conhecidos pelo dinamismo, criatividade e por serem multitarefas. Valorizam ambientes de trabalho flexíveis e horizontais, preferindo relações profissionais que ofereçam autonomia e oportunidades de desenvolvimento contínuo. Começaram a vida conectados em desktops e depois migraram para dispositivos móveis. São altamente conectados e utilizam o Instagram, YouTube e o LinkedIn como redes principais, tanto para interações sociais quanto para desenvolvimento de carreira, e começam a utilizar cada vez mais o TikTok também, entre outras redes. É uma geração notavelmente consciente em termos socioambientais, favorecendo marcas que adotam práticas sustentáveis e socialmente responsáveis, baseadas em storytelling, como Airbnb e Starbucks. No consumo, procuram por experiências personalizadas e buscam equilíbrio entre vida pessoal e profissional. O foco é maior na experiência do que na posse.

Geração Z ou Centennials (nascidos entre 1997 e 2012): considerada a primeira geração de nativos digitais, a Geração Z é pragmática, independente e com forte senso de individualidade. Desde cedo, acostumaram-se a consumir conteúdo em múltiplas plataformas, principalmente via dispositivos móveis. Preferem vídeos curtos e dinâmicos (como no TikTok e YouTube) e têm pouca paciência para formatos tradicionais. Sua capacidade de tomada de decisão é ágil, e costumam buscar informações de forma autônoma. No trabalho, privilegiam flexibilidade, preferindo modelos remotos e não hierárquicos. Empresas que combinam inovação com valores autênticos, como Amazon e Netflix, têm grande apelo para este público. Além disso, sua preocupação com sustentabilidade e responsabilidade social é um dos principais motivadores de compra. Em geral veem a tecnologia como aliada e acham as tecnologias analógicas como ultrapassadas.

Geração Alpha (nascidos após 2013): crescendo em um ambiente totalmente integrado à tecnologia, a Geração Alpha está familiarizada com dispositivos móveis e tecnologias vestíveis (wearables) desde a infância. Extremamente visuais e ágeis, preferem aprender e se entreter com conteúdos interativos, como vídeos, realidade aumentada e jogos. Apesar de ainda serem crianças e pré-adolescentes, já demonstram uma forte preferência por métodos de ensino personalizados e híbridos (online e offline). A atenção desta geração é altamente disputada por marcas como Fortnite, Lego e Disney, que exploram formatos sensoriais e experiências imersivas para captar seu interesse. Seu raciocínio não linear, ansiedade, imediatismo e dificuldade de concentração são características marcantes, refletindo o ambiente de estímulos constantes em que cresceram. Embora não consumam diretamente, influenciam totalmente o consumo dos lares.

É possível resumir todos os perfis acima em dois grandes grupos: as gerações Baby Boomers, X e os primeiros Millennials são considerados **imigrantes digitais**, pois tiveram que se adaptar às tecnologias à medida que elas surgiram, mantendo ainda uma conexão com métodos mais tradicionais. Já as gerações Z e Alpha são totalmente **nativas digitais**, crescendo imersas em um ambiente onde a tecnologia abundante faz parte de todos os aspectos de suas vidas, o que lhes confere maior fluência e facilidade no uso das novas ferramentas.

Um pouco de história

A internet começou a ser idealizada na década de 1960, quando o Departamento de Defesa dos Estados Unidos, por meio da ARPA (Advanced Research and Projects Agency), desenvolveu um projeto de rede de computadores batizado Arpanet. A ideia era ligar pontos considerados estratégicos para o país, como bases militares e centros de pesquisa e de tecnologia, e impossibilitar a destruição da rede por possíveis ataques dos países inimigos.

Na época, era importante que a rede não se baseasse em um comando central, mas sim que todos os pontos (os nós da rede) tivessem a mesma importância, de forma que os dados fossem transmitidos em qualquer sentido, ou seja, sem uma ordem definida.

Antes disso, já existia outra rede que ligava os departamentos de pesquisa e as bases militares, mas como os EUA estavam em plena Guerra Fria, e toda a comunicação dessa rede passava por um computador central que se encontrava no Pentágono, sua comunicação era extremamente vulnerável e poderia ser cortada caso a antiga URSS (União das Repúblicas Socialistas Soviéticas) bombardeasse aquele local.

A Arpanet contava com um backbone (tronco principal da rede) subterrâneo, sem ter um centro definido ou mesmo uma rota única para as informações, tornando-se quase indestrutível. Pouco tempo depois, quatro universidades e outras instituições que faziam trabalhos relativos à defesa passaram a se conectar à rede, e em 1975 foram contabilizados cerca de 100 sites. A troca de mensagens e de arquivos já era uma realidade. No mesmo ano foi criada a Telenet, o primeiro serviço comercial norte-americano de acesso à rede.

Em 1983, com a substituição do protocolo Network Control Protocol (NCP) pelo Transfer Control Protocol/internet Protocol (TCP/IP) — a linguagem comum usada por todos os computadores conectados a ela até hoje —, houve grande crescimento da rede, que passou a se chamar internet. Mas apenas em 1990 foi criado o sistema de hipertexto World Wide Web (WWW), pelo físico Tim Berners-Lee, o que facilitou substancialmente a navegação pela rede.

Naquele momento, a internet era composta de aproximadamente 50 mil redes internacionais, e cerca de 50% delas estavam nos EUA. Entre 1992 e 1993 (a chamada primeira fase da web), foi estabelecida uma melhor infraestrutura da rede, e nos anos 1993 a 1995 (a chamada segunda fase da Web) a internet foi adotada pelos geeks, que então usavam o navegador Netscape 1.0. Em meados de 1995, mais de 6 milhões de computadores estavam conectados à internet, além de muitos sistemas portáteis e desktops, que ficavam online por apenas alguns momentos. Entre 1995 e 1998 (terceira fase), a internet chegou ao público em geral, e o mundo empresarial ocupou a rede. Foi nesse período que surgiram grandes empresas do setor, como o Yahoo, lançado em 1994, o Google (1997), o MSN (1998), além de Amazon e Ebay nos EUA e gigantes como Submarino e UOL, no Brasil. A quarta fase, no ano 2000, culminou com a "bolha da Nasdaq" — uma alta especulativa nas ações das empresas "pontocom", muitas delas com privilégios do governo norte-americano, que acabou na quebra de diversas companhias e uma onda de desemprego no setor.

No Brasil, a internet começou a dar seus primeiros passos em 1989, quando uma rede conectou a Fapesp (Fundação de Amparo à Pesquisa de São Paulo) ao Fermilab

(Laboratório de Física de Altas Tecnologias de Chicago, nos EUA) por meio da troca de arquivos e correio eletrônico, e o Instituto Brasileiro de Análises Sociais e Econômicas (Ibase) colocou no ar a rede Alternex. Em 1991, o Ibase e a Associação para o Progresso das Comunicações (APC) liberaram o uso da internet para ONGs, além das universidades e entidades ligadas ao setor acadêmico.

No mesmo ano o Ministério de Ciência e Tecnologia (MCT) inaugurou a Rede Nacional de Pesquisa (RNP), que teve um papel-chave na implantação da internet no país, tanto no que se refere à infraestrutura tecnológica — organizou o *backbone* (tronco principal da rede) — na capacitação de recursos humanos, quanto na formulação de políticas de preço, gestão e uso.

Em dezembro de 1994, a Embratel lançou o serviço experimental de internet comercial, mas somente no ano seguinte é que foi possível, pela iniciativa do Ministério das Telecomunicações e do Ministério da Ciência e Tecnologia, a abertura ao setor privado da internet para exploração comercial. Naquele mesmo ano, a RNP redefiniu seu papel, deixando de disponibilizar o backbone apenas para o meio acadêmico, para estender seus serviços de acesso a todos os setores da sociedade.

Em pouco tempo, a internet se expandiu, passando de 100 mil usuários, em 1996, para um milhão de pessoas, em 1998. Em menos de duas décadas, o crescimento da rede no Brasil se intensificou, chegando a 120 milhões de usuários em 2014.

"Você" à frente

A terceira geração da internet foi batizada de **Web 2.0** por Tim O'Reilly, entusiasta de movimentos de apoio ao software livre e diretor da O'Reilly Media Incorporated, editora de livros sobre tecnologia. Essa fase, iniciada após o ano 2000, se caracteriza pela proliferação de portais, blogs, microblogs e sites de relacionamento (também chamados redes sociais), que permitem e estimulam maior interação e colaboração dos internautas por meio de computadores fixos e de dispositivos móveis. A web passou a atender à necessidade dos usuários que buscavam uma plataforma mais colaborativa com a integração de serviços básicos e a interação pelas redes sociais. Isso permitiu que as grandes corporações se estabelecessem no mercado, ampliando a divulgação da marca. Se compararmos à fase anterior, em que éramos como espectadores diante dos conteúdos disponíveis, sem interferência, a partir da **Web 2.0** passamos a ser todos criadores ou potenciais geradores de conteúdos, o que nos transforma, também, em mídia.

A chamada *web semântica,* ou **Web 3.0**, é a etapa em que as informações são trabalhadas pelos grandes líderes da web, como Google, Facebook e outros, que detêm uma série de dados expostos pelos internautas no momento do cadastro, permitindo o acesso às pessoas enquanto elas navegam por diversos *sites* e deixam seus rastros. Essas informações passam a ser utilizadas para apresentar ao internauta os resultados de buscas mais coerentes com o que ele realmente deseja e com aquilo que está pesquisando.

Um exemplo disso é o da pessoa que tem a intenção de viajar nas férias e comenta sobre isso na sua rede social preferida e na troca de e-mails com seus contatos. A partir daí, esse usuário começa a receber ofertas de agências de viagens. Aquilo que parece coincidência, na verdade, não é. Por isso, é importante que os internautas leiam todos os contratos que constam nos *sites* em que se inscrevem antes de aceitá-los, para que saibam o que será feito com os dados ali cadastrados.

Entra em cena o risco da superexposição. Isso faz parte também do conceito da "Era do Grátis", ou Freeconomics, termo criado por Chris Anderson (autor do livro *A cauda longa*) para descrever esse movimento de oferta de um serviço grátis (como acesso a informações, conta de e-mail, vídeos etc.), em troca da obtenção das informações de interesse do usuário, que serão então utilizadas pelas empresas de forma comercial para a oferta de produtos e serviços mais assertiva.

A próxima geração da internet, a **Web 4.0**, que hoje está em pleno desenvolvimento, propõe um modelo totalmente integrado, com a oferta de soluções para as necessidades de cada usuário, conforme seus hábitos, comportamento e preferências, tornando-se quase um assistente pessoal em tempo integral. É marcada ainda por redes fechadas que, paradoxalmente, se encontram dentro da rede global, como Facebook, só para citar uma das mais populares, e também pelo crescimento das restrições de uso, como já ocorre na China, Arábia Saudita e Egito, em que as pessoas não têm acesso à rede aberta, mas apenas ao que o governo dos respectivos países permite. O uso de diferentes aplicativos para celulares e tablets é outro elemento que tende a criar pequenos feudos dentro da internet, como é o caso dos iPads e iPhones, da Apple, e dos aparelhos do sistema Android, do Google — todos fazem parte da web, mas tudo é fechado e o acesso é restrito aos seus usuários.

Na sequência, especula-se que a Web 5.0 permitirá a interação emocional entre as pessoas e os computadores com base na neurotecnologia. Inteligência artificial, machine learning, internet das coisas (IoT), assim como o metaverso — um espaço de realidade virtual criado na década de 1980, mas que passou a ser "vendido" na década de 2020 como a próxima revolução da internet — prometem tornar o mundo cada vez mais conectado, em que as máquinas deverão proporcionar experiências novas e jamais vividas pela humanidade. Outra promessa é a computação quântica, já apresentada em um projeto-piloto do Google em 2019, que permitirá realizar em minutos tarefas que até mesmo os supercomputadores não conseguiriam concluir em milhares de anos. Para que isso se torne possível, porém, será necessário o desenvolvimento da internet quântica, composta de uma rede de computadores capazes de enviar informações entre máquinas distantes.

Todas essas inovações são provas cabais de como nossas vidas já estão — e cada vez mais estarão — sujeitas às modificações ditadas pelas máquinas. É um caminho sem volta, e esperamos que seja para o bem da humanidade.

PODCAST

Este capítulo traz uma conversa sobre a evolução da web no Brasil, com Flávio Horta, CEO da DGT Innovation e fundador da Digitalks. Para enriquecer o bate-papo, Sandra Turchi traz sua visão estratégica para tornar essa troca ainda mais especial.

Flávio Horta - Um pouco da história da web no Brasil

CAPÍTULO 2

INTELIGÊNCIA ARTIFICIAL E O MARKETING DIGITAL

NESTE CAPÍTULO, VOCÊ VAI:

- *Saber como surgiu a inteligência artificial e quais seus conceitos básicos.*
- *Entender a diferença entre IA preditiva e IA generativa e suas aplicações.*
- *Descobrir como a IA pode ser uma aliada poderosa para o profissional de marketing digital.*

Quase oito décadas separam as primeiras referências científicas ao conceito de inteligência artificial do uso quase irrestrito que conhecemos nos dias de hoje. Poucos anos após o fim da Segunda Guerra Mundial, o matemático e cientista da computação britânico Alan Turing propôs a famosa questão "as máquinas podem pensar?" em seu artigo "Computing Machinery and Intelligence", publicado em 1950. É desse artigo que surge o chamado Teste de Turing, um experimento para testar a capacidade de um computador de se comportar de maneira indistinguível de um ser humano.

Turing foi um matemático, cientista da computação, lógico, criptoanalista, filósofo e biólogo britânico. Foi altamente influente no desenvolvimento da moderna ciência da computação teórica, formalizando uma série de conceitos de algoritmo e computação com a máquina de Turing, que pode ser considerada um modelo de um computador de uso geral. Não foi totalmente reconhecido em seu país de origem durante a vida porque grande parte de seu trabalho foi coberto pela Lei de Segredos Oficiais.

Turing aos 16 anos de idade.

Fonte: *Wikipedia.*

O primeiro registro do termo "inteligência artificial" data de 1956, surgido durante a Conferência de Dartmouth, em New Hampshire (EUA), onde cientistas como John McCarthy, Marvin Minsky e Claude Shannon delinearam a IA como um campo acadêmico. Nos anos seguintes, os pesquisadores desenvolveram programas que poderiam resolver problemas matemáticos, jogar xadrez e provar teoremas. Tanto a popularidade da IA quanto a disposição em financiar estudos nessa área passaram por altos e baixos, conforme as expectativas eram ajustadas frente aos desafios técnicos e às limitações de cada época.

Mesmo assim, do mesmo modo que a computação em geral, os modelos de funcionamento da IA evoluíram significativamente ao longo dos anos. Inicialmente, os sistemas de IA baseavam-se em regras explícitas e lógica simbólica, conhecidos como sistemas especialistas, que funcionavam bem em domínios restritos e bem definidos. Nas décadas de 1980 e 1990, o foco mudou para algo mais próximo do funcionamento do cérebro humano, com a introdução de técnicas baseadas em redes neurais artificiais e aprendizado de máquina *(machine learning)*. Esta abordagem deu um salto à medida que aumentava o poder de processamento dos computadores e a disponibilidade de grandes conjuntos de dados.

A grande mudança de paradigma na forma como as máquinas interagem com a linguagem humana, porém, aconteceu no final da década de 2010, com o advento dos *Large Language Models* (LLMs), ou modelos de linguagem de grande escala, em português. Antes da introdução dos LLMs, os modelos de IA dependiam de regras explícitas e abordagens estatísticas limitadas. Com os LLMs, a ênfase passou para o aprendizado não supervisionado em larga escala, em que os modelos são pré-treinados a partir de enormes volumes de texto e, em seguida, ajustados para tarefas específicas.

Esse método de pré-treinamento, seguido de um ajuste fino, permite que os LLMs adquiram uma compreensão profunda da estrutura e do significado da linguagem. Mais do que isso, a capacidade dos LLMs de realizar multitarefas e gerar respostas apropriadas dentro de um contexto sem a necessidade de programação para cada tarefa específica representa um avanço revolucionário, tornando-os ferramentas poderosas para aplicações na indústria, na academia, na comunicação, no marketing e onde mais seja possível imaginar.

Um dos LLMs mais famosos e utilizados no mundo é o ChatGPT-1 cujos conceitos de pré-treinamento generativo foram apresentados pela OpenAI em junho de 2018. Esse modelo foi a base conceitual para os avanços que viriam depois com o GPT-2, GPT-3 e os modelos mais poderosos que usamos hoje, como o GPT-4. O GPT-3, lançado em junho de 2020 com acesso limitado (foi um beta privado) representou um salto significativo, com 175 bilhões de parâmetros, permitindo uma infinidade de aplicações e uma compreensão profunda da linguagem. A versão GPT-3,5 lançada em novembro de 2022, deu origem à era de popularização do acesso e uso dos GPTs. O GPT-4 foi lançado em março de 2023, passou por mais quatro atualizações e a última atualização, em junho de 2025 é a versão 'o3-pro', um modelo de elite, focado em precisão, disponível para planos Pro/Teams. Em linhas gerais, estamos falando de uma tecnologia capaz de aprender padrões de forma complexa e assim gerar conteúdos em texto, imagem e som de forma muito natural, reproduzindo processos até então realizados por seres humanos. A seguir um levantamento de IAs indicadas para diferentes necessidades.

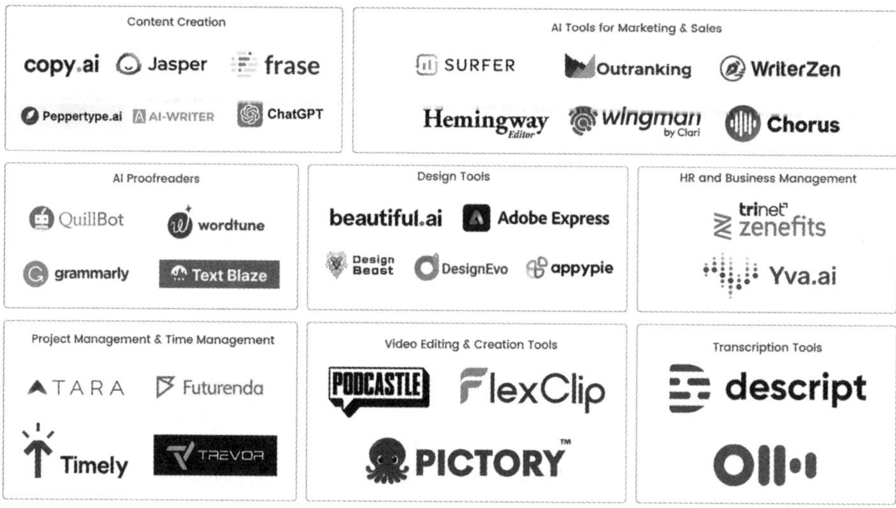

Fonte: *Best AI tools for 2025*[2]

Tudo isso, evidentemente, exige uma alta demanda de investimento, mas também traz retornos financeiros consideráveis. Ainda é difícil calcular o quanto a indústria da inteligência artificial deve movimentar, mas atualmente, esse mercado está avaliado em cerca de US$620 bilhões, com expectativa que alcance a impressionante marca de US$2,74 trilhões até 2032, segundo a consultoria Fortune Business Insights. Os principais players no desenvolvimento e implementação de IA incluem grandes empresas de tecnologia, como Microsoft, IBM, Google, Amazon Web Services (AWS) e NVIDIA. Outros atores significativos incluem Baidu, na China, e diversas startups e empresas especializadas, como H2O.ai, Clarifai e a já citada OpenAI.

A influência dessas tecnologias é vasta e contínua, com investimentos significativos direcionados à pesquisa e desenvolvimento, bem como à implementação de novas aplicações que visam melhorar a eficiência operacional, fornecer insights acionáveis e transformar a experiência do usuário final em diversos setores. Essa evolução reflete uma tendência global, em que as empresas estão cada vez mais

2 *https://quixy.com/blog/top-ai-tools-for-productivity/*

movendo suas operações para a nuvem e adotando soluções de IA para lidar com grandes volumes de dados e necessidades de processamento em tempo real.

Os impactos da IA são evidentes em diversos setores, como veremos neste capítulo. No mercado financeiro, aplicações de IA estão sendo utilizadas para análise de risco, gestão de portfólios e conformidade regulatória. No varejo, a IA está transformando a experiência de compra ao fornecer insights detalhados sobre o comportamento do consumidor e personalizar as interações de marketing. Um shopping center, por exemplo, é um cenário para descrever como pode funcionar na prática, como veremos a seguir.

Imagine um cliente entrando em um shopping center em um dia comum. Ele passeia pelos corredores iluminados, observa vitrines e, sem perceber, está sendo guiado por uma série de decisões estratégicas baseadas em inteligência artificial (IA). O layout do shopping foi pensado para maximizar o fluxo, e até a música ambiente foi escolhida para influenciar o humor dos visitantes. Sensores e câmeras mapeiam seus movimentos, identificando áreas de maior concentração de pessoas e fornecendo mapas de calor, o que permite otimizar a disposição de lojas e a veiculação de publicidade nos pontos mais visados. Uma aplicação analisa e prevê demandas para os diferentes segmentos de lojas, contribuindo para a adequação de gastos diante do potencial de uma data comemorativa ou de períodos de baixa. Ferramentas de IA também ajudam a organizar a gestão de estoque, maximizando o retorno sobre o investimento.

Tudo isso acontece de maneira invisível, mas totalmente calculada, com base em dados que alimentam o processo de tomada de decisões — você já deve ter ouvido falar do termo "data driven", ou guiados por dados. Mesmo aspectos como segurança e gestão de estacionamento são otimizados por essas tecnologias, garantindo um ambiente mais seguro e organizado para clientes e lojistas. No setor de supermercados online, a IA também pode prever o comportamento do consumidor, sugerindo produtos diretamente nos carrinhos de compras em supermercados com base em padrões de consumo anteriores, agilizando o processo de compra e melhorando a experiência do cliente.

A IA transcende o ponto de venda (PDV), ampliando ainda mais a operação no ambiente digital. Chatbots e plataformas de e-commerce com suporte 24 horas garantem um atendimento contínuo, enquanto campanhas promocionais podem ser personalizadas para diferentes segmentos de consumidores com base em dados coletados. Esse conjunto de inovações permite que o marketing evolua de reativo para proativo, prevendo demandas e ajustando estratégias com precisão cirúrgica. Porém, para entender mais a fundo as diferentes aplicações práticas da IA, é preciso compreender o modo como elas funcionam, diferenciando aquilo que ela nos oferece a partir de dados, daquilo que é criado expressamente a partir de nossas demandas, conforme veremos a seguir.

IA PREDITIVA E IA GENERATIVA

Como vimos, a inteligência artificial é um campo vasto e multifacetado, com diversas tecnologias e aplicações que atendem às necessidades e aos objetivos dos mais variados. Entre seus ramos básicos, estão a IA preditiva e a IA generativa. Embora ambas utilizem algoritmos de aprendizado de máquina, elas servem a propósitos diferentes e operam de maneiras fundamentalmente diversas uma da outra.

A **IA preditiva** é focada na análise de dados históricos para prever eventos futuros. Utilizando algoritmos avançados de aprendizado de máquina, essa tecnologia examina enormes volumes de dados para traçar padrões e identificar tendências que podem ajudar na tomada de decisões estratégicas, em uma velocidade e com precisão tamanhas e inalcançáveis para uma equipe de profissionais humanos. Por exemplo, no setor financeiro, a IA preditiva pode analisar rapidamente milhões de transações passadas para identificar comportamentos suspeitos e prevenir fraudes. Da mesma forma, na indústria de manufatura, ela pode prever falhas em equipamentos e recomendar manutenções preventivas a partir da experiência acumulada ao longo de inúmeras operações anteriores, evitando paradas inesperadas e custos elevados com reparos emergenciais. Outro uso comum é na previsão de demanda de produtos, permitindo às empresas ajustar a produção e os estoques de acordo com as expectativas de demanda dos consumidores.

Na área da saúde, a IA preditiva tem se mostrado uma ferramenta valiosa. Modelos preditivos podem analisar dados históricos de pacientes, como histórico familiar, estilo de vida e resultados de exames, para prever a probabilidade de desenvolvimento de doenças crônicas, como diabetes ou doenças cardiovasculares. Isso permite que os médicos implementem estratégias de prevenção personalizadas e intervenções precoces. A IA preditiva também pode analisar dados de exames, como imagens médicas (ressonâncias magnéticas, tomografias e radiografias) e resultados laboratoriais, para identificar sinais precoces de doenças, como câncer. Algoritmos podem detectar anomalias em imagens de mamografias com alta precisão, possibilitando diagnósticos mais rápidos e precisos. Há também outros campos já sendo explorados, como assistência cirúrgica realizada por robôs e gestão de fluxos de trabalho hospitalares.

Já na outra frente, a **IA generativa** se concentra na criação de novos conteúdos com base em dados assimilados. Trocando em miúdos, a partir daquilo que o usuário solicitou — através do que chamamos de prompt —, a aplicação vai varrer toda sua gigantesca base de dados e combinar informação e conhecimento prévio para elaborar algo novo. Em vez de prever o futuro, a IA generativa usa redes neurais avançadas para gerar novos textos, imagens, vídeos, músicas e até mesmo códigos de programação. Para quem trabalha com comunicação e marketing, a IA generativa é transformadora, pois é capaz de desenvolver em segundos novos conteúdos para websites e redes sociais a partir de algoritmos que criam textos personalizados com base nas preferências dos usuários. No relacionamento com clientes, a aplicação é eficiente em criar chatbots que utilizam processamento de linguagem natural para oferecer respostas personalizadas e assertivas, melhorando a experiência do usuário.

No campo do design e entretenimento, aplicações de IA generativa podem gerar imagens, vídeos e composições musicais, ampliando as possibilidades criativas e inovadoras no trabalho do dia a dia. Já ferramentas de codificação, como GitHub Copilot, utilizam IA generativa para ajudar programadores a escrever código. Na prática, a IA sugere trechos de código com base no contexto do que está sendo desenvolvido, acelerando o processo de programação.

Dez ferramentas de IA para marketing

1. ***Geração de conteúdo multifacetado (AIPal):*** Excelente na criação de conteúdo diversificado, tornando-o versátil para estratégias de marketing.
2. ***Escrita personalizada (ChatGPT):*** Perfeito para criar conteúdo personalizado adaptado ao seu público.
3. ***Criador de apresentações de IA (WPS AI Slide):*** Simplifica a criação de apresentações profissionais.
4. ***Criação de conteúdo para materiais de marketing (Jasper):*** Ideal para produzir rapidamente materiais de marketing de alta qualidade.
5. ***Automação de marketing por e-mail (Lavender):*** Melhora suas campanhas de e-mail marketing através da automação e personalização.
6. ***Verificador de gramática (Grammarly):*** Garante que seu conteúdo esteja livre de erros e seja profissional.
7. ***Gerador de vídeo (Synthesia):*** Permite a criação fácil de vídeos de alta qualidade.
8. ***Assistência em pesquisa de mercado (Perplexity AI):*** Ajuda a reunir e analisar dados de pesquisa de mercado.
9. ***Criação de imagens (DALL·E 3):*** Ferramenta para criar imagens únicas e atraentes.
10. ***Design gráfico (Adobe Firefly):*** *Capacita as agências de marketing com poderosas capacidades generativas de IA, transformando a forma como os designs são criados, otimizados e concretizados*

É muito difícil apontar qual campo do conhecimento não será profundamente afetado pela IA e suas diferentes formas de aplicação. Para resumir, enquanto a IA preditiva é orientada pela análise e interpretação de dados históricos para prever eventos futuros, a IA generativa está voltada para a produção de novos conteúdos com base em informações preexistentes. A primeira é essencialmente reativa, baseando-se em padrões identificados no passado, enquanto a segunda é proativa, **criando algo inédito** a partir do que já foi aprendido. Quando aplicadas corretamente e de maneira ética, ambas podem transformar operações e melhorar a eficiência em diversas áreas.

IMPACTOS NO MERCADO DE TRABALHO E A ÉTICA NO USO DA IA

Por se tratar de uma tecnologia tão disruptiva ao alcance de qualquer um, a IA traz consigo alguns temas polêmicos e sem respostas fáceis. A questão do impacto no emprego é uma delas: assim como em outros movimentos de mecanização e informatização nas tarefas profissionais, a IA já vem provocando transformações no mercado de trabalho. De acordo com uma análise do Fundo Monetário Internacional (FMI), a IA deverá afetar quase 40% de todos os empregos no mundo — especialmente em economias mais avançadas, que estão mais "expostas" a essas tecnologias.

Esse impacto poderá se dar de duas maneiras: **negativa,** com a substituição de mão de obra humana pela IA, reduzindo salários e erradicando empregos; ou **positiva**, no caso de profissionais que terão ganhos de produtividade com a IA, mas cujas atividades dependem, em grande parte, de um humano, como é o caso de cirurgiões ou advogados. Para analisar como a IA pode afetar o trabalho, o FMI utilizou o conceito de "complementaridade". Empregos de baixa complementaridade (entre homem e máquina) são os que mais estão em risco, caso de operadores de telemarketing, por exemplo, pois já estão sendo automatizados totalmente com o uso de IA. O desafio para governos de todo o mundo é encontrar uma saída para eventual substituição de mão de obra — que deve atingir os menos escolarizados e pessoas com menor afinidade com as tecnologias.

Para profissionais do marketing e da comunicação, o assunto mais preocupante no momento é a facilidade com que a IA gera imagens, vídeos e áudios manipulados. *Deep Fakes*, notícias falsas e imagens geradas por IA podem ser usadas para desinformar, manipular percepções e criar realidades alternativas difíceis de serem distinguidas do real. Por exemplo, em 2023, viralizou um conjunto de imagens do Papa Francisco vestido com um casaco branco gigantesco, superfashion e cantando com um microfone em mãos. As fotografias foram criadas pelo Midjourney, uma ferramenta de inteligência artificial que gera artes a partir de uma descrição textual, e por algum tempo circularam nas redes sociais sem o alerta de que eram imagens falsas. Da mesma forma, no período de Natal em 2024, circularam várias criações com grandes esportistas já falecidos, como Senna, Pelé e Maradona, ou mesmo com adversários políticos, no Brasil e mundo afora, confraternizando. Só que nestes casos, dada a impossibilidade dessas ocorrências, ficava fácil detectar a criação por IA e a intenção de fazer uma brincadeira ou homenagem com estes personagens. Porém há casos sendo criados que podem ser muito prejudiciais, devido à dificuldade em se identificar sua veracidade.

Visualizar o Papa Francisco em cima de um palco como uma estrela do hip hop pode até ser engraçado (veja abaixo), mas outros usos podem ser realmente assustadores. Em 2024, por exemplo, o site X (antigo Twitter) e seu dono, Elon Musk, foram criticados pela aparente falta de controle sobre sua ferramenta de geração de imagens via IA, chamada Grok. Qualquer usuário era capaz de gerar imagens realistas do próprio empresário, de arma em punho, em um cenário de massacre escolar, assim como personagens infantis (Mickey Mouse, para ficar em um exemplo) matando crianças.

Fonte: *UOL / Reddit / criada com Midjourney.*

Esse método permite a substituição ou manipulação de rostos, vozes e movimentos em vídeos, criando resultados que parecem extremamente realistas. É uma tecnologia capaz de criar conteúdos convincentes que podem ser disseminados rapidamente por meio de redes sociais, ampliando o alcance e o impacto da desinformação, com consequências que podem ir desde a aplicação de pequenos golpes até manipulação em larga escala de um processo eleitoral de um país, por exemplo.

A facilidade com que essas ferramentas são acessíveis aumenta o desafio de combater a proliferação de fake news, exigindo uma resposta coordenada entre governos, plataformas digitais e a sociedade civil. Diante dessa ameaça, diferentes países estão adotando medidas para mitigar os impactos negativos. Na União Europeia, o Digital Services Act (DSA) estabelece obrigações para grandes plataformas no combate à desinformação, enquanto o AI Act busca regulamentar o uso de IA em diversas áreas, incluindo a criação de deep fakes. Nos Estados Unidos, havia discussões sobre leis específicas para IA e a Federal Trade Commission (FTC) alertou empresas sobre o uso inadequado dessas tecnologias. Em julho de 2023, o então presidente americano, Joe Biden, anunciou um compromisso com sete gigantes da tecnologia (Amazon, Anthropic, Google, Inflection, Meta, Microsoft e OpenAI) para um trabalho conjunto com o objetivo de diminuir riscos à privacidade, tendências discriminatórias e disseminação de desinformação. Porém, com a vitória de Donald Trump nas eleições de 2024, o cenário mudou, principalmente pelo apoio representado por Elon Musk e seguido por outros, como no início de 2025, com um pronunciamento de Marck Zuckenberg, afirmando que a Meta não mais fará mais verificações de conteúdo, seguindo os passos da plataforma X, o que é visto como extremamente preocupante, pois a plataforma poderá ser ainda mais utilizada por grupos extremistas de diversas formas.

No Brasil, o projeto de lei das fake news (PL 2630/2020) propõe a regulamentação das plataformas e estabelece diretrizes para a transparência na identificação de conteúdos gerados por IA.

Enquanto isso, apesar dos avanços, a luta contra a desinformação exige uma abordagem contínua e colaborativa, especialmente quando não é possível prever quais os limites da evolução das tecnologias de IA. Para quem trabalha com marketing digital, o uso ético da IA deve fazer parte do dia a dia, adotando práticas que garantam transparência e integridade na criação e divulgação de conteúdos. Uma atitude simples e que deve ser encorajada dentro das agências e entre colegas é sempre sinalizar quando textos, imagens ou vídeos são gerados por IA. O profissional também deve evitar o uso de IA para manipular emoções ou, o que é mais grave, espalhar desinformação. Mais do que preservar a confiança e a reputação da marca, o uso ético da IA é um processo constante de educação e que deve fazer parte desde já da cultura organizacional.

UMA PODEROSA ALIADA PARA O MARKETING DIGITAL

As transformações que as ferramentas de inteligência artificial estão provocando no marketing digital são tantas e em tantas frentes que é possível afirmar que existe um antes e depois do advento da IA nesse setor. Com a IA, as empresas podem analisar grandes volumes de dados para identificar padrões de comportamento do consumidor e prever tendências, permitindo campanhas mais direcionadas e eficazes. A partir dessas análises, é possível implementar estratégias avançadas para aprimorar a segmentação de público, personalização de conteúdo e a automação de processos. A relação com o cliente também se transforma: chatbots e assistentes virtuais alimentados por IA melhoram a experiência do usuário ao fornecer atendimento personalizado e instantâneo, aumentando a satisfação e fidelização do cliente.

Esse atendimento contínuo não apenas melhora a experiência do usuário, mas também libera os profissionais de marketing para se concentrarem em demandas mais estratégicas ou urgentes. Ainda há muitas plataformas de atendimento por chatbots bastante frustrantes para os clientes, especialmente quando as demandas são mais específicas ou fora do roteiro, por serem muito engessadas, mas o aperfeiçoamento tem sido muito rápido, com a criação de "agentes de IA" para este fim, que substituem e até superam muitas vezes a qualidade do atendimento humano, por serem mais completas e até "pacientes" para as respostas solicitadas, tornando indistinguível de um atendente "real".

Outro dos aspectos mais promissores da IA no marketing digital é a segmentação de público. Com algoritmos avançados, a IA pode analisar detalhadamente os dados demográficos, comportamentais e psicográficos dos consumidores, criando segmentos altamente específicos. Isso permite que as empresas personalizem suas campanhas publicitárias para diferentes grupos de clientes, aumentando a relevância e a eficácia das mensagens. Um exemplo prático e bastante simples de entender é o algoritmo de segmentação da Netflix, que sugere filmes e séries com base no histórico de visualização de cada usuário, proporcionando uma experiência personalizada e aumentando o engajamento. Ou seja, a interface da Netflix nunca será a mesma para você e para as pessoas que eventualmente compartilham a mesma assinatura, afinal, ela "aprende" as preferências de cada um e indica o que provavelmente esse usuário irá gostar.

A rede de cafés Starbucks é outra empresa global que está utilizando a inteligência artificial para revolucionar tanto a experiência dos clientes quanto a eficiência operacional. Com a plataforma Deep Brew, a empresa analisa enorme volume de dados dos consumidores, oferecendo recomendações personalizadas e ajustando a experiência de cada cliente de acordo com suas preferências. Essa personalização impulsiona a lealdade e a satisfação, garantindo que cada visita à Starbucks seja única e alinhada ao gosto individual. Além da personalização, o Deep Brew otimiza diversas operações internas, como a alocação de funcionários, baseada em padrões de tráfego e demanda. Isso resulta em um serviço mais rápido e um ambiente de trabalho mais equilibrado para os colaboradores, refletindo em uma experiência melhor para os clientes. A gestão de estoque também é beneficiada pela IA, que antecipa necessidades e reduz desperdícios, assegurando que itens populares estejam sempre disponíveis. Saiba mais sobre o case da Starbucks abaixo:

Starbucks.

Fonte: *foto by TR on Unsplash.*

Esses e uma série de outros exemplos bem-sucedidos mostram como a IA é uma grande aliada na tomada de decisões data driven. Em vez de se perder na análise de grandes volumes de dados, os profissionais de marketing podem contar com plataformas de IA para identificar padrões e tendências. Essas ferramentas processam informações de diversas fontes, oferecendo insights precisos e rápidos para a criação de estratégias mais eficazes. Outra vantagem clara da adoção da IA no marketing digital é o aumento do retorno sobre investimento (ROI) das campanhas. A automação inteligente, aliada à análise refinada de dados e à personalização de conteúdo, eleva o desempenho das ações de marketing. Com campanhas mais direcionadas e otimizadas, o custo das estratégias diminui, enquanto os resultados se multiplicam. Isso se reflete em um maior engajamento, conversão e, consequentemente, em um ROI mais alto para a empresa.

Por fim, a automação de tarefas repetitivas é um dos benefícios mais práticos da IA no marketing. Atividades como o envio de e-mails, criação de relatórios e gestão de campanhas publicitárias podem ser automatizadas, reduzindo erros e economizando tempo. Isso permite que as equipes de marketing possam se concentrar em tarefas estratégicas e criativas. O fato é que não existirá mais marketing digital sem inteligência artificial. Assim como há 15 ou 20 anos as discussões giravam em torno dos grandes impactos da internet nos negócios, hoje estamos diante de uma nova reflexão: como absorver e utilizar inteligência artificial na nossa área de atuação?

Um colega da área de marketing mencionou que uma face importante da profissão de copywriting, ou escrita persuasiva, havia sido enterrada pelo ChatGPT. Quem trabalha nessa área e já conhece os efeitos da IA no marketing digital sabe que essa informação não é verdadeira. Claro que não podemos ser ingênuos a ponto de afirmar que os recursos de IA não afetarão a atividade, mas isso está longe de representar sua extinção. O que temos acompanhado é que o uso desses recursos sem uma estratégia, tanto para texto quanto para imagens, tem gerado conteúdos repetitivos e exaustivos, que tendem a mostrar baixa adesão e engajamento.

Para o profissional de marketing digital, a IA não deve ser encarada como algo que vai trabalhar por você, mas sim como um poderoso coautor, capaz de fornecer ideias e insights para o material que vai desenvolver. Nesta nova era, vão ganhar espaço os profissionais com maior repertório e mais capacidade de transmitir os comandos — os prompts — para a ferramenta. É aquele profissional que vai saber como extrair o melhor conteúdo produzido pela inteligência artificial generativa e também aquele capaz de analisar os resultados daquilo que é formulado pela IA, valendo-se de sua experiência e de seu senso crítico. Sistemas de atendimento vão se tornar mais ágeis e assertivos, com otimização dos fluxos das entradas de solicitação.

É natural que os profissionais de marketing e especialistas encarem a presença cada vez maior da IA nas agências e empresas com preocupação. O uso excessivo de automação pode distanciar as marcas de uma conexão autêntica e mais humana com seus consumidores, além de gerar dúvidas éticas em relação à privacidade de dados e ao uso indevido de informações pessoais ou de material sem os devidos direitos autorais. Sem supervisão humana, as aplicações de IA podem resultar em erros que, em vez de melhorar a experiência, a deterioram, provocando desconfiança.

Continuo a bater na tecla: a criatividade humana é insubstituível. A IA pode gerar insights e otimizar campanhas, mas é a intuição e a visão crítica e criativa dos profissionais que moldam as estratégias em ações memoráveis. O desafio daqui para frente será encontrar o equilíbrio entre a adoção da IA e a preservação da sensibilidade e inovação humana. A tecnologia deve ser vista como uma aliada poderosa, mas não como substituta. Quando usada de forma ética e alinhada com os valores da empresa, a IA pode potencializar resultados sem comprometer a autenticidade e a empatia nas relações com os clientes. Com a combinação certa desses fatores, as possibilidades são ilimitadas, garantindo um futuro em que a inovação e a conexão real caminhem lado a lado.

IA Preditiva x IA Generativa

A ***IA preditiva*** efetua análises e previsões com base em padrões históricos, enquanto a ***IA generativa*** é voltada para a criação de conteúdos novos e originais.

IA PREDITIVA	IA GENERATIVA
Previsão, análise de dados, probabilidade, padrões.	Criação, criatividade, síntese, geração de conteúdo.
Foca na previsão de resultados futuros com base em dados históricos.	Gera conteúdo novo e original, seja texto, imagem, ou áudio, com base em padrões aprendidos.
Previsão de demanda em varejo, recomendação de produtos, análise de perda de receita.	Geração de textos automáticos (ex.: ChatGPT), criação de imagens a partir de descrições (ex.: DALL-E), composição musical.

PODCAST

Neste capítulo o foco é a aplicação da Inteligência Artificial no Marketing Digital, com Marcel Ghiraldini, Chief Growth Officer na MATH e Lucas Reis, fundador da Zygon, vice presidente de operaçoes no IAB, professor na Miami Ad School e professor convidado na ESPM. Sandra Turchi complementa as conversas com insights que ampliam a discussão.

Marcel Ghiraldini — Inteligência Artificial aplicada ao Marketing Digital

Podcast sobre Inteligência artificial com Lucas Reis

CAPÍTULO 3

PLANEJAMENTO ESTRATÉGICO DE MARKETING DIGITAL

NESTE CAPÍTULO, VOCÊ VAI:

- *Conhecer a importância de uma visão estratégica de marketing nos planos de negócios.*
- *Entender por que o planejamento de marketing deve vir antes do digital.*
- *Aprofundar-se sobre os diferentes perfis de e-consumidores.*

O maior objetivo deste capítulo é incentivá-lo a investir tempo em entender e aplicar o pensamento estratégico dentro de um setor cada vez mais dominado pelo operacional, pelo tático, pelo dia a dia, como tem se tornado o marketing digital. Ressalto que os resultados, sejam positivos ou negativos, de a empresa ter ou não uma estratégia não são vistos no curto prazo, e às vezes pode até mesmo demorar um pouco para a empresa entender isso, mas as consequências de não investir em estratégia virão, pode ter certeza.

Em um mercado tão dinâmico, em que cada detalhe pode ser a diferença entre o sucesso e a estagnação, o planejamento estratégico de marketing funciona como uma espécie de bússola que pode orientar o crescimento de um negócio. Não basta ter um produto inovador ou um serviço de qualidade: é preciso saber como, quando e para quem comunicar sua proposta de valor.

Pense em uma grande empresa de logística, por exemplo, focada totalmente no mercado B2B, que está num momento de expansão e reposicionamento de marca no mercado. Sem um planejamento de marketing adequado ela pode patinar e se perder em campanhas genéricas, que custam caro, e não geram nenhum impacto. Por outro lado, ao mapear o comportamento do seu cliente, entender suas necessidades e sua jornada de decisão no ambiente digital, essa empresa poderá criar uma estratégia de marca única, usando uma abordagem para atrair novos leads e também estabelecer uma relação duradoura com seus novos clientes, combinando uma comunicação voltada a levar soluções específicas ao mercado que busca atingir, utilizando uma linguagem autêntica nas redes sociais, captando o público exato que se identifica com sua proposta inovadora.

O investimento em marketing digital, por sua vez, é o combustível que acelera essa jornada. Hoje, não se trata apenas de estar presente no ambiente online, mas de construir uma narrativa que crie conexão, engajamento e conversão. Vamos imaginar um outro exemplo: uma startup de moda sustentável que começa do zero e precisa atrair lojistas e consumidores finais que tenham interesse em sustentabilidade, mas não tem grandes recursos para publicidade tradicional. Ao investir estrategicamente em anúncios programáticos, campanhas de storytelling no TikTok e otimização de SEO (estratégia de search engine optimization, que será mais detalhada no Capítulo 4) para destacar seu negócio, ela consegue competir atingindo diretamente consumidores engajados com a causa ambiental.

É nesse cenário que não é mais possível falar sobre crescimento do marketing nas plataformas digitais como uma tendência, mas sim como um fato consolidado, parte das estratégias da grande maioria das empresas de diferentes portes e segmentos. As motivações para ingressar no universo virtual são inúmeras. Em primeiro lugar, pela constatação de que mais de 86% da população brasileira está presente na web e, em comparação com o restante do mundo, representa uma das nações de internautas que mais tempo se dedica a navegar na rede, com uma média maior que nove horas diárias conectados, como visto anteriormente.

Além disso, há milhões de contas ativas na telefonia móvel usadas por todas as classes sociais. Vale lembrar que, em média, existem quase 1,2 smartphone por habitante no Brasil, com conexão em qualquer hora e lugar, proporcionando a verdadeira inclusão digital, pois tornou-se o principal canal de acesso. São pessoas que estão se relacionando, trabalhando, produzindo e disseminando conteúdo, assistindo a vídeos, jogando online ou buscando informações sobre compras e promoções pela internet.

É evidente que a web não resolverá todos os problemas de comunicação e marketing de uma empresa, assim como não veio para suplantar outras formas de mídia, como alguns chegaram a preconizar em um passado não muito distante. Por isso, a palavra-chave para o marketing diante desse cenário não é revolução, e sim evolução. A cada nova mídia que chega ao mercado, renova-se o acesso às informações, mudam-se os modelos de negócio, transformam-se o conteúdo e os formatos. No entanto, o que a internet trouxe de mais inovador foi o fato de ter mudado profundamente o comportamento das pessoas, tirando-as de um estado de passividade e tornando-as mais críticas, exigentes e ativas, ou seja, protagonistas nessa nova relação junto às marcas. E, obviamente, isso também passou a interferir nas estratégias de marketing adotadas pelas empresas. Hoje em dia, é impensável uma empresa que não leve em conta essa radical mudança de atitude dos consumidores, que passaram a ter muito mais poder de decisão e de influência.

As estratégias no mundo digital ainda estão em plena evolução, pois há muito a ser testado. Podemos dizer que estamos no início de todo o processo. Pela primeira vez, em tantos anos de existência do marketing, há mudanças realmente profundas que alteram o conhecimento que as empresas tinham sobre seus consumidores e sobre qual a melhor forma de alcançá-los. Tudo isso exige uma postura de atualização permanente. Por outro lado, também permite muita inovação. Não basta conhecer apenas os conceitos já estabelecidos do marketing, como os tradicionais 4Ps (preço, praça, produto e promoção), também é necessário saber construir uma presença digital para as companhias de forma adequada, bem como novas estratégias de marketing alinhadas com o dinamismo do mundo digital.

Estratégias essas que poderão incluir ações como mobile marketing, realidade aumentada e virtual, e-commerce, m-commerce, redes sociais (Facebook, X, LinkedIn, Pinterest, Instagram, Threads, YouTube, TikTok etc.), marketing nos buscadores, marketing viral, *advergaming*, aplicativos, anúncios em diversas plataformas, além de novas formas de compra de mídia, entre outras que serão abordadas em detalhes nos capítulos seguintes. Uma forma de visualizar as várias possibilidade de estratégias conjuntas é utilizando o funil de marketing e vendas, que, embora seja questionado por alguns profissionais, é uma possibilidade de entendimento, como na imagem a seguir.

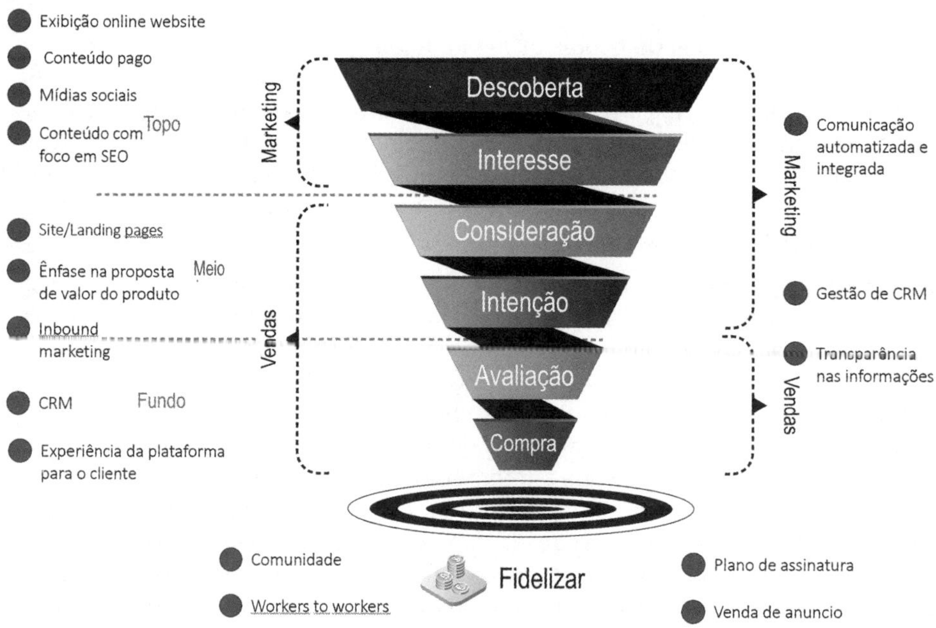

Exemplo de aplicação de várias estratégias conjuntas utilizando o funil de marketing e vendas.

Fonte: *Elaboração Digitalents.*

E é na área de marketing e comunicação que a empresa buscará apoio para entender o que está ocorrendo e manter-se atualizada. É dela que se espera uma postura de sintonia com o mercado e de inovação. Portanto, a responsabilidade dos profissionais que atuam nesse campo aumentou — e muito! Demanda-se que esse profissional seja cada vez mais conectado e sintonizado com essas mudanças, além de ter que entender de análise de dados, uma vez que o marketing digital é baseado na avaliação constante de resultados, especialmente com a proliferação das ferramentas de IA.

Observa-se, por exemplo, o crescimento de grupos nas redes sociais, atuando em comunidades, tornando os interesses cada vez mais segmentados e específicos, publicando vídeos, influenciando marcas, colaborando no lançamento de produtos e dialogando diretamente com as empresas ou, pelo menos, com aquelas que estão dispostas a fazer isso.

O problema reside no fato de haver companhias que acreditam ainda ser possível postergar a decisão sobre sua participação nessa "conversa". Aos poucos, no entanto, elas estão se dando conta de que seus consumidores estão nas redes falando sobre elas - ou, o que é ainda pior, podem atuar contra suas marcas, influenciando negativamente outros consumidores.

Os orçamentos destinados a ações em mídias sociais aumentam ano a ano, e as estratégias de SEO continuarão a ser fundamentais para qualquer negócio, como visto no Capítulo 1. Afinal, os gastos globais com marketing digital e as campanhas envolvendo mídias sociais estão crescendo mais rápido do que qualquer outra forma de marketing na web. E é sabendo combinar criatividade e planejamento estratégico que os profissionais de marketing serão capazes de transformar ideias em marcas memoráveis e, acima de tudo, lucrativas.

O IMPACTO DO MARKETING NOS NEGÓCIOS

Grande parte das empresas ainda associa marketing apenas à divulgação de produtos e serviços ou à promoção do seu negócio, talvez por falta de conhecimento mais aprofundado sobre o tema, ou seja, trabalhando somente o "P" de promoção, para citar a famosa teoria dos 4Ps — erroneamente atribuída a Kotler, pois na verdade foi criada em 1960 por Jerome E. McCarthy. Na verdade, o marketing deve ser aplicado como parte fundamental da "elaboração" das estratégias do negócio, tendo em vista a **necessidade de planejamento prévio** para **obter maior sucesso** em quaisquer áreas, principalmente se considerarmos a competitividade cada vez maior no mercado.

4P - Marketing Mix

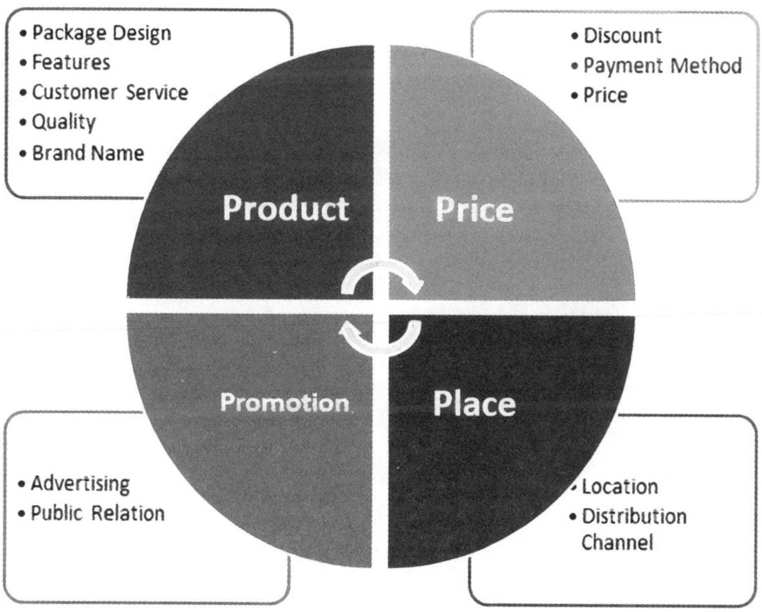

4Ps.

***Fonte:** Jerome E. McCarthy.*

Sendo assim, o marketing deve ir além das campanhas de propaganda, na medida em que está profundamente relacionado à análise de **viabilidade mercadológica** e financeira, uma tarefa que precisa anteceder a abertura para **prever a sustentabilidade de qualquer negócio**. Inicialmente, podem ser utilizadas ferramentas de **pesquisa de mercado** para detectar a demanda, que incluem técnicas qualitativas, quantitativas ou ambas combinadas, para identificar o nível de aceitação da nova empresa ou marca.

Cumprida essa etapa, o departamento de marketing se encarregará de elaborar toda a análise relacionada aos resultados das pesquisas, bem como outros levantamentos que devem ser feitos com relação à concorrência, sua atuação, seus produtos, área de influência etc. Além da **análise da demanda** propriamente dita, deve ser feita uma **avaliação do mercado** de atuação da empresa. Essa etapa é necessária porque, se não for feita atentamente, é grande o risco de oferecer aos consumidores mais um produto ou serviço que eles não necessitam, por já serem atendidos por muitas outras empresas — mais conhecidas, mais preparadas ou mais tradicionais.

Depois de cumprido esse levantamento, é possível iniciar uma abordagem de quais as perspectivas do negócio diante da oferta já existente, assim como a verificação dos pontos fortes e fracos, as ameaças e as oportunidades do mercado; é a famosa análise **SWOT** (*Strengths, Weaknesses, Opportunities, Threats*), originária dos conceitos de marketing tradicional, que também é conhecida no Brasil pela sigla em português **FOFA** (Forças, Oportunidades, Fraquezas e Ameaças).

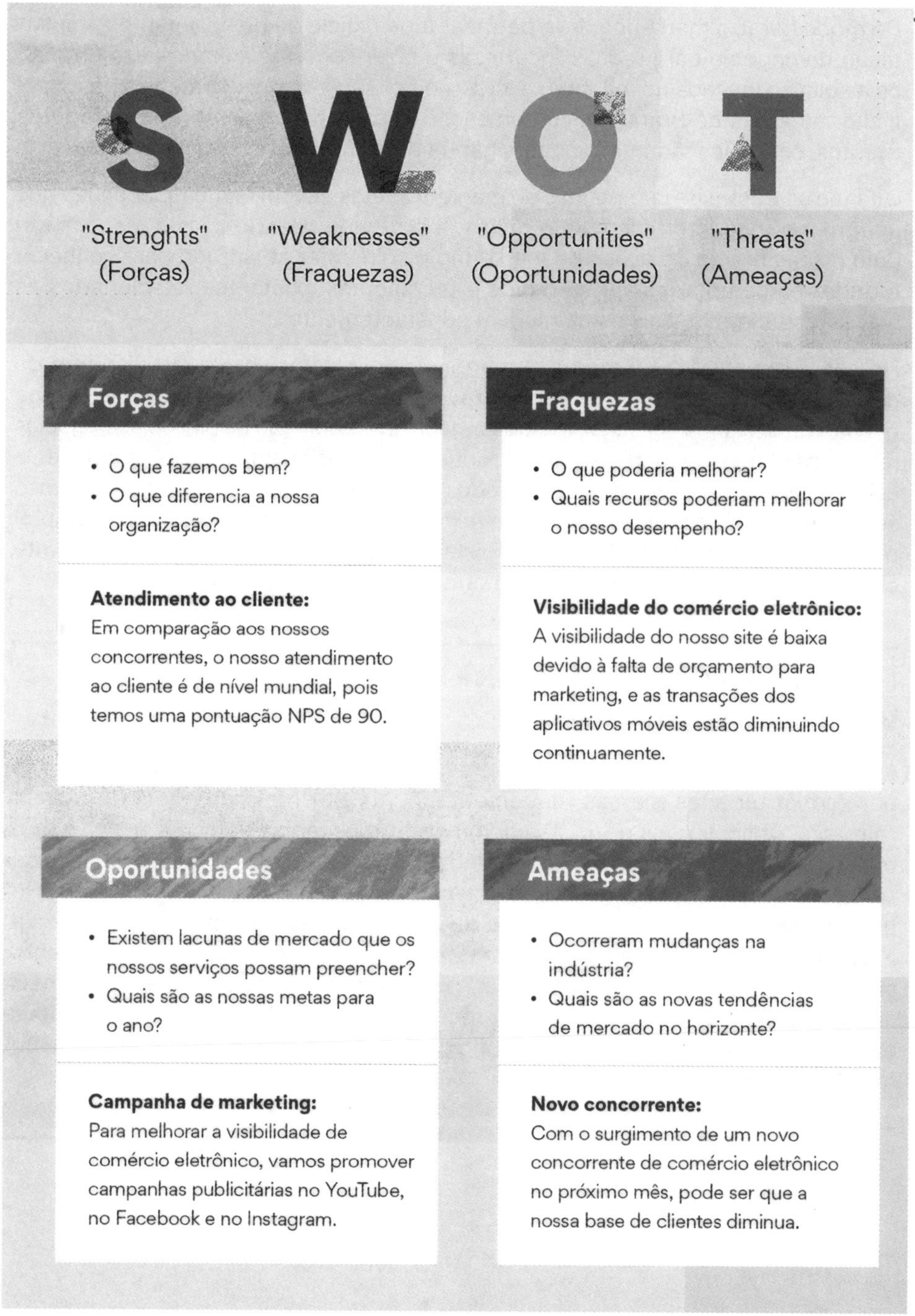

SWOT e FOFA.

Fonte: *https://asana.com/pt/resources/swot-analysis.*

De modo geral, o marketing deve permear todo o ciclo de planejamento e implantação do negócio para reduzir incertezas e fazer com que a empresa, o produto ou a solução lançada no mercado acerte melhor seu alvo. As estratégias precisam incluir as áreas de branding, comunicação corporativa, marketing de produtos, eventos, comunicação interna, propaganda e promoção, entre outras.

Quando se tratam de campanhas de marketing, elas devem contemplar ações que integrem o mundo offline com o online. E o grande desafio para o responsável pelo planejamento de ações de marketing é se manter atualizado para conhecer e poder contemplar os vários meios e tecnologias existentes relacionados às estratégias digitais, pois estes mudam constantemente.

No caso de pequenas e médias empresas, que muitas vezes não dispõem de departamentos de marketing bem estruturados, recomenda-se, para essa etapa prévia, o uso de uma consultoria especializada na elaboração de planos de negócios (business plan) e de marketing, para reduzir os riscos ao iniciar suas operações e evitar prejuízos com investimentos errados e desnecessários. O estudo prévio, caso seja voltado para a criação de uma nova empresa (um e-commerce, por exemplo), poderá indicar a real viabilidade de seu lançamento. Isso implica, eventualmente, chegar à conclusão de que será melhor não abrir tal negócio.

PLANEJAMENTO DE MARKETING VEM ANTES DO DIGITAL

Até pouco tempo atrás grandes empresas destinavam orçamentos volumosos para construir suas marcas fundamentalmente por meio da mídia de massa. Televisão, rádio, jornais e revistas dominavam o cenário e o foco era alcançar o maior número de pessoas possível, confiando que, ao precisar de um produto ou serviço, o consumidor se "lembraria" da marca que mais o impactou. Esse modelo predominante baseava-se na ideia de que a recordação era o principal fator para a decisão de compra. Por isso, as companhias com maior poder de investimento em publicidade nos canais tradicionais, feitas de forma repetitiva, eram as mais lembradas no momento da compra. Porém, com o advento das plataformas digitais e a consolidação da internet como principal fonte de pesquisa, o comportamento do consumidor evoluiu.

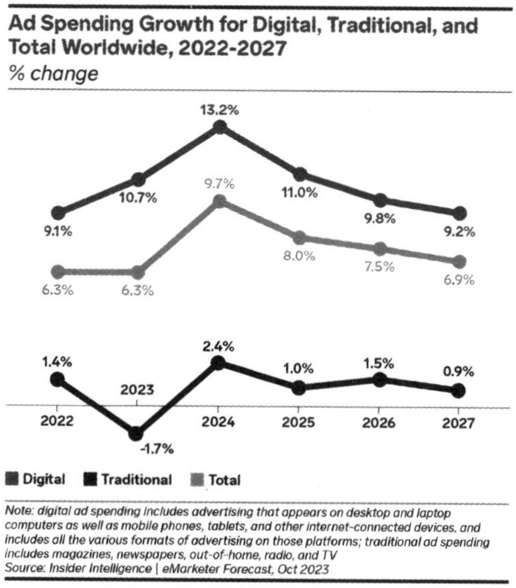

Fonte: *eMarketer – que demonstra a migração mundial das verbas de midia tradicional para a digital.*

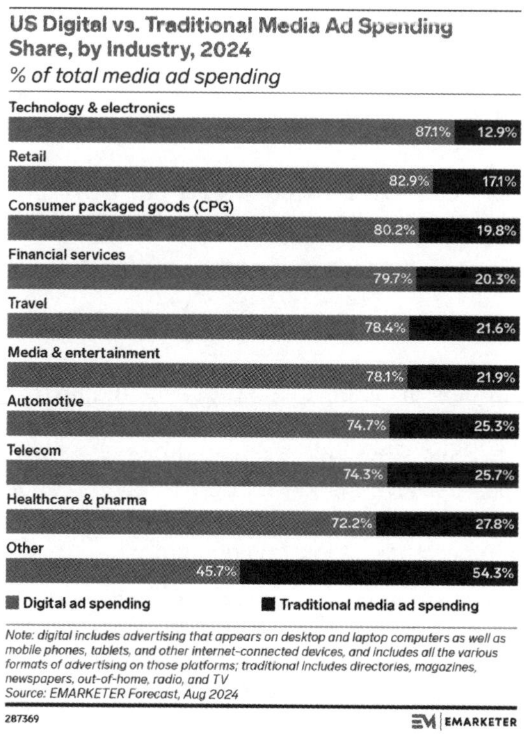

Fonte: *eMarketer – demonstra o investimento superior em mídia digital nos EUA por setor.*

Hoje, ele não precisa depender da sua memória para escolher um produto; ele recorre diretamente aos mecanismos de busca, marketplaces, redes sociais e recomendações de outros usuários e com isso pode comparar preços, checar avaliações e ler sobre a reputação de diversas marcas antes de se decidir por adquirir algo.

O impacto dessa mudança é significativo: o número médio de visitas pré-compra a lojas físicas caiu de cinco ou seis para uma ou duas. Isso demonstra como a vasta oferta de informações disponíveis online reformulou a jornada de compra e o processo de decisão.

PONTOS DE CONTATO DIGITAIS

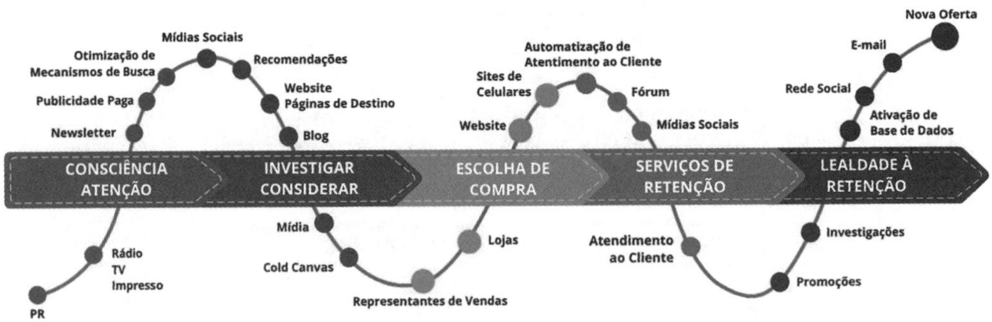

PONTOS DE CONTATO FÍSICOS

Jornada de compra digital.

Fonte: *Webrain.com.br.*

No cenário atual, o que mais importa é a presença digital da empresa e sua visibilidade no momento em que o consumidor pesquisa aquilo que deseja adquirir. Esse contexto altera completamente a lógica de construção de marca e posicionamento. Estratégias de SEO, marketing de conteúdo e anúncios pagos (como Google Ads) se tornaram fundamentais para garantir que a marca esteja presente no momento mais importante da jornada de compra.

Surgiu então o que o Google chamou há alguns anos de **ZMOT** (*Zero Moment of True*), no qual o primeiro contato com o produto ou marca de uma empresa (antiga "hora da verdade" de uma marca, que ocorria antes no mundo fisico) ocorra agora no meio virtual, conforme imagem a seguir.

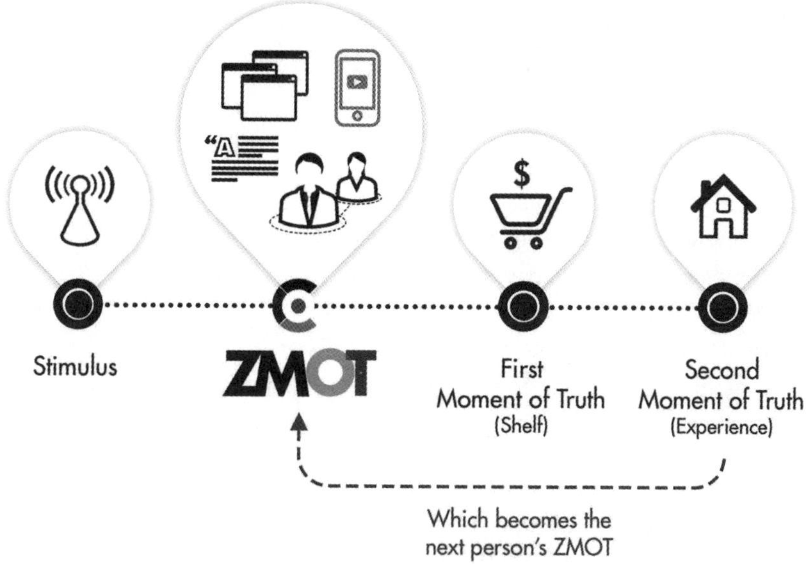

Ilustração do ZMOT - Zero Moment of True.
Fonte: *Google.*

Entretanto, isso não significa que a mídia de massa tenha perdido sua validade ou deva ser descartada das campanhas de marketing. Pelo contrário, ela continua sendo uma ferramenta poderosa para a construção do brand equity (valor de uma marca), especialmente quando integrada ao ambiente digital por meio de **estratégias de cross media.** Um exemplo prático é o uso de campanhas televisivas que direcionam o público para interações digitais, como a opção de download de um aplicativo ou o acesso a um website específico a partir de um *QR Code* na tela. O consumidor moderno está presente em diversos pontos de contato e espera experiências fluidas e integradas entre os diferentes canais, o que demanda uma **abordagem omnichannel** por parte das empresas, que quer dizer justamente o uso de diferentes canais de forma integrada, que reconheçam e atendam seus consumidores.

Principalmente, é preciso compreender o que os clientes desejam — aliás é sempre essa a base fundamental do marketing. Cada vez mais eles querem ser ouvidos, ter envolvimento, respeito, interação, engajamento e não apenas "comprar" produtos. As companhias devem abrir espaço para uma "conversa", um diálogo, um relacionamento e que não seja construída apenas uma relação mercantil. Essa relação deve ser construída passo a passo. O desafio das marcas hoje é entender como orquestrar essas "conversas" em múltiplas plataformas, garantindo consistência e relevância ao longo de toda a jornada do consumidor, como vista acima. Leva tempo, dá trabalho, mas é o melhor caminho a ser seguido.

Pontos a lembrar sobre impactos do marketing digital para os negócios

- Formatos inovadores para a realização de negócios.
- Rapidez de resposta dos consumidores.
- Diversificação de canais.
- Fidelização de clientes tradicionais e atração de novos clientes.
- Aumento de prestígio para a organização.
- Prospecção e desenvolvimento do mercado.
- Notoriedade e reconhecimento da marca.
- Customização, adequando a oferta em função das preferências dos consumidores.
- Segmentação psicográfica (por hábitos e atitudes).
- Acesso permanente aos mercados internacionais e a outros segmentos ou nichos.
- Redução nos tempos de transação.
- Possibilidade de fornecimento de mais informações e melhor experiência ao consumidor.
- Possibilidade de mensuração.

PASSOS PRÁTICOS PARA EXECUÇÃO DE UM PLANEJAMENTO DE MARKETING DIGITAL

A criação de um planejamento estratégico de marketing digital envolve várias etapas essenciais para garantir que a estratégia seja eficaz e alinhada com os objetivos da empresa. Abaixo seguem nove passos principais, divididos em dois grandes blocos (A e B):

A - Diagnóstico

O diagnóstico é sempre uma "imagem" do momento que a empresa se encontra. É um olhar para dentro e para fora. Começaremos com um olhar para fora da empresa, para o mercado.

Fonte: *Desenvolvimento interno Digitalents para planejamento estratégico - imagem ilustrativa para o diagnóstico.*

Análise externa: Mercado e concorrência

Avaliar o mercado em que a empresa atua, identificar tendências, oportunidades e ameaças.

Analisar os principais concorrentes, suas estratégias e presença digital.

Para esta etapa, sugiro que você utilize **ferramentas** que podem ser extremamente úteis e tem acessos gratuitos a boa parte das informações. Aqui estão algumas delas:

- **Google Trends**: Permite acompanhar as tendências de pesquisas feitas na web e identificar termos populares em diferentes regiões e períodos, ajudando a entender o que está em alta no mercado, o que é de grande valia para sua estratégia de construção de conteúdo.
- **SEMrush**: Ferramenta robusta para análise de SEO - veja mais sobre essa estratégia no cap. 4 -, pesquisa de palavras-chave e análise da atuação digital da concorrência. Ajuda a identificar as estratégias de SEO dos concorrentes e oportunidades de palavras-chave a serem aplicadas na construção tanto do site como do conteúdo geral.
- **Ahrefs**: Similar ao SEMrush, é excelente para análise de backlinks (útil na estratégia de SEO), pesquisa de palavras-chave e monitoramento da concorrência.
- **SimilarWeb**: Permite analisar o tráfego dos sites concorrentes, mostrando de onde vêm os visitantes, quais são as principais fontes de tráfego e outras métricas muito importantes.
- **BuzzSumo**: Ajuda a identificar os tipos de conteúdo mais populares em sua indústria e ver quais conteúdos estão performando bem para os concorrentes.
- **Mention**: Ferramenta para monitoramento de marca, permitindo que você veja onde e como seus concorrentes estão sendo mencionados online, além de analisar a reputação deles.
- **Social Mention**: Ajuda a monitorar a presença dos concorrentes nas redes sociais, analisando o sentimento, força, alcance e outras métricas relacionadas às menções sociais.
- **Moz**: Oferece ferramentas de SEO e análise da concorrência, incluindo auditoria de site, pesquisa de palavras-chave e análise de backlinks.
- **Ubersuggest**: Ferramenta de SEO que também fornece análise de concorrentes, incluindo sugestões de palavras-chave, backlinks e dados de tráfego.

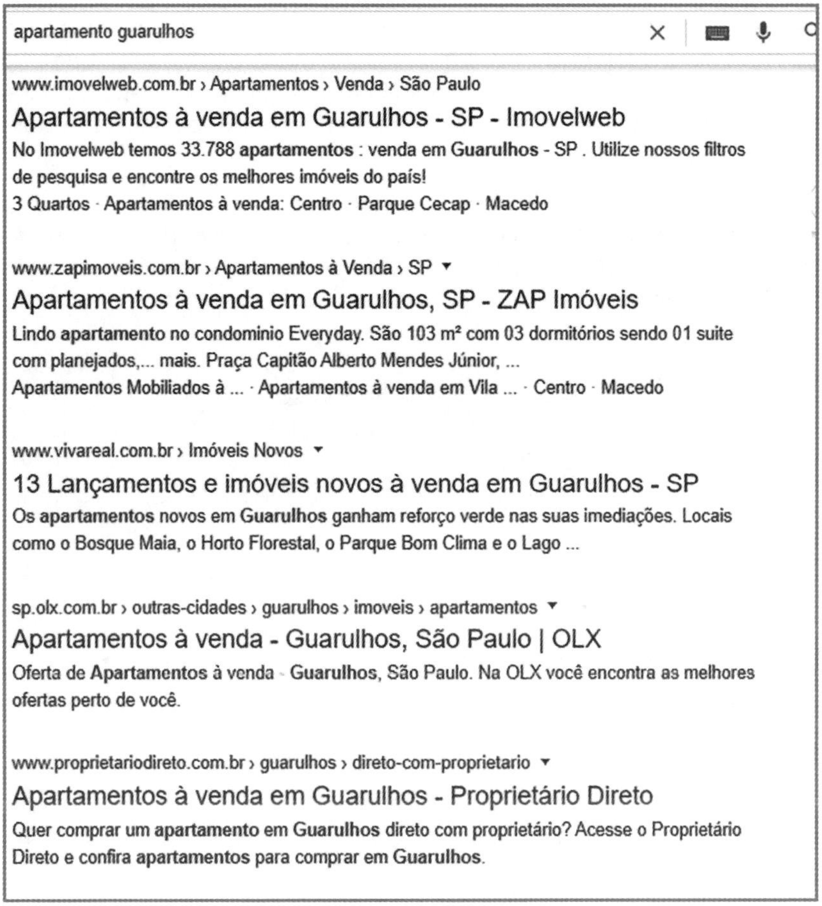
apartamento guarulhos

www.imovelweb.com.br › Apartamentos › Venda › São Paulo
Apartamentos à venda em Guarulhos - SP - Imovelweb
No Imovelweb temos 33.788 **apartamentos** : venda em **Guarulhos** - SP . Utilize nossos filtros de pesquisa e encontre os melhores imóveis do país!
3 Quartos · Apartamentos à venda: Centro · Parque Cecap · Macedo

www.zapimoveis.com.br › Apartamentos à Venda › SP ▾
Apartamentos à venda em Guarulhos, SP - ZAP Imóveis
Lindo **apartamento** no condominio Everyday. São 103 m² com 03 dormitórios sendo 01 suite com planejados,... mais. Praça Capitão Alberto Mendes Júnior, ...
Apartamentos Mobiliados à ... · Apartamentos à venda em Vila ... · Centro · Macedo

www.vivareal.com.br › Imóveis Novos ▾
13 Lançamentos e imóveis novos à venda em Guarulhos - SP
Os **apartamentos** novos em **Guarulhos** ganham reforço verde nas suas imediações. Locais como o Bosque Maia, o Horto Florestal, o Parque Bom Clima e o Lago ...

sp.olx.com.br › outras-cidades › guarulhos › imoveis › apartamentos ▾
Apartamentos à venda - Guarulhos, São Paulo | OLX
Oferta de **Apartamentos** à venda - **Guarulhos**, São Paulo. Na OLX você encontra as melhores ofertas perto de você.

www.proprietariodireto.com.br › guarulhos › direto-com-proprietario ▾
Apartamentos à venda em Guarulhos - Proprietário Direto
Quer comprar um **apartamento** em **Guarulhos** direto com proprietário? Acesse o Proprietário Direto e confira **apartamentos** para comprar em **Guarulhos**.

Fonte: *Google pesquisa — análise para um planejamento estratégico realizado pela Digitalents em um determinado setor.*

Essas ferramentas oferecem uma visão bem abrangente do mercado e dos concorrentes, permitindo assim que se tome decisões muito mais assertivas no seu planejamento estratégico de marketing digital.

Análise interna

Nesta etapa, você deverá levantar dados sobre como a empresa está posicionada no mundo digital, como estão seus dados, seus resultados, como estão os canais utilizados, enfim, um levantamento para saber sua atual situação.. Pode-se utilizar algumas das mesmas ferramentas citadas acima para isso, como o SEMrush, Google Analytics, entre outras.

Também é o momento de avaliar os recursos internos, como a equipe de marketing, tecnologia disponível, investimentos em mídia entre outros que poderão impactar a execução das estratégias, pois caso isso não seja feito, poderão ser indicadas ações no planejamento que sejam incompatíveis com a estrutura real que vai implantá-las.

- ▷ **Google Analytics (GA)**: Fornece insights sobre o tráfego do seu site, ajudando a entender o comportamento dos visitantes, saber de onde eles vem, quanto tempo passam no site, etc... além de ajudar a identificar tendências (você pode ver mais detalhes sobre o GA no capítulo de métricas).

Origem/mídia	Usuários ↓	Novos usuários	Sessões	Taxa de rejeição	Páginas / sessão	Duração média da sessão
	24.700 Porcentagem do total: 100,00% (24.700)	23.765 Porcentagem do total: 100,04% (23.756)	43.115 Porcentagem do total: 100,00% (43.115)	71,14% Média de visualizações: 71,14% (0,00%)	1,87 Média de visualizações: 1,87 (0,00%)	00:01:26 Média de visualizações: 00:01:26 (0,00%)
1. google / cpc	**18.717** (71,41%)	17.263 (72,64%)	31.746 (73,63%)	78,53%	1,59	00:00:57
2. google / organic	**5.738** (21,89%)	4.860 (20,45%)	8.633 (20,02%)	46,52%	2,80	00:02:59
3. (direct) / (none)	**998** (3,81%)	935 (3,93%)	1.861 (4,32%)	66,85%	1,91	00:02:02
4. l.facebook.com / referral	**253** (0,97%)	244 (1,03%)	263 (0,61%)	44,87%	2,86	00:02:04
5. l.instagram.com / referral	**160** (0,61%)	153 (0,64%)	199 (0,46%)	49,25%	2,70	00:02:24
6. m.facebook.com / referral	**140** (0,53%)	131 (0,55%)	152 (0,35%)	71,71%	1,99	00:01:24
7. facebook.com / referral	**66** (0,25%)	59 (0,25%)	79 (0,18%)	84,81%	1,44	00:00:33

Origem de tráfego.

***Fonte:** Google Analytics.*

- ▷ **Também é muito importante a avaliação de forças e fraquezas**: Identificar pontos fortes e fracos da empresa em comparação aos concorrentes, a análise SWOT citada anteriormente — após a análise da concorrência citada anteriormente.
- ▷ **Conhecimento interno do cliente**: Utilizar dados já existentes na empresa, como histórico de vendas, CRM, e feedback de clientes, para entender melhor o perfil do público-alvo, pois isso será fundamental para a criação das "personas" para a estratégia, como será detalhado em breve.

Na prática, a análise interna se concentra em avaliar as capacidades, recursos, e limitações da empresa, garantindo que as estratégias de marketing digital sejam realistas e sustentáveis a partir do que está disponível internamente.

Identificação do público-alvo:

Definir quem são os clientes da sua empresa, ou mesmo quem são os clientes ideais, como chamamos os ICPs (*Ideal Client Profile)* é uma etapa fundamental para qualquer estratégia de marketing, pois, como digo aos meus alunos, a definição de marketing que acho mais interessante é **"entender para atender"**. E, se não conhecermos a fundo quem é o nosso público, não será possível entendê-lo e, muito menos, atendê-lo.

Para uma análise do público-alvo de uma empresa, é necessário identificar a seguinte segmentação:

- **Geográfica:** como o próprio nome indica, refere-se à localização do público que vamos atender.
- **Demográfica**: refere-se à faixa etária, classe social, renda etc.
- **Psicográfica**: estão relacionados a seus interesses, hábitos, atitudes, comportamentos e necessidades.

Sempre me perguntam nas aulas como pode ser feito esse levantamento na prática. Como dito acima, podemos utilizar dados já existentes na empresa, como histórico de vendas, CRM e feedback de clientes, para entender melhor o perfil do público-alvo. Pode-se também aplicar pesquisas de tempos em tempos, para identificar, por exemplo, hábitos de consumo de mídia, assim como para mapear sua jornada de compra:

- **Pesquisas online**: Utilize ferramentas como Google Forms ou SurveyMonkey para realizar pesquisas com seus clientes, buscando entender suas necessidades, desafios e preferências.
- **Entrevistas qualitativas**: Realize entrevistas detalhadas com uma amostra de clientes para obter insights mais profundos sobre seus hábitos, motivações e expectativas.
- **Pode-se ainda analisar os concorrentes**: Observe quem são os clientes dos seus principais concorrentes, analisando suas estratégias de comunicação e público-alvo. Isso pode ajudar a identificar nichos que sua empresa ainda não está explorando.

Outra possibilidade para compreender melhor quem é o seu público-alvo é fazer **monitoramento nas mídias sociais,** como descrito abaixo:

- **Social listening**: Use ferramentas como Hootsuite, Sprout Social ou Mention para monitorar as conversas sobre sua marca e sobre o seu setor nas redes sociais. Isso pode revelar informações valiosas sobre quem está falando sobre seus produtos e quais são suas preocupações e interesses.
- **Análise de engajamento**: Análise do engajamento em posts nas redes sociais para identificar que tipo de conteúdo têm melhores resultados com diferentes segmentos do público.

Também é possível usar o recurso de análise de dados do site da empresa com o **Google Analytics**, já citado, para entender quem visita seu site, de onde eles vêm, quais páginas visitou e quanto tempo passam em cada seção. Essas informações ajudam a identificar o perfil dos visitantes mais engajados. Além de **heatmaps e análise de comportamento** com ferramentas como **Hotjar ou Crazy Egg**, que mostram onde os usuários clicam, como navegam pelo site e onde perdem o interesse, fornecendo pistas sobre suas necessidades e interesses que sua empresa poderá atender.

Outra possibilidade é a empresa aplicar testes de segmentação para identificar melhor o comportamento do seu público.

- **Campanhas de teste A/B**: Crie campanhas de teste com diferentes segmentos de público para ver qual grupo responde melhor a diferentes tipos de mensagens e ofertas; e
- **Segmentação por interesses**: Experimente segmentar campanhas de anúncios baseados em interesses específicos, como hobbies ou hábitos de compra, para identificar quais segmentos têm maior potencial.

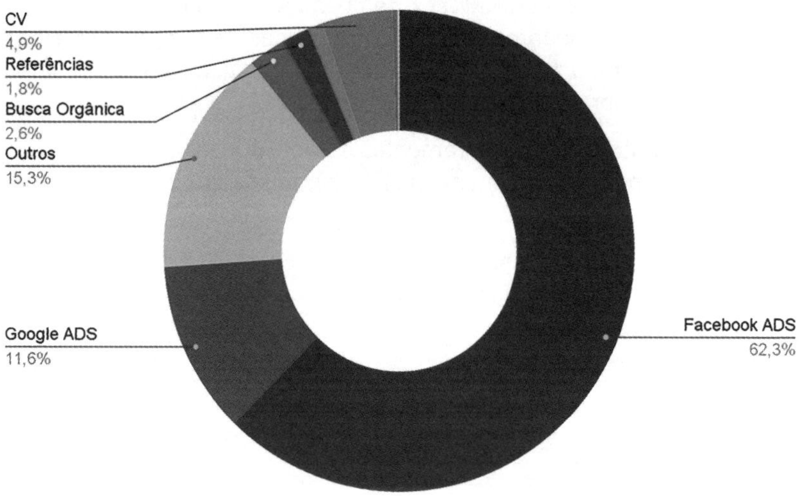

Fonte: *Dados internos consultoria Digitalents — "origem de leads" de um cliente.*

Análise de tendências e comportamentos. É possível também fazer uma análise com o uso do **Google Trends e Relatórios de Indústria**: utilize essas ferramentas para identificar mudanças nas preferências e comportamentos do público-alvo ao longo do tempo; assim como **Estudos de Mercado e Relatórios Setoriais**: consulte relatórios de mercado específicos do seu setor, que muitas vezes contêm análises detalhadas sobre o perfil dos consumidores.

B - Desenvolvimento do planejamento estratégico

Definição de objetivos: Costumo dizer que, se o seu cliente, seu chefe ou sua empresa não sabem para onde ir, o melhor é não evoluir no seu planejamento; afinal, para quem não sabe para onde ir, qualquer lugar serve (já dizia o gato da história de *Alice no País das Maravilhas*!).

Imagem ilustrativa da etapa de planejamento de marketing digital elaborado pela Digitalents.

Aqui estão alguns exemplos de **objetivos estratégicos** que uma companhia pode buscar com o uso de um planejamento de marketing digital:

- **Aumentar a visibilidade e reconhecimento da marca**: Expandir a presença online da empresa para se tornar uma referência no mercado, aumentando o reconhecimento da marca entre o público-alvo.
- **Gerar leads qualificados**: Atrair potenciais clientes através de estratégias de inbound marketing, capturando leads qualificados que tenham maior probabilidade de se converter em vendas.
- **Melhorar o engajamento com o público-alvo**: Fortalecer a conexão com os clientes por meio de interações em redes sociais, e-mail marketing e outros canais digitais, aumentando o envolvimento e a fidelidade à marca.
- **Otimizar a experiência do cliente (CX)**: Utilizar dados e feedback para aprimorar a jornada do cliente nos canais digitais, oferecendo uma experiência mais personalizada e satisfatória.

- **Aumentar a participação de mercado**: Utilizar campanhas digitais para capturar uma maior fatia do mercado, especialmente em nichos onde a empresa ainda não tem forte presença.
- **Reduzir o Custo de Aquisição de Clientes (CAC)**: Desenvolver estratégias de marketing digital que sejam mais eficazes em termos de custo, diminuindo o investimento necessário para adquirir novos clientes.
- **Melhorar o Retorno sobre o Investimento (ROI)**: Otimizar as campanhas de marketing digital para maximizar o retorno sobre o investimento, garantindo que os recursos sejam aplicados de forma eficiente.
- **Ampliar a base de clientes internacionais**: Explorar mercados internacionais utilizando campanhas de marketing digital direcionadas a públicos específicos em outros países.
- **Aprimorar a inteligência competitiva**: Utilizar ferramentas e dados digitais para monitorar a concorrência e ajustar as estratégias da empresa de forma proativa.
- **Fomentar a inovação e transformação digital**: Utilizar o marketing digital como um motor para a transformação digital da empresa, incentivando a adoção de novas tecnologias e práticas inovadoras.

Estes **objetivos estratégicos** ajudam a guiar as ações de marketing digital da empresa para que não só atendam às metas imediatas, mas também contribuam para o crescimento sustentável e a competitividade da companhia no longo prazo.

Isso é importante porque, em geral, as pessoas confundem objetivos estratégicos com metas táticas, o que é especialmente comum no mundo digital, repleto de táticas, como número de seguidores, likes em posts, número de vídeos etc.

Definição de metas: Metas **"táticas"** no marketing digital **são objetivos mais específicos e de curto prazo, voltados para a execução das ações** das estratégias de marketing. Elas estão diretamente relacionadas a questões de ordem prática, que contribuem para alcançar os objetivos mais estratégicos. A seguir, veja alguns exemplos de metas táticas no digital:

- **Aumentar o tráfego do site**: Elevar o número de visitantes únicos no site em 20% nos próximos três meses por meio de campanhas de SEO e anúncios pagos.
- **Melhorar a taxa de conversão**: Aumentar a taxa de conversão do site de 2% para 3% nos próximos dois meses, otimizando as landing pages e implementando testes A/B.
- **Expandir o alcance nas redes sociais**: Aumentar o número de seguidores no Instagram em 15% no próximo trimestre, com a publicação de conteúdo diário e campanhas de engajamento.

- **Aumentar o engajamento com conteúdo**: Dobrar o número de compartilhamentos e comentários em posts de blog nos próximos seis meses, utilizando técnicas de storytelling e chamadas para ação mais efetivas.
- **Melhorar a taxa de abertura de e-mails**: Elevar a taxa de abertura de e-mails de 18% para 25% nos próximos três meses, otimizando linhas de assunto e segmentando melhor a lista de contatos.
- **Reduzir o custo por clique (CPC) em anúncios**: Reduzir o CPC em campanhas de Google Ads em 10% nos próximos dois meses, ajustando as palavras-chave e segmentações.
- **Aumentar a geração de leads**: Capturar 500 novos leads qualificados no próximo mês através de uma campanha de e-book gratuito e landing pages dedicadas.
- **Melhorar o tempo de permanência no site**: Aumentar o tempo médio de permanência no site em 30% no próximo trimestre, otimizando a navegação e criando conteúdo mais envolvente.
- **Reduzir a taxa de rejeição (bounce rate)**: Diminuir a taxa de rejeição do site de 60% para 45% nos próximos dois meses, melhorando a usabilidade e a velocidade de carregamento das páginas.
- **Implementar uma campanha de retargeting**: Lançar uma campanha de *retargeting* para visitantes que abandonaram o carrinho, com o objetivo de recuperar 10% dessas vendas nos próximos três meses.

Essas **são mais focadas em resultados operacionais** e ajudam a **guiar o dia a dia das atividades de marketing digital**, assegurando que as ações sejam executadas de forma eficaz e alinhadas com a estratégia da empresa.

Definição de KPIs (key performance indicators) internos: Na etapa de definição de objetivos, também é importante estabelecer indicadores de performance que possam ser monitorados internamente para medir o progresso em direção às metas. No capítulo referente a métricas serão feitas as análises de resultados relativas aos KPIs definidos.

Criação de personas

Persona é a **representação fictícia do seu cliente**, do seu consumidor e ela ajuda quem está na gestão do marketing digital e das mídias sociais a entender melhor com quem estamos falando, quem queremos impactar, quem desejamos engajar. E, como falado anteriormente, se não conhecemos quem é essa pessoa, o nosso cliente, ou consumidor, como podemos impactá-lo?

Por isso, criar personas é um processo essencial para entender melhor o público-alvo e direcionar as estratégias de marketing digital. Então, para essa criação, use como base todas as informações coletadas, crie personas que representem os diferentes segmentos do seu público-alvo. Agrupe os dados coletados em segmentos que compartilham características comuns, como comportamento de compra, necessidades ou interesses. Dentro desses segmentos, identifique padrões ou características recorrentes que possam ajudar a definir diferentes personas.

Dê a cada persona um nome, uma história e características detalhadas, como: qual é sua rotina, seus desafios, seus objetivos, como é a sua estrutura familiar, seus desejos e também quais são seus canais de mídia e comunicação preferidos. Você pode adicionar, inclusive, uma foto que possa ilustrar como seria essa persona. Descreva cenários onde a persona interage com sua marca. Por exemplo, como ela descobre seus produtos, quais são suas preocupações durante a compra, e o que a motiva a escolher sua empresa. Conte uma breve história que ilustre o dia a dia da persona, destacando como seus produtos ou serviços se encaixam na vida dela.

Depois, valide essas personas com a equipe de vendas e atendimento ao cliente, que têm contato direto com os consumidores, para garantir que elas sejam realistas e representativas.

As personas devem evoluir junto com o mercado e as mudanças no comportamento dos clientes. Revise periodicamente e atualize suas personas com novos dados e insights. Utilize o feedback contínuo de campanhas e interações com clientes para refinar ainda mais.

Persona de Compras

Nome: Marcos Silva

Cargo: Gerente de Compras Logísticas LATAM

Empresa: Multinacional de Bens de Consumo

FUNÇÕES

Gestão de Fornecedores:

- Identificação e negociação com fornecedores.
- Estabelecimento de contratos, condições de pagamento e termos de entrega.

Análise e Otimização de Custos:

- Monitoramento e análise contínua de custos de logística para identificar áreas de economia e eficiência.
- Desenvolvimento de estratégias para redução de custos sem comprometer a qualidade ou prazos de entrega.

Liderança de Equipe:

- Gestão de uma equipe de profissionais de compras, fornecendo orientação, treinamento e desenvolvimento para garantir alta performance.
- Estabelecimento de metas e monitoramento do desempenho da equipe.

Análise de Mercado e Benchmarking:

- Realização de análises de mercado para identificar novas oportunidades de fornecimento e tendências que possam impactar a estratégia de compras.
- Benchmarking com outras empresas do setor para identificar melhores práticas e inovações.

DESAFIOS

Negociação e Gestão de Contratos:

- Alcançar acordos vantajosos que equilibrem custos e qualidade, em um ambiente de negociação global competitivo.

Relacionamento com Fornecedores:

- Manter relações comerciais saudáveis e duradouras com fornecedores, mesmo diante de desafios como atrasos e mudanças nas condições de mercado.

Desempenho da Equipe:

- Desenvolver e manter uma equipe motivada e altamente capacitada, capaz de responder rapidamente às mudanças e desafios do mercado.

Compliance e Sustentabilidade:

- Assegurar que todas as atividades de compras estejam em conformidade com as regulamentações locais e internacionais, bem como implementar práticas sustentáveis na cadeia de fornecimento.

Fonte: *Criação Digitalents para o planejamento estratégico de um cliente do setor de logística.*

Definição dos canais de marketing

Esta é uma etapa fundamental do planejamento de marketing digital, pois temos que selecionar as plataformas e ferramentas mais adequadas para alcançar o público-alvo, como redes sociais, SEO, e-mail marketing, marketing de conteúdo, entre outros.

E, para isso, é necessário conhecer cada canal. Nos próximos capítulos, você poderá conhecer mais a fundo cada um deles, para que possa identificar os melhores canais para implantar sua estratégia.

Além disso, é importante ter uma definição de canais muito ajustada à estrutura da empresa, para que a equipe de marketing possa dar a devida atenção à sua gestão. De nada adianta selecionar vinte canais se a empresa não consegue geri-los.

Canais e estratégias digitais.

Fonte: *Criação própria.*

Criação de conteúdo

O conteúdo é um ponto extremamente importante dentro da estratégia de marketing digital, pois é ele que conecta a empresa ao seu público. É por meio dele que vamos engajar, ou não, nossos futuros e atuais clientes. Portanto, deve ser construído sempre com isso em mente, pois postar conteúdo só por postar não traz resultado e só polui a imagem da sua empresa.

Para alcançarmos os resultados estratégicos que a empresa deseja é muito relevante a criação de conteúdo alinhado com seus objetivos. Um conteúdo que fale das "dores e necessidades" do seu público, e não apenas que fique enaltecendo a própria empresa.

Deve-se desenvolver uma estratégia de conteúdo que busque atender os interesses do público e que atenda aos objetivos definidos pela empresa. Além disso, procure utilizar uma linguagem acessível para o seu público, com a qual ele se sinta identificado, ajustando o tom de acordo com as características de cada persona.

Outras orientações sobre conteúdo:

Ofereça valor e soluções práticas. Crie conteúdo que eduque seu público sobre tópicos relevantes, forneça soluções práticas para problemas comuns dos seus consumidores e que os ajude a tomar decisões informadas. Ofereça dicas, tutoriais, guias e conteúdos que possam ser imediatamente úteis. Por exemplo, se o seu cliente precisa fazer um financiamento para adquirir um imóvel, ele provavelmente terá muitas dúvidas sobre isso: se ele tem renda à altura, quanto deverá dar de entrada, etc. E se a sua empresa atua na área poderá atendê-lo com informações que elucidem esses questionamentos.

Desenvolva uma voz única: Seja autêntico e original. Mantenha uma voz que reflita os valores e a identidade da sua marca, diferenciando-se da concorrência. Não basta ter uma comunicação igual à de todo mundo, procure se diferenciar usando termos e dados que façam sentido para seu cliente.

Crie conteúdo inédito: Sempre que possível, produza conteúdo original que ofereça novas perspectivas ou abordagens, evitando a repetição do que já está saturado no mercado, pois isso vai ajudar sua empresa no alcance de melhores resultados nas buscas orgânicas, inclusive.

Explore diferentes formatos de conteúdo: como blogs, vídeos, infográficos, podcasts e e-books, para atender às diversas preferências do seu público. Adapte o conteúdo para diferentes plataformas sociais, aproveitando os formatos nativos de cada uma, como stories, reels, posts de carrossel etc. Não se esqueça de otimizar o conteúdo para SEO e usabilidade, incorpore palavras-chave realizando uma pesquisa relevante (você terá dicas sobre isso no próximo capítulo) e integre essas palavras de forma natural em seu conteúdo para melhorar a visibilidade nos motores de busca. Estruture o conteúdo de maneira clara, usando subtítulos, listas e parágrafos curtos para facilitar a leitura e melhorar a experiência do usuário.

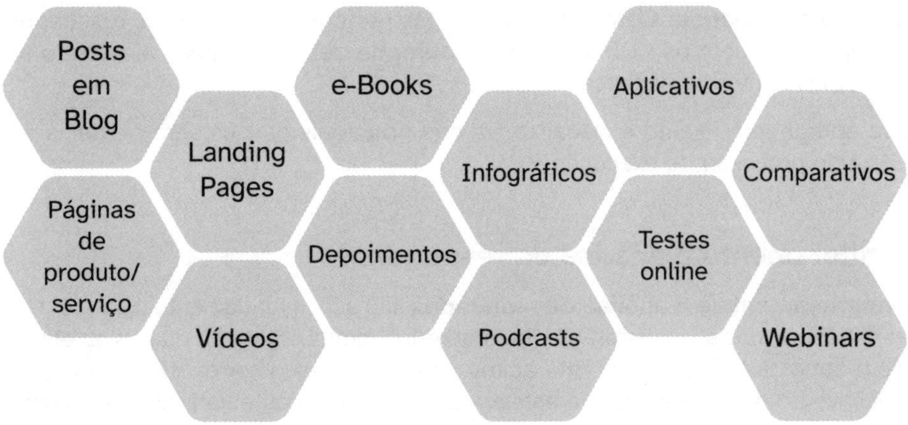

Exemplos de formatos de conteúdos.

Esses pontos são fundamentais para garantir que o conteúdo criado seja não apenas relevante e interessante, mas também eficaz em atingir os objetivos estratégicos da sua empresa com o uso do marketing digital.

Execução da estratégia

Aqui, de forma resumida, temos um check-list de como fazer a execução da estratégia de marketing digital planejada acima:

Criação de um cronograma: Definir prazos e organizar as tarefas em uma sequência lógica, estabelecendo marcos importantes para acompanhar o progresso. Além obviamente de indicar os responsáveis por cada uma das etapas é fundamental. Prever etapas de testes e alinhamentos.

Alocação de recursos: Distribuir responsabilidades entre a equipe e assegurar o orçamento e ferramentas necessários para cada atividade. Isto inclui a contratação de mão de obra de terceiros, se necessário, como agências por exemplo, ou outros prestadores de serviços.

Produção e lançamento: Produzir conteúdos diversos, peças criativas e investir em campanhas de acordo com o plano, configurar as plataformas de marketing e fazer testes para garantir que tudo funcione de acordo com o planejamento elaborado.

Monitoramento e ajustes: Acompanhar o desempenho das campanhas em tempo real, fazer ajustes com base nos dados coletados e otimizar continuamente as ações em andamento, tendo em vista que o marketing digital permite esse acompanhamento de forma sistemática no dia a dia. Veremos mais sobre isso no próximo tópico a seguir e também no Capítulo 8.

Relatórios e análise: Criar e gerir relatórios periódicos, analisar os resultados e compará-los com os KPIs definidos (conforme descrito acima), ajustando as estratégias conforme necessário.

Essa abordagem facilita a visualização dos principais passos sem perder a essência do processo de execução.

Monitoramento e análise de resultados

O **monitoramento e a análise de resultados** são ações fundamentais para entender o impacto das suas estratégias de marketing digital e garantir que os objetivos sejam atingidos. Como já foi dito acima, temos que escolher os KPI's (indicadores-chave de desempenho) que estejam alinhados com os objetivos estratégicos da empresa, como por exemplo: taxa de conversão, custo por lead (CPL), custo por aquisição (CPA) de clientes, retorno sobre investimento (ROI) entre outros, para que seja possível fazer o acompanhamento posteriormente de forma regular. Tamanha é a importância deste tópico que voltaremos a trazer mais detalhes no Capítulo 8.

Uso de ferramentas de análise

Algumas ferramentas podem ser inseridas no dia a dia da operação do marketing digital para facilitar a captação e gestão dos dados sobre a evolução das campanhas e demais atividades. Sem o apoio deste tipo de tecnologia torna-se muito mais complexa a tomada de decisões.

- **Ferramentas essenciais**: Utilize ferramentas como Google Analytics, Google Search Console, e plataformas de mídia social (Facebook Insights, Instagram Analytics) para monitorar o desempenho em tempo real.
- **Automatização de relatórios**: Configure relatórios automáticos (dashboards) para receber atualizações regulares e simplificar a análise dos dados.

Análise de dados e tendências

Ao fazermos um acompanhamento periódico de forma sistemática podemos observar claramente a evolução e quaisquer mudanças que venham a ocorrer nos dados verificados. Exemplo, ao acompanhar o histórico de evolução da geração de leads ao longo do tempo podemos entender se determinadas alterações estão de acordo com alguma sazonalidade do mercado ou da empresa, ou se realmente há alguma falha na gestão que possa causar essa redução ou mesmo algum problema em uma plataforma num determinado período, como verificado no gráfico a seguir. Nele, vemos um pico em julho de 2021, ocasionado por um comportamento atípico em uma plataforma de mídia social que gerou grande queda no número de leads.

- **Identificação de padrões**: Análise dos dados para identificar padrões de comportamento do público, períodos de maior engajamento e os conteúdos que geram melhores resultados.
- **Comparação com metas**: Compare os resultados obtidos com as metas estabelecidas, identificando áreas que precisam de melhorias ou que apresentam oportunidades de expansão.
- **Tomada de decisões**: Use os insights obtidos para tomar decisões informadas, como ajustar campanhas, melhorar o conteúdo ou reorientar recursos para canais mais eficazes.
- **Testes A/B**: Realize testes A/B — testes com variações em itens de uma determinada campanha, por exemplo, em elementos-chave como títulos, CTAs e layouts — para identificar o que funciona melhor.

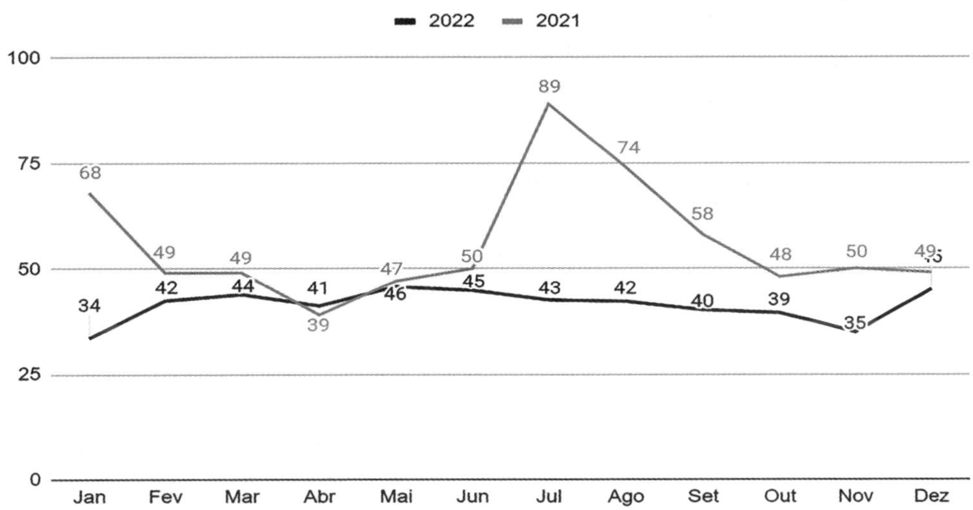

Gráfico de acompanhamento do custo por lead (CPL) ao longo do tempo.

Fonte: *Desenvolvimento próprio Digitalents.*

Relatórios e comunicação

- **Relatórios regulares**: Crie relatórios claros e objetivos para compartilhar os resultados com a equipe e outras partes interessadas.
- **Reuniões de revisão**: Organize reuniões periódicas para discutir os resultados, fazer ajustes e planejar os próximos passos.

O monitoramento contínuo permite que você seja ágil na correção de rota das suas estratégias, ajustando o que não está funcionando e capitalizando sobre o que está dando certo.

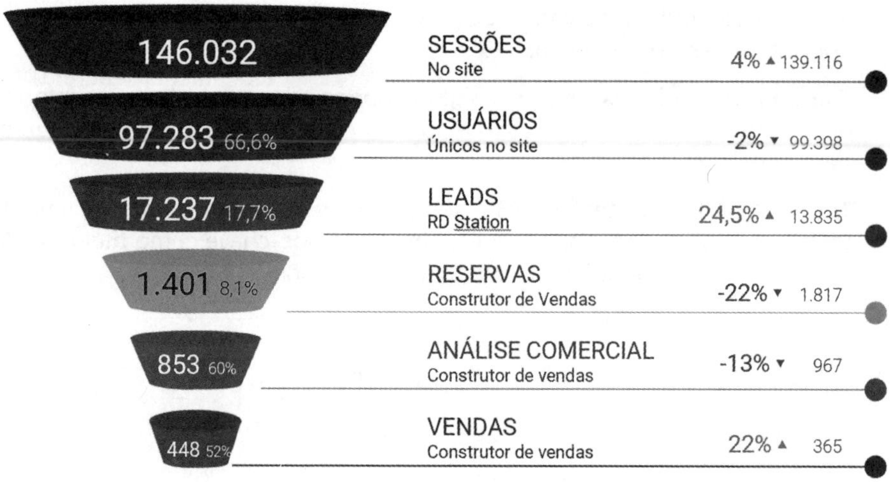

Exemplo de gráfico de acompanhamento de dados.

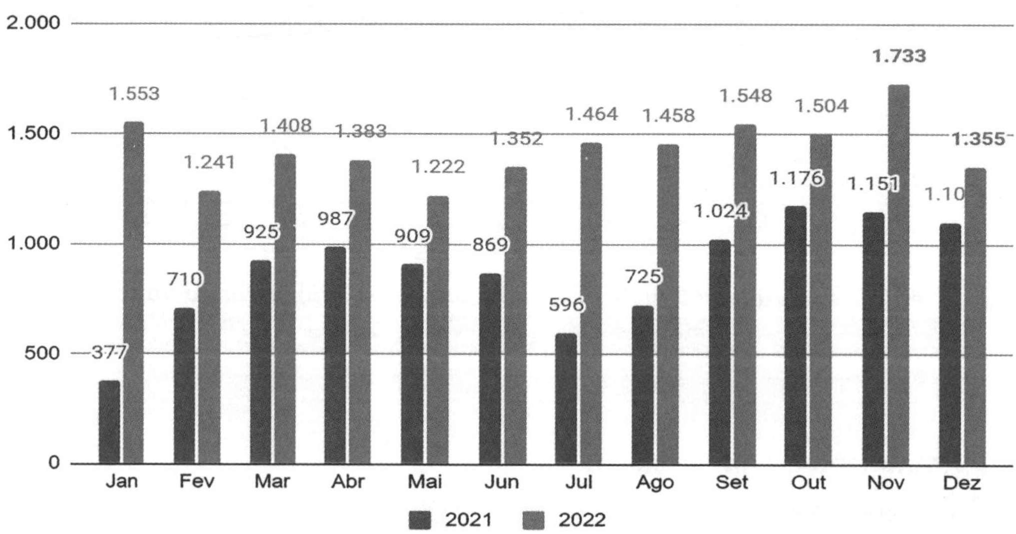

Exemplo de gráfico de acompanhamento de dados.

Documentação e revisão contínua

Manter uma documentação clara do planejamento estratégico para facilitar futuras revisões e ajustes.

Revisar e atualizar o planejamento regularmente para se adaptar às mudanças no mercado e nas necessidades do público-alvo.

Concluindo, a criação de um planejamento estratégico digital não é tarefa fácil nem simples, mas é extremamente necessária para conduzir da melhor forma possível a atuação da empresa nos dias atuais.

Seguindo esses passos indicados acima é possível criar um planejamento estratégico de marketing digital e implantá-lo para que seja efetivo e alinhado com os objetivos da corporação.

PODCAST

Este capítulo traz uma discussão sobre planejamento estratégico no Marketing Digital com Nino Carvalho, autor do best-seller *Metodologia PEMD* e consultor internacional. Sandra Turchi enriquece a troca com sua vasta experiência.

Nino Carvalho — Planejamento Estratégico no Marketing Digital

CAPÍTULO 4

MARKETING NOS BUSCADORES E PUBLICIDADE ONLINE

NESTE CAPÍTULO, VOCÊ VAI:

- *Entender o que é SEM.*
- *Compreender os principais conceitos de SEO e como a IA está transformando esse processo.*
- *Saber mais sobre publicidade online e as diferentes estratégias de anúncios.*

Nos dias de hoje, é difícil imaginar uma pessoa comprando algum produto ou serviço, seja um instrumento musical, um eletrodoméstico, uma moto, um curso, uma viagem, ou qualquer outro, sem antes pesquisar na internet. Há uma infinidade de lojas oferecendo promoções e facilidades para a compra. É como um shopping gigantesco, contendo tudo o que alguém poderia querer — comida, medicamentos, roupas, leilões de arte, flores e tudo mais que a gente possa imaginar.

Com a internet, é o cliente que procura o que deseja, e encontra, ou não, determinada empresa. Aí reside uma das principais mudanças que vem ocorrendo nos últimos tempos: uma grande inversão na forma como sempre fizemos marketing. Agora, a empresa é que deve ser encontrada pelo consumidor quando ele deseja adquirir algum bem. Nessa situação, quem está buscando algo na internet já está um passo à frente em termos de interesse efetivo na compra de um produto ou serviço.

Mas e para localizar o que se deseja? Como fazer para ter certeza de que estamos realizando o melhor negócio? A principal opção é por meio dos buscadores ou ferramentas de busca, como Google e Bing, por exemplo, que permitem pesquisar, de forma rápida e segura, o item desejado. Assim, é possível aprimorar muito o acesso às melhores ofertas, empresas e opiniões de outros consumidores.

No Brasil o Google lidera o ranking de buscadores com aproximadamente 98% do mercado, seguido pelo Bing. O volume de buscas continua crescendo de um mês para outro, o que demonstra que, ou estamos ficando mais curiosos, ou há mais pessoas utilizando os sites de buscas em todo o mundo. O maior público se concentra nos EUA, seguido de China e Japão. Por outro lado, os países que vêm registrando os maiores crescimentos são Rússia, França e Brasil. O volume atual de buscas no mundo é de 8,5 milhões por dia.

Para ter uma ideia da importância dos mecanismos de busca, mais de 95% dos que compram imóveis no Brasil pesquisam antes pela internet, motivados pela facilidade em selecionar previamente quais casas ou apartamentos desejam visitar, de acordo com faixa de preço, localização, tamanho e demais especificações. Essa busca é feita não só por clientes do Brasil, mas também do exterior, interessados em investir em imóveis no país.

Ainda que, para a efetivação de algumas compras diretamente pelo canal online, exista um certo temor com a segurança nas transações, principalmente relacionadas aos dados bancários, as buscas tornaram-se algo essencial na vida do consumidor. É possível pesquisar tudo online e decidir através de qual canal se deseja efetuar a compra, ou seja, os consumidores podem comprar pelo site e retirar na loja física, ou pesquisar antes e comprar depois na loja física — conceito de multicanalidade —, enfim, escolher o que melhor lhe convier e o que achar mais seguro.

COMO OS BRASILEIROS PESQUISAM ONLINE

A pesquisa online faz parte da vida da população brasileira independentemente da idade. Quando perguntados sobre a frequência com que os participantes realizavam pesquisas online, quase metade (48%) informou que costuma pesquisar mais de dez vezes por dia, enquanto 30% pesquisa entre cinco e dez vezes. Os números são de um estudo realizado pela Capterra.

O aparelho móvel é o mais frequentemente utilizado nesta ação (68%), mas a forma de pesquisar ainda é predominantemente em formato de texto (84%). Os formatos de pesquisa por voz e imagem também são utilizados, mas com uma participação menor de 10% e 3%, respectivamente.

Além disso, o formato de resposta preferido também é o de texto (66%); mesmo o consumo de vídeos no país sendo extremamente relevante, este é apenas o segundo formato preferido dos usuários, com 18% de participação, seguido por imagem (9%) e links para outros sites (6%), segundo estudo realizado pela Capterra, em fevereiro de 2023.

Mais da metade dos entrevistados (58%) afirmam utilizar as redes sociais tanto quanto utilizam os motores de busca para realizar pesquisas online, seguido por 35% que utilizam apenas motores de busca e 7% que utilizam apenas redes sociais

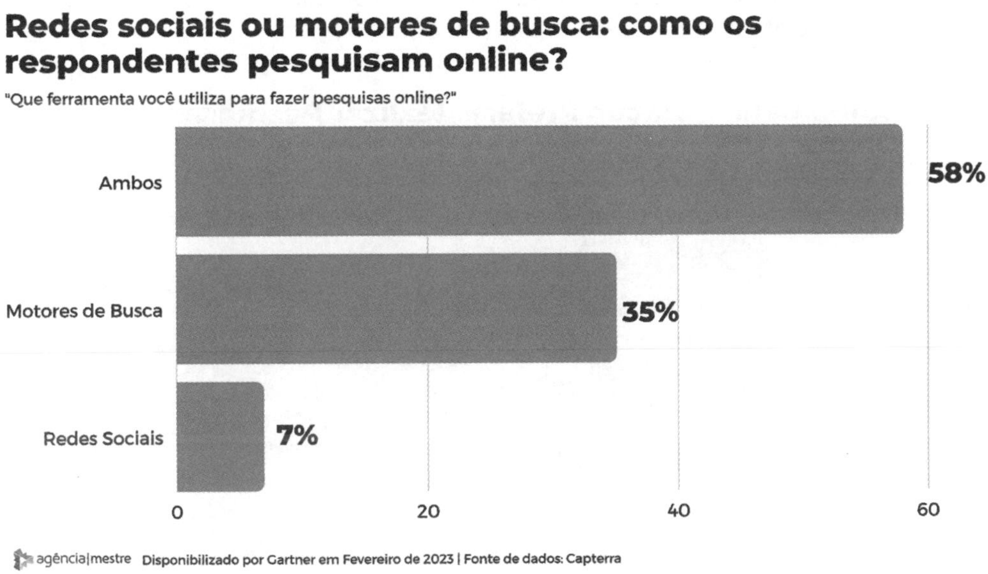

Redes sociais x motores de busca.

Fonte: *Agência Mestre.*

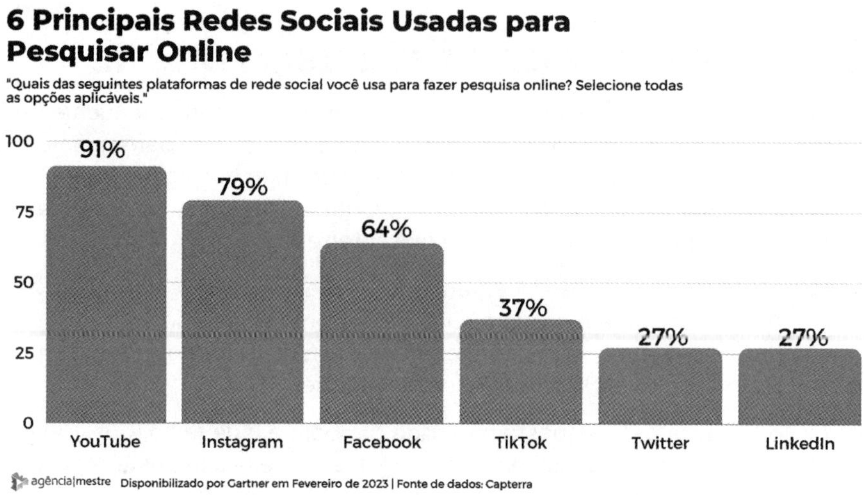

Principais redes sociais para pesquisa online.

Fonte: *Agência Mestre.*

Como as diferentes gerações pesquisam?

O mesmo estudo mostra que existe uma diferença geracional no uso de buscadores e redes sociais para a pesquisa online. Basicamente, o comportamento de busca varia entre as gerações:

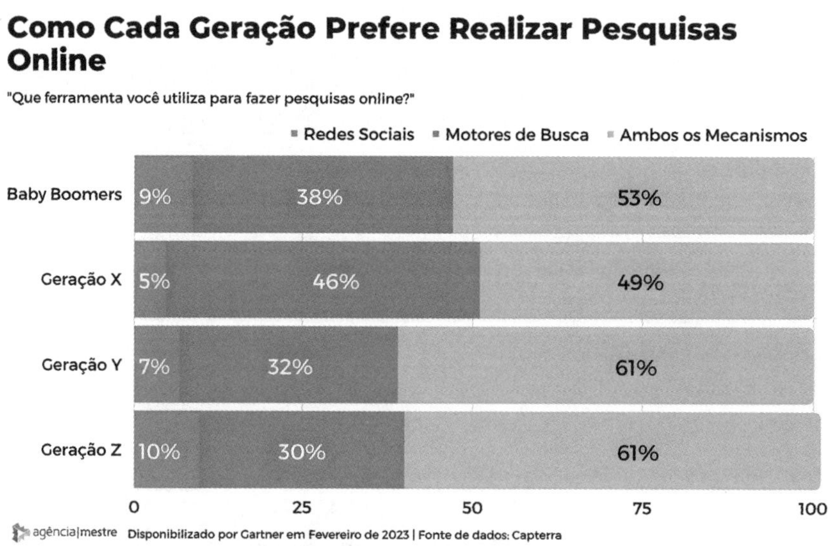

Como cada geração prefere realizar pesquisas online.

Fonte: *Agência Mestre.*

É todo um cenário que faz com que o marketing de busca se torne um dos principais focos das empresas para captar novos clientes. Isso porque, atualmente, o consumidor tem maior poder de barganha, já que dispõe de mais fornecedores e de muitas fontes de informação. É um consumidor que está mais preparado para o processo de compras, e por outro lado, também está menos fiel às marcas.

Os buscadores surgiram pela necessidade de localizar qualquer site ou informação, o que se tornou quase impossível de se fazer de outra forma, com a proliferação da quantidade de sites — em 1982 havia apenas 315 sites, e atualmente há mais de 1 bilhão, segundo o site Statista.

No entanto, é importante salientar que existem duas estratégias possíveis para se desenvolver o Search Engine Marketing (SEM): a busca orgânica (SEO) e a busca paga (paid search), mais conhecida como links patrocinados, como veremos ainda neste capítulo.

Segundo o estudo *Google Search's Golden Triangle*, 100% das pessoas olham as primeiras linhas de resultado da página e, depois, começam a ler apenas o início das linhas seguintes, formando um triângulo invertido que representa as áreas "quentes" de visualização (em vermelho).

Google Search's Golden Triangle.

Esse triângulo invertido, chamado triângulo de ouro da busca, é a localização-chave para a visibilidade nos resultados de busca. Geralmente, a área inclui os primeiros resultados de links patrocinados e os primeiros resultados da busca orgânica.

Mas será que as empresas verificam frequentemente como estão posicionadas nos resultados da busca orgânica? Será que existem, por exemplo, reclamações aparecendo na primeira página? Posso assegurar que grande parte — principalmente quando falamos de micro e pequenas empresas — não faz esse tipo de análise. Infelizmente, como essa realidade ainda é relativamente nova para diversos empresários, eles se surpreendem quando apresentamos dados sobre os riscos que podem estar correndo com relação a isso.

Observe que se tais pesquisas forem feitas utilizando como palavra-chave o nome da empresa ela obviamente deverá aparecer na primeira posição da primeira página — pelo menos, deveria. Para uma análise mais correta, a busca deverá conter palavras-chave que são utilizadas pelos seus clientes/consumidores no processo de pesquisa e compra dos seus produtos ou serviços. É importante analisar em que posição a empresa está nesse ranking virtual, comparando-a com seus principais concorrentes. Vamos apresentar também ferramentas que auxiliam nesse processo de identificação.

Se na primeira página houver links de reclamações (vindos de outros sites, como o Reclame Aqui ou mesmo nas avaliações do Google, por exemplo) sobre seus produtos ou serviços, a empresa deve identificar quais são as queixas e solucioná-las urgentemente e diretamente com os clientes. O próximo passo é elaborar uma série de ações para procurar eliminar essa exposição negativa das primeiras posições, pois isso certamente já está prejudicando suas vendas e sua imagem atual, e a empresa nem sabia. Se um eventual cliente, atual ou futuro, se deparar com essas queixas durante suas buscas, haverá grande chance de desistir da compra que realizaria com aquela empresa.

Os empresários que não entendem essa troca de impacto entre as redes sociais e os buscadores estão perdendo clientes e talvez sequer saibam disso. É um engano pensar que os resultados das pesquisas ocorrem baseados apenas na quantidade de visitas ao site ou o número de seguidores nas redes sociais, como muita gente costuma acreditar. Por isso, vamos explicar a seguir como esse mecanismo funciona.

BUSCA PAGA — LINKS PATROCINADOS

Para quem precisa de resultados imediatos para obter boa visibilidade na primeira página da busca, a solução ideal é utilizar os links patrocinados nos buscadores. Essa é a chamada busca paga (Paid search), sendo que a ferramenta utilizada é conhecida como Google Ads, em que devem ser estruturadas as campanhas utilizando-se de palavras-chave. Como o próprio nome diz, são anúncios que dependem diretamente de investimentos. Os cliques na página são pagos num formato chamado CPC (Custo por Clique), ou seja, só haverá pagamento se as pessoas clicarem no anúncio. Os anúncios que forem visualizados, mas não tiverem nenhuma interação, não serão cobrados dos anunciantes. Se feitos de forma correta, poderão trazer bons resultados à empresa. Os links patrocinados aparecem, por exemplo, nas melhores colocações nas primeiras páginas da pesquisa.

Analisando as estatísticas recentes de cliques entre anúncios patrocinados no Google e os resultados de busca orgânica, os dados mostram uma divisão interessante. Cerca de 65% dos cliques em palavras-chave relacionadas à compra são direcionados para anúncios pagos, mostrando uma forte preferência do público por anúncios em **situações onde a intenção de compra é alta.** Apesar da eficácia dos anúncios pagos, os resultados orgânicos ainda têm uma presença significativa, especialmente **quando não há intenção clara de compra.** Os resultados orgânicos e locais (não pagos) atraem entre 75% e 85% dos cliques em páginas de busca que contêm resultados locais, o que demonstra a confiança dos usuários em conteúdos orgânicos.

Esses dados sugerem que, embora os anúncios pagos sejam eficazes em conversões diretas, os resultados orgânicos ainda desempenham um papel crucial em atrair cliques, especialmente em buscas onde a intenção de compra não é explícita.

Como dito, para a operacionalização desse processo, é necessário selecionar as palavras (ou grupo de palavras) que normalmente as pessoas utilizam para "procurar" seu produto ou serviço na internet e depois "comprá-las" nos sites de busca. Isso funciona como um leilão, ou seja, se as palavras que você selecionou forem menos "compradas" pelos seus concorrentes, elas custarão menos; porém, se você atua num mercado muito competitivo, algumas palavras (ou conjunto de palavras) podem ter um valor bem alto.

O resultado é diretamente proporcional ao investimento realizado pela empresa na compra das palavras-chave, ou seja, o volume de exposições dependerá do volume de investimento realizado, por isso é um formato de leilão. Mas não é só isso: os resultados também dependerão da **qualidade dos anúncios** realizados e da **qualidade da página de chegada, ou landing page,** relacionada àquele anúncio, o que veremos mais adiante.

Alguns conceitos importantes relacionados às campanhas de links patrocinados:

- **BID** (oferta): é o valor ofertado pela palavra-chave; funciona como um lance de leilão por ela.
- **CPC** (Custo por Clique): é o valor monetário que o anunciante paga pelos cliques efetuados no link patrocinado.
- **CTR** (Click Through Rate): é a quantidade de cliques no anúncio, dividida pela quantidade de vezes em que ele foi exibido e visualizado nas páginas de resultados (impressões). Essa taxa é expressa em porcentagem e representa a relevância do anúncio para a palavra-chave buscada pelo usuário (por exemplo, se forem feitos cinco cliques e 1.000 impressões, a CTR será de 0,5%).
- **CPA** (Custo por Aquisição): é o valor pago pelo anunciante apenas quando uma conversão (venda ou registro) é efetuada em seu site.
- **ROI** (Return on Investment): é o retorno do valor aplicado numa campanha.
- **Índice de qualidade:** valor (atribuído pelo Google) que, combinado ao CPC, define o posicionamento do anúncio. Veja mais a seguir.

O **Índice de Qualidade (Quality Score**) é uma métrica usada pelo Google Ads para avaliar a relevância e a qualidade dos anúncios, das palavras-chave e das páginas de destino de uma campanha publicitária. Ele é uma pontuação de 1 a 10, onde 10 é o melhor possível. Essa pontuação afeta diretamente o custo e a posição dos anúncios nos resultados de pesquisa.

Componentes do Índice de Qualidade:

- **Taxa de Cliques Esperada (CTR)**: A previsão de quantas pessoas clicarão no seu anúncio quando ele for exibido.
- **Relevância do Anúncio**: Avaliação de quão bem o anúncio e a palavra-chave correspondem à intenção do usuário ao realizar a busca.
- **Experiência na Página de Destino**: Avaliação da qualidade e relevância da página de destino para os usuários que clicarem no anúncio.

Importância do índice de qualidade:

- **Custo por clique (CPC)**: Um índice de qualidade mais alto pode reduzir o custo por clique, pois o Google recompensa anúncios de alta qualidade.
- **Posição do anúncio**: Anúncios com índices de qualidade mais altos tendem a ser exibidos em posições mais elevadas nos resultados de pesquisa.
- **Eficiência da campanha**: Otimizar o índice de qualidade pode melhorar o desempenho geral da sua campanha, tornando-a mais eficaz e econômica.

Para melhorar o Índice de qualidade:

- **Otimizar o texto do anúncio**: Crie anúncios que sejam altamente relevantes para as palavras-chave e que atraiam o público-alvo.
- **Melhorar a página de destino**: Garanta que a página de destino seja relevante, tenha bom tempo de carregamento e ofereça uma boa experiência ao usuário.
- **Ajustar as palavras-chave**: Use palavras-chave que sejam diretamente relevantes para o conteúdo do seu anúncio e da sua página de destino.

Ao focar nesses fatores, você pode aumentar o Índice de Qualidade e melhorar o desempenho de suas campanhas no Google Ads.

E sobre a qualidade da LP (landing page)? A qualidade de uma landing page para o Google Ads é avaliada com base nos seguintes critérios:

- **Relevância do conteúdo**: A página deve ser altamente relevante para o anúncio e as palavras-chave, entregando o que foi prometido.
- **Experiência do usuário**: Páginas devem ser fáceis de navegar e carregar rapidamente.
- **Transparência e confiança**: Informações claras sobre a empresa e segurança (como SSL) são valorizadas.
- **Adaptabilidade a dispositivos móveis**: A página deve ser responsiva e funcionar bem em dispositivos móveis.
- **Proposta de valor**: A landing page deve ter um CTA claro e oferecer conteúdo exclusivo e de valor.

Esses fatores ajudam a melhorar o Índice de qualidade e o desempenho das campanhas no Google Ads.

Para entender mais sobre o leilão do Google, acesse o QR code ao lado e assista ao vídeo:

SEO - SEARCH ENGINE OPTIMIZATION

Como vimos, é extremamente importante uma empresa estar bem posicionada entre os resultados dos buscadores, de preferência no alto da primeira página. Já tratamos de uma das estratégias possíveis, os links patrocinados, ou seja, investimento financeiro direto em mídia nos buscadores. Essa é uma estratégia que pode ser desenvolvida de forma totalmente independente das ações de SEO que vamos descrever a seguir.

Afinal, o que é SEO? É o outro lado dessa estratégia nos buscadores, ou seja, é a chamada Busca orgânica, que não é paga diretamente, mas, como costumo dizer em minhas aulas, "não é pago, mas não é barato estar bem posicionado na primeira página" no SERP (search engine ranking page), pois não é pago diretamente, mas temos que "investir" de outras formas para alcançar bons resultados.

Ficou confuso? Vamos explicar melhor.

Antes disso, é importante esclarecer que, como o Google é líder no Brasil entre os buscadores, vamos concentrar nossa análise apenas nessa plataforma.

Para elevar a posição de um site na busca orgânica utilizamos o SEO, nome dado para o conjunto de técnicas implementadas que permitem aprimorar um site para que ele possa ser encontrado mais facilmente pelo Google sem usar os links patrocinados.

O posicionamento de cada site depende de uma série de fatores, e um dos principais é sua relevância em relação a determinado assunto comparado a outros sites. Essa relevância é medida por algoritmos do Google que definem a importância de determinado site para uma pesquisa realizada. O que isso quer dizer? Na verdade, o que o buscador faz é tentar trazer a melhor "resposta" para determinada pergunta (ou busca) realizada. Por isso dizemos que quanto mais o site "atender" ao usuário mais o Google entenderá que ele é relevante.

O Google conta com um sistema complexo de análise para ranquear os sites que irão aparecer em determinadas posições nas páginas de resultados. Trata-se, na verdade, de uma série de algoritmos que funcionam baseados em inúmeros parâmetros, através dos quais os sites recebem pontuações. Aqueles que obtêm melhor pontuação aparecem nas primeiras colocações das primeiras páginas dos resultados da busca.

Esses algoritmos são constantemente atualizados pelo Google, cujo foco é trazer uma experiência melhor de navegação para os usuários, como dito anteriormente. O ideal, para quem está trabalhando no aprimoramento do seu site visando uma melhor posição, não é se preocupar em descobrir como atender aos algoritmos do Google, e sim entender e satisfazer o que é melhor para seus usuários.

A título de curiosidade, as grandes atualizações feitas pelo Google foram:

- 2011 - Google Panda
- 2012 - Google Penguin
- 2013 - Google Hummingbird
- 2016 - Google Penguin 4.0
- 2017 - Google Fred
- 2018 - Google Medic Core
- 2019 - Google Bert
- 2020 - Google May 2020 Core
- 2021 - Page Experience
- 2022 - Product Reviews
- 2023 - Helpful Content
- 2024 - Perspectives

Ilustrações das atualizações do Google.

Essas atualizações sempre visam melhorar a experiência de quem realiza suas buscas, como também tornar o ranqueamento cada vez mais fiel à realidade e também mais justo. Por exemplo, a atualização de 2017 visava penalizar sites com pouco conteúdo, ou conteúdo de baixo valor, que foram construídos apenas com fins comerciais, para exploração de banners de afiliados, por exemplo. A atualização de 2023, *Helpful Content Update*, foi na mesma linha: penaliza conteúdo criado principalmente para ranqueamento em vez de ser útil para os usuários. Já a de 2024 teve como objetivo dar diferentes pontos de vista e perspectivas nas respostas. Uma característica implementada em 2024, o *AI Overview*, fornece uma primeira resposta baseada em IA com um "panorama" sobre o assunto pesquisado.

Em última instância, todo profissional de marketing digital deve se preocupar em levar conteúdo rico e relevante, sempre; caso contrário, poderá ser penalizado a qualquer momento pela ferramenta. Para elevar a posição de determinado site, temos de desenvolver ações tanto internas (na página ou site), também chamadas de "on site", como ações externas (fora da página ou site), ou "off site" (também chamado de off page), conforme descrito a seguir.

Ações on page

As ações on page são fundamentais para uma estratégia de SEO eficaz. Elas envolvem otimizações realizadas diretamente nas páginas do seu site para melhorar a visibilidade nos motores de busca. Aqui estão as principais ações on page que você deve considerar:

- **Otimização de palavras-chave:** Identifique as palavras-chave relevantes para o seu negócio e que seu público-alvo está buscando. Inclua as palavras-chave no título da página, nos cabeçalhos (H1, H2 etc.), na metadescrição, URL, e ao longo do conteúdo de forma natural.
- **Melhorias na experiência do usuário (UX):** Otimize o tempo de carregamento da página, utilizando técnicas como compressão de imagens, minimização de arquivos CSS/JavaScript, e uso de um servidor de qualidade. Assegure que o site seja totalmente responsivo, ou seja, funcione bem em dispositivos móveis e tablets.
- **Otimização de conteúdo:** Crie conteúdo original, informativo e relevante que responda às perguntas e necessidades do seu público-alvo. Estruture o conteúdo com cabeçalhos e subtítulos claros, utilizando palavras-chave e facilitando a leitura. Utilize imagens, vídeos e infográficos para enriquecer o conteúdo e aumentar o engajamento dos visitantes.
- **Metatags e descrições:** Garanta que cada página tenha um título único, que inclua a palavra-chave principal e seja atraente para os usuários. Escreva descrições convincentes (meta description) e informativas que incluam a palavra-chave e incentivem o clique. Atribua texto alternativo (alt text) às imagens, descrevendo seu conteúdo de forma concisa e utilizando palavras-chave relevantes.
- **Estrutura de links internos:** Crie uma estrutura de links internos que conecte diferentes páginas do site, ajudando os motores de busca a rastrear e indexar o conteúdo, além de manter os usuários no site por mais tempo. Utilize URLs curtas, amigáveis, descritivas e que contenham a palavra-chave principal.

- **Sitemap e robots.txt:** Mantenha um sitemap atualizado para facilitar a indexação do site pelos motores de busca (sitemap XML). Configure o arquivo robots.txt para direcionar os motores de busca sobre quais páginas devem ser rastreadas ou ignoradas.
- **Otimização de imagens:** Reduza o tamanho das imagens sem perder qualidade para melhorar o tempo de carregamento. Utilize nomes de arquivos descritivos e que contenham palavras-chave relevantes.
- **Schema markup**: Utilize dados estruturados para ajudar os motores de busca a entender o conteúdo da sua página, o que pode melhorar a visibilidade nos resultados de pesquisa, como snippets ricos.
- **Conteúdo atualizado:** Mantenha o conteúdo do site atualizado para refletir as mudanças e as melhores práticas, o que ajuda a manter ou melhorar o ranking.
- **Segurança do Site:** Assegure que seu site usa HTTPS, o que não só melhora a segurança, mas também é um fator de ranking para o Google (Certificado SSL).

Essas ações on page são essenciais para otimizar seu site para os motores de busca, melhorando a visibilidade, a experiência do usuário e, consequentemente, os resultados de SEO.

Ações off page

As ações off page são aquelas realizadas fora do seu site, mas que têm um impacto significativo na sua estratégia de SEO. Essas atividades ajudam a aumentar a autoridade do seu site, melhorar o posicionamento nos motores de busca e atrair mais tráfego qualificado. Aqui estão as principais ações off page para uma estratégia de SEO:

- **Link building**: Busque obter links de sites de alta autoridade e relevância para o seu nicho. Esses backlinks são vistos como votos de confiança pelos motores de busca. Escreva artigos como convidado para blogs relevantes (guest blogging), incluindo links de volta para o seu site. Encontre links quebrados (broken link building) em outros sites e sugira o seu conteúdo como substituto, oferecendo valor para o administrador do site.
- **Marketing de conteúdo:** Promova seu conteúdo nas redes sociais para aumentar a visibilidade e atrair links naturais. Desenvolva conteúdo que tenha o potencial de se tornar viral, atraindo grande quantidade de backlinks e tráfego. Crie infográficos, vídeos e outros conteúdos visuais que outros sites queiram compartilhar e linkar.

- **Participação em comunidades e fóruns:** Contribua com informações valiosas em fóruns e comunidades online relacionados ao seu nicho, incluindo links para o seu site quando relevante. Responda perguntas em plataformas como Quora e Reddit, oferecendo links para o seu conteúdo como parte das respostas.
- **Influencer marketing:** Colabore com influenciadores do seu setor para promover seu conteúdo ou produto, gerando links e tráfego de alta qualidade. Ofereça seus produtos para influenciadores e blogueiros para que eles façam análises e incluam links para o seu site.
- **Participação em diretórios online:** Inscreva seu site em diretórios online confiáveis e relevantes para o seu setor, o que pode ajudar a aumentar a visibilidade e gerar tráfego. Para negócios locais, certifique-se de que o seu site esteja listado em diretórios locais como Google My Business, Yelp, e outros.
- **Relações públicas digitais:** Distribua comunicados de imprensa (press releases) sobre eventos importantes da sua empresa para aumentar a cobertura da mídia e gerar backlinks. Construa relacionamentos com jornalistas e bloggers (parcerias com mídia) que possam mencionar ou linkar para o seu site em seus artigos.
- **Comentários em blogs:** Comente em blogs relacionados ao seu nicho com insights valiosos, incluindo links para seu site quando apropriado.
- **Participação em eventos online:** Participe ou organize webinars e podcasts, que podem gerar menções e links para o seu site em plataformas diversas. Conecte-se com outros profissionais (networking) durante eventos online, o que pode levar a colaborações e backlinks.
- **Otimização de perfil em redes sociais:** Assegure que todos os seus perfis sociais estejam otimizados com links para o seu site e que sejam ativos, compartilhando conteúdo relevante regularmente.
- **Monitoramento e gestão de reputação:** Use ferramentas como Google Alerts para monitorar menções à sua marca e garantir que elas estejam vinculadas corretamente ao seu site. Gerencie as avaliações e críticas online, respondendo de maneira profissional e tentando transformar situações negativas em positivas.

Essas ações off page, quando bem implementadas, ajudam a construir a autoridade do seu site, a atrair tráfego qualificado e a melhorar o ranking nos motores de busca.

Cuidando desses parâmetros de forma sistemática, a empresa terá grandes chances de figurar nas primeiras páginas do Google, ou seja, na chamada "busca natural ou orgânica". É importante ressaltar que esse trabalho demanda esforço e estratégia, e que o resultado não é algo imediato, podendo levar alguns meses para aparecer. Costuma-se dizer que SEO é cultura, não é mídia.

Por isso, um dos erros mais comuns é deixar para pensar no SEO depois que o site está pronto. O correto é envolver a área de tecnologia ao longo de todo desenvolvimento do site ou do blog.

Além disso, é preciso ressaltar que os resultados são dinâmicos e relativos, ou seja, mesmo que você alcance as melhores posições, o trabalho não acabou: as ações devem ser mantidas para que o site permaneça bem-posicionado, pois seu status dependerá das atualizações feitas no algoritmo e das estratégias adotadas também pelos seus concorrentes.

Existe também o lado obscuro do SEO, conhecido como Black hat SEO (ou chapéu negro do SEO). Dá-se esse nome pois são utilizadas técnicas que tentam "enganar" os algoritmos das ferramentas de busca para melhorar o posicionamento da página ou site; como exemplo, podemos citar o uso de texto invisível (como texto escrito em branco sobre fundo também branco), que exibe conteúdo diferente para as pessoas e para os sites de busca, visando inserir muitas vezes as palavras-chave. A estratégia nesse caso é inserir conteúdo que seria desinteressante para o público, mas interessante na visão do robô do Google.

São práticas não recomendáveis, pois, uma vez "descobertas" pelo buscador, os responsáveis poderão ser penalizados e ter seu site excluído ou rebaixado nos resultados de busca. Portanto, é preciso ter muito cuidado com consultores ou agências que oferecem resultados mágicos nas buscas orgânicas em pouquíssimo tempo. Um trabalho de SEO bem-feito e correto leva algum tempo para surtir o efeito desejado, como dito, mas é isso que demonstra grande relevância no momento das buscas.

Outras estratégias para ficar atento em relação ao SEO

Content pruning

É uma prática de SEO que envolve a remoção ou otimização de conteúdo existente em um site que não está trazendo resultados positivos, como tráfego orgânico, engajamento ou conversões. O objetivo é melhorar a qualidade geral do site, o que pode resultar em melhores classificações nos motores de busca. Como funciona o content pruning:

- **Análise de conteúdo**: Analise o desempenho de cada página do seu site usando ferramentas como *Google Analytics* e *Google Search Console* para identificar quais páginas têm baixo tráfego, alta taxa de rejeição ou não contribuem para a estratégia geral de SEO. Verifique a relevância, a originalidade e a qualidade do conteúdo. Páginas com conteúdo superficial, desatualizado ou duplicado são candidatas a serem podadas.
- **Decisão de ação**: Se o conteúdo for irrelevante ou prejudicial ao desempenho geral do site, considere removê-lo completamente. Em vez de remover, você pode atualizar ou expandir o conteúdo existente para torná-lo mais útil, relevante e otimizado para SEO. Combine várias páginas de conteúdo de baixa qualidade em uma única página mais forte e abrangente.
- **Redirecionamentos**: Se uma página for removida é importante configurar redirecionamentos 301 para assegurar que qualquer link existente para aquela página seja redirecionado para uma página relevante, evitando erros 404 e preservando o valor de SEO.
- **Monitoramento**: Após o content pruning, continue monitorando o desempenho do site para garantir que as ações tomadas resultem em melhorias de SEO.
- **Benefícios do content pruning:** Com menos conteúdo de baixa qualidade, o site torna-se mais focado e valioso para os usuários. Reduzir o "ruído" no site ajuda os usuários a encontrar mais facilmente o que estão procurando. Com menos páginas irrelevantes, os motores de busca podem rastrear e indexar o site de forma mais eficiente. Content pruning é uma estratégia valiosa para manter a relevância e a qualidade do seu site em alta, garantindo que ele continue competitivo nos resultados de busca.

Rich snippets

São tipos de resultados aprimorados exibidos nas páginas de resultados dos motores de busca (como o Google) que fornecem informações adicionais (veja abaixo) além do título, URL e meta descrição padrão. Esses snippets incluem dados extras, como avaliações de produtos, receitas, horários de eventos, preços etc., que são extraídos do conteúdo do site por meio de dados estruturados.

Exemplo de rich snippet.

Como funcionam os rich snippets: Para que um site possa gerar *rich snippets*, ele precisa incluir dados estruturados em seu código HTML. Isso pode ser feito utilizando esquemas de marcação como **Schema.org**, que ajudam os motores de busca a entender o conteúdo da página.

Tipos comuns de rich snippets*:* Mostram estrelas e a média de avaliações de produtos ou serviços (veja abaixo). Receitas: Podem incluir informações sobre ingredientes, tempo de preparo, calorias, e até fotos. Eventos: Exibem detalhes como a data, hora e local de um evento. Produtos: Apresentam informações sobre preços, disponibilidade e ofertas especiais. FAQ: Listam perguntas frequentes e suas respectivas respostas diretamente na página de resultados.

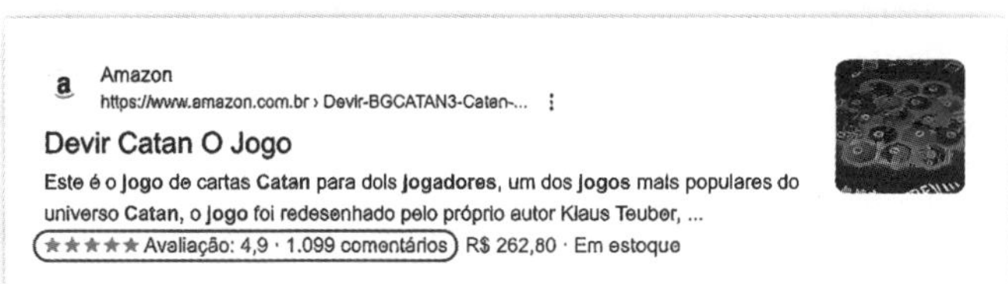

Exemplo de rich snippet.

Benefícios dos rich snippets: Eles tornam o resultado de busca mais atraente e informativo, o que pode aumentar a taxa de cliques (CTR). Fornecem informações relevantes diretamente na página de resultados, ajudando os usuários a encontrar o que precisam mais rapidamente. Sites que utilizam rich snippets podem se destacar mais nas páginas de resultados, especialmente em mercados competitivos.

Implementação: A forma mais comum de implementar *rich snippets* é adicionando marcação Schema.org ao código HTML do seu site. Isso pode ser feito manualmente ou utilizando *plugins*, se você estiver usando plataformas como WordPress.

Otimização do Google Meu Negócio

O Google Meu Negócio (ou perfil da empresa no Google) é uma ferramenta gratuita que melhora a visibilidade local da sua empresa no Google e Google Maps, sendo essencial para SEO local. Para utilizá-lo, você deve criar e verificar seu perfil, preenchendo todas as informações relevantes e mantendo-o atualizado com fotos, postagens e respostas a avaliações. Isso ajuda a atrair mais clientes, melhorar o posicionamento nas buscas locais e fornecer insights valiosos sobre o comportamento dos usuários, permitindo ajustar suas estratégias de marketing.

Canonical

No SEO, *canonical* refere-se a uma tag HTML especial usada para evitar problemas de conteúdo duplicado ao indicar aos motores de busca qual é a versão principal (ou "canônica") de uma página. Isso é especialmente útil quando diferentes URLs podem acessar o mesmo conteúdo ou conteúdo muito similar em um site.

A tag canonical é utilizada para informar ao Google e outros motores de busca qual URL deve ser considerada a original e qual deve ser ignorada para fins de indexação e atribuição de autoridade. Isso é crucial, pois o conteúdo duplicado pode prejudicar o ranking de um site. A tag canonical é colocada no <head> do HTML da página. Quando você tem várias URLs que levam ao mesmo conteúdo (por exemplo, com parâmetros UTM ou versões móveis), você deve usar a tag canonical para apontar para a URL preferida.

Exemplos de Uso: Se um produto pode ser acessado por diferentes URLs (como por filtros ou categorias diferentes), todas essas páginas podem apontar para a URL principal do produto. Se você usa parâmetros UTM *(Urchin Tracking Module ou Módulo de Rastreamento Urchin)* para campanhas de marketing, a página acessada com esses parâmetros deve ter uma *tag canonical* apontando para a versão sem os parâmetros.

Os benefícios da tag canonical são fazer com que todas as variações da página apontem para uma única URL, concentrando a autoridade de SEO em uma página. Evita que o Google dilua a importância do conteúdo, potencialmente melhorando o ranking da versão canônica. Ajuda os motores de busca a entender melhor a estrutura do site e a economizar recursos ao não rastrear conteúdo duplicado desnecessário. A tag canonical é uma ferramenta importante para garantir que o conteúdo do seu site seja corretamente interpretado e valorizado pelos motores de busca, contribuindo para uma melhor performance de SEO.

FAQs (frequently asked questions)

Esse é um recurso muito importante para aparecer na primeira página com perguntas e respostas. Para utilizar FAQs na estratégia de SEO, siga estes passos principais:

Identifique perguntas frequentes relevantes e incorpore palavras-chave tanto nas perguntas quanto nas respostas.

Use perguntas *long tail* (perguntas de cauda longa, ou seja, perguntas mais detalhadas sobre algo) para captar buscas mais específicas.

Organize as FAQs com tags HTML adequadas e implemente dados estruturados (FAQ Schema) para que os motores de busca possam exibir rich snippets, aumentando a visibilidade do site.

Estruture as perguntas por temas, inclua links para conteúdos relacionados, e mantenha a seção sempre atualizada.

Use as FAQs como fonte para novos conteúdos e integre-as com chatbots para um suporte mais dinâmico aos usuários. Os benefícios são maior visibilidade nos resultados de busca, redução da taxa de rejeição e atração de tráfego qualificado.

Posição zero ou featured snippet

A posição zero no SEO é o resultado destacado que aparece no topo da página de resultados do Google, antes do primeiro link orgânico. Também conhecido como featured snippet, ele apresenta uma resposta direta em formatos como texto, listas ou tabelas. A sua importância é gerar maior visibilidade pois fica acima dos resultados orgânicos, garantindo destaque. A posição zero atrai mais cliques, pois os usuários confiam nas respostas destacadas. As principais estratégias para alcançar são respostas diretas com a criação de conteúdo que responda claramente às perguntas dos usuários e a estruturação adequada utilizando listas e parágrafos claros que facilitem a exibição como *snippet*.

Ferramentas importantes para apoiar sua estratégia de SEO:

- **SEMRush:** É uma ferramenta amplamente utilizada para otimização de sites e estratégias de marketing digital. Ela oferece uma variedade de recursos que ajudam a melhorar o desempenho online de um site. As principais funções do SEMRush são:

  Pesquisa de palavras-chave: identifica palavras-chave relevantes para seu nicho e analisa o volume de buscas, dificuldade de ranqueamento e concorrência. Ajuda a planejar, escrever e otimizar conteúdo baseado em palavras-chave relevantes e boas práticas de SEO.

  Tem como benefícios a melhoria da visibilidade online: Através de análises detalhadas, o SEMRush ajuda a aumentar a visibilidade e o tráfego orgânico do site.

  Tomada de decisões informada: As ferramentas analíticas fornecem dados concretos que permitem tomar decisões estratégicas baseadas em evidências.

  Eficiência nas campanhas de marketing: Otimiza campanhas de SEO e PPC, melhorando o retorno sobre o investimento.

- **Yoast:** um plugin que auxilia na implementação de boas práticas de SEO, oferecendo análises e sugestões em tempo real enquanto você cria ou edita conteúdos em seu site. Ele foi desenvolvido para ajudar tanto iniciantes quanto profissionais a melhorar a estrutura e o conteúdo das páginas e postagens. O Yoast oferece análises de SEO e legibilidade, sugerindo melhorias como o uso correto de palavras-chave, estrutura de títulos, tamanho dos parágrafos, entre outras. Permite editar títulos e meta descriptions, o que é muito importante para o SEO, pois esses elementos aparecem nos resultados de busca. O plugin cria automaticamente um sitemap XML, facilitando a indexação do site pelos motores de busca. O Yoast verifica a legibilidade do conteúdo, sugerindo ajustes para tornar o texto mais acessível ao público. Inclui recursos como controle sobre links canônicos, breadcrumbs, e integração com redes sociais. É uma ferramenta essencial para quem deseja melhorar o SEO de um site WordPress, contribuindo para melhorar a visibilidade do site nos motores de busca e, consequentemente, aumentando o tráfego orgânico.

- **Ubersuggest** é uma ferramenta de SEO que ajuda a melhorar a visibilidade de sites nos motores de busca. Serve para pesquisa de palavras-chave, identificando palavras-chave relevantes, com sugestões de cauda longa e análise de volume de busca e concorrência. Também avalia o desempenho do seu site ou dos concorrentes, identificando oportunidades de SEO. Ajuda a descobrir ideias de conteúdo e a monitorar o desempenho de temas específicos. Analisa e monitora *backlinks* para melhorar sua estratégia de *link building,* e promove auditoria de SEO, identificando e corrigindo problemas técnicos no seu site.

A INTELIGÊNCIA ARTIFICIAL NAS ESTRATÉGIAS DE SEO

No cenário atual do marketing digital, a IA emergiu como uma ferramenta transformadora para a otimização de SEO. A capacidade da IA de analisar vastos volumes de dados em tempo real, identificar padrões e prever tendências proporciona às empresas uma vantagem competitiva sem precedentes. A automação de tarefas envolve várias etapas do trabalho de planejamento de SEO, como a pesquisa de palavras-chave, a análise de concorrência e a otimização de conteúdo. Isso faz com que os profissionais de marketing digital tomem decisões mais estratégicas, economizando tempo e recursos enquanto maximizam a eficácia de suas campanhas.

O uso de IA no SEO vai além da automação, pois a tecnologia está cada vez mais capaz de personalizar a experiência do usuário com base em comportamentos e preferências individuais. Ferramentas alimentadas por IA, como algoritmos de aprendizado de máquina, estão revolucionando a maneira como o conteúdo é ranqueado nos motores de busca, focado em fatores como relevância contextual e engajamento do usuário. Assim, a incorporação da IA no SEO pode ser uma aliada para criar conexões mais profundas e personalizadas entre marcas e consumidores. A análise de sentimentos, por exemplo, permite que as marcas identifiquem e respondam rapidamente às opiniões dos consumidores, ajustando o conteúdo para refletir as expectativas e preocupações do público.

Não podemos perder de vista, porém, que a rápida adoção de IA generativa nos motores de busca está prestes a causar uma disrupção significativa no campo do SEO. Um estudo da Gartner indica que, até 2028, o tráfego orgânico das marcas pode diminuir em mais de 50% à medida que os consumidores passem a adotar a busca impulsionada por IA generativa. A empresa também revelou que 79% dos consumidores esperam utilizar buscas aprimoradas por IA dentro do próximo ano, com 70% demonstrando confiança nos resultados gerados por essa tecnologia. Esse cenário desafia os diretores de marketing (CMOs) a repensarem suas estratégias de SEO para se manterem competitivos.

Para uma visão prática sobre esse tema, destacamos algumas ferramentas de IA que podem ser muito úteis para diversas tarefas - vale lembrar que esse ainda é um campo a ser descoberto, então o profissional de marketing precisa estar aberto à inovação e ter o feeling para separar aquilo que é realmente útil daquilo que é simples "perfumaria".

Talvez a mais completa dessas ferramentas, utilizada em conjunto com o ChatGPT, da OpenAI, seja o plugin PRM (Personalized Response Management), ferramenta avançada projetada para integrar-se aos fluxos de trabalho de atendimento ao cliente e marketing digital. Ele permite a customização das respostas geradas pelo modelo de linguagem, adaptando-as às diretrizes específicas da marca e ao tom desejado na comunicação com o público.

O plugin PRM utiliza algoritmos de machine learning para reconhecer padrões nas interações anteriores e ajustar as respostas futuras com base nessas tendências. Também oferece a possibilidade de integração com bancos de dados e CRMs, garantindo que as respostas sejam personalizadas e baseadas em informações contextuais relevantes, o que potencializa a eficácia das campanhas de marketing.

Uma empresa de e-commerce, por exemplo, pode utilizar o plugin PRM do ChatGPT para gerenciar as interações com seus clientes. Quando um cliente entra em contato com a empresa via chat para perguntar sobre o status de um pedido, o plugin, integrado ao CRM da empresa, acessa automaticamente as informações relevantes do cliente, como histórico de compras, status de entrega, e preferências de comunicação. Com base nesses dados, o PRM gera uma resposta personalizada que informa o cliente sobre o status do pedido e também aproveita para recomendar produtos complementares que podem ser de seu interesse, com base em suas compras anteriores.

A grande vantagem é que o PRM pode ser programado de acordo com as necessidades da empresa. Isso inclui definir as diretrizes de linguagem, ajustar o tom das respostas conforme a identidade da marca e conectar o plugin aos sistemas de gestão de clientes e bancos de dados relevantes — tudo isso compõe o "prompt" que o profissional oferece à ferramenta. Um prompt bem estruturado pode garantir que o plugin produza respostas que estejam alinhadas com a identidade da marca, mantendo a consistência em todas as interações.

Por exemplo, se o cliente comprou recentemente uma câmera fotográfica, o PRM pode sugerir acessórios compatíveis, como lentes ou tripés, ao mesmo tempo em que fornece uma estimativa precisa da data de entrega do pedido. Esse nível de personalização na comunicação torna a experiência do cliente mais satisfatória e aumenta as chances de conversão e fidelização, já que o cliente sente que a empresa entende suas necessidades e oferece soluções personalizadas.

Abaixo, demonstramos como o PRM funciona em sua integração com o ChatGPT, utilizando o exemplo do e-commerce de câmeras fotográficas.

ETAPA	DESCRIÇÃO	AÇÃO DO PRM
1. Interação inicial	O cliente entra em contato via chat para verificar o status de seu pedido de uma câmera fotográfica.	O plugin identifica o cliente pelo nome e recupera automaticamente o histórico de compras e o status do pedido.
2. Recuperação de dados	O PRM acessa o CRM da empresa para buscar informações relevantes.	O plugin coleta dados como a data de envio, estimativa de entrega, e produtos relacionados que o cliente pode gostar.
3. Geração de resposta	O PRM cria uma resposta personalizada com base nos dados recuperados.	A resposta inclui: "Seu pedido da câmera X está a caminho e deve chegar em 2 dias. Que tal dar uma olhada em lentes Y?"
4. Recomendação personalizada	O plugin sugere produtos complementares, baseados no histórico de compras do cliente.	O plugin sugere acessórios como lentes, tripés ou bolsas para a câmera, aumentando a chance de uma venda adicional.
5. Resposta ao cliente	A resposta personalizada é enviada ao cliente, integrando informações relevantes e sugestões.	O cliente recebe uma mensagem que inclui o status do pedido e recomendações, criando uma experiência mais envolvente.
6. Feedback e ajuste	A interação é registrada e usada para refinar futuras respostas e recomendações.	O PRM aprende com a interação, ajustando futuras respostas para melhorar a relevância e personalização.

Além do PRM, existem muitas outras ferramentas de IA que são verdadeiras parceiras do profissional de marketing nesse processo. Para a automação de marketing, o HubSpot é uma boa alternativa para personalizar campanhas de *e-mail marketing* com base no comportamento do usuário, ajustando o conteúdo e a frequência dos e-mails enviados para maximizar o engajamento e as taxas de conversão. Quando se trata de criação de conteúdo, duas ferramentas muito utilizadas são o Copy.ai, um assistente de escrita com IA que ajuda os profissionais de marketing a gerar rapidamente textos para blogs, anúncios e posts em redes sociais, e o Jarvis (agora Jasper), um aplicativo que utiliza IA para gerar conteúdo de alta qualidade, desde descrições de produtos até postagens em blogs, com base em informações fornecidas pelo usuário.

Há também ferramentas para análise de sentimento, como o MonkeyLearn, que identifica o tom das menções nas redes sociais, avaliações de produtos e feedbacks de clientes, e opções que ajudam a criar conteúdo otimizado para SEO, com sugestão de palavras-chaves e tópicos que devem ser abordados para melhorar a relevância e a classificação nos motores de busca — um exemplo é o Clearscope.

Em relação a métricas e planejadores, a ferramenta Reportei.AI utiliza IA para gerar relatórios de SEO, automatizando a análise de métricas e oferecendo insights valiosos. Ela simplifica a elaboração de relatórios, economizando tempo e oferecendo dados que ajudam a ajustar estratégias de SEO. Finalmente, o Planejador de Palavras-Chave do Google é essencial para qualquer estratégia de SEO, já que ajuda a identificar as palavras-chave mais relevantes com base em volume de busca, concorrência e outros fatores. Embora não seja uma ferramenta baseada em IA, ele complementa estratégias que podem ser otimizadas por ferramentas de IA.

Publicidade online (outras alternativas)

Em um passado nem tão remoto, as companhias tinham de investir muitos recursos para impactar os consumidores com suas marcas, tentando convencê-los de que elas eram sua melhor opção de compra.

Hoje, quando se deseja comprar qualquer produto, basta pesquisar nos buscadores ou em alguma rede social e definir em que loja o produto será comprado, e ainda se a transação será online ou não. Pode-se ainda pesquisar as avaliações online sobre aquele produto ou empresa pelos compradores anteriores, e assim obter maior segurança antes de tomar a decisão.

Por isso, a publicidade online tem tido cada vez maior relevância. Não por acaso, os investimentos nesse sentido estão crescendo de forma contínua ano a ano. O **investimento** global em **marketing digital** deve superar US$910 bi até 2027, segundo estimativas do site Statista.

Mídia display

Além da modalidade de investimento em links patrocinados, apresentada acima no tópico sobre buscadores, outra possibilidade são os banners, ou mídia display, uma forma direta de publicidade na internet. O display é capaz de entregar um grande número de impressões para o público adequado, com a intenção de que ele se familiarize com a marca. É uma comunicação que impulsiona outras campanhas online, porque cria consciência e interesse em outros meios, como pesquisa orgânica e paga, que podem influenciar e conduzir mais conversões de "last click". Podem ter diversos formatos e são apresentados em posições definidas nos sites/portais. O conceito do banner é simples: o consumidor está acessando um portal, vê o banner e recebe a mensagem publicitária. Em geral, um clique sobre o banner leva ao site do anunciante.

Os formatos de banners são muito variados, mas há iniciativas para padronizá-los, como as promovidas pela IAB *(*Interactive Advertising Bureau*)*. Os mais comuns são banners com imagens estáticas (nos formatos .jpg ou .gif) ou com imagens animadas (formato .gif). Entretanto, banners multimídia estão utilizando vídeos, animação e som. Alguns portais de veículos de comunicação, como o do Estadão ou do UOL, por exemplo, criam projetos especiais inovadores para continuar atraindo seus anunciantes que migram, cada vez mais, do meio impresso para o digital.

Exemplo de mídia display.

Além dos banners de imagem, existem os que são apenas em texto, muito usados pelo Google AdSense*. Esses banners de texto surgiram pela necessidade de adaptação dos anúncios de links patrocinados do Google a um formato que pudesse ser utilizado em sites e blogs fora da ferramenta de busca, em sua rede de conteúdo, por exemplo.

O Google AdSense é uma maneira de os editores ganharem dinheiro com conteúdo online. Ele relaciona anúncios ao seu site com base nos visitantes e no conteúdo disponível. Os anúncios são criados e pagos pelos anunciantes que querem promover produtos. Como o valor pago pelos anunciantes não é sempre o mesmo, seus ganhos são variáveis.

O método de pagamento pela veiculação do banner é outro fator importante de decisão. Ele varia entre alguns 8modelos básicos:

- **Por impressão (CPM):** Neste método, o espaço reservado ao banner é compartilhado entre diversos anunciantes. Cada anunciante paga por 1.000 impressões, ou seja, por 1.000 exibições do banner no site. Cada vez que um internauta acessa a página e seu banner é carregado, é contada uma impressão. A vantagem desse método é que se paga pela audiência efetiva.

- **Por clique (CPC):** Aqui, o banner é apresentado de forma fixa ou compartilhada, e o anunciante só paga se o internauta clicar sobre o banner, transferindo a navegação ao endereço indicado pelo anunciante. O método tem a vantagem para o anunciante de pagar pela ação de visita do consumidor ao seu site, e é mais adequado para sites de comércio eletrônico e para aqueles que necessitam incrementar suas visitas.
- **Por tempo:** Neste método, o banner é apresentado de forma fixa ou compartilhada, e o anunciante paga pelo período de veiculação, que pode ser uma diária, faixa horária, ou por um período determinado. O método está mais ligado ao patrocínio de site ou instituições, e o banner do anunciante deve ter algum tipo de controle de exibição para permitir que se tenha uma visão real da audiência da publicidade.
- **CPL:** Custo por lead, ou seja, quanto foi investido para o número de leads obtidos através da campanha.
- **CPA:** Custo por aquisição, que é considerado confortável para o anunciante, visto que só é cobrada a impressão se o usuário de fato converter aquilo que está sendo mostrado no banner.
- **CPV**: O Custo por visualização entra em cena quando falamos no modelo de cobrança envolvendo anúncios em vídeos. Os vídeos são mensurados por quartis: 25%, 50%, 75% e 100%. No entanto, a indústria cobra a partir dos 30 segundos de exibição, ou o tamanho do vídeo quando ele tem menos que 30 segundos.

A publicidade na Internet, porém, vai muito além da publicação de banners, embora eles sejam parte do planejamento de divulgação online. Mas é importante considerar também alternativas. Algumas talvez sejam até mais adequadas e eficientes para determinadas empresas. Não basta obter cliques em massa e atrair uma quantidade de visitantes para um site, aplicativo ou página de rede social. É imprescindível segmentar esse público e estabelecer estratégias de relacionamento.

A segmentação dá mais resultados porque permite encontrar diferentes públicos, engajar com eles e criar sites customizados para o cliente, com ofertas específicas para cada um, de acordo com seu perfil ou histórico de compras. Para isso bastava que os usuários fossem marcados com um cookie (arquivo criado por um site quando o internauta faz uma visita, para armazenar informações sobre sua navegação). Porém essa estratégia está mudando com o fim dos cookies.

O fim dos cookies

O fim dos cookies de terceiros (third party data) representa uma mudança significativa para o marketing digital, pois limita a capacidade de rastrear o comportamento dos usuários em diferentes sites e reduzirá a eficácia de práticas como o retargeting. Com isso, as empresas precisarão se concentrar em coletar e utilizar dados de primeira parte (first party data), que são obtidos diretamente dos usuários em seus próprios sites e plataformas.

Além disso, novas tecnologias de rastreamento, como identificadores contextuais, se tornarão mais relevantes para segmentar anúncios com base no conteúdo da página, em vez do histórico do usuário. Anúncios contextuais também ganharão mais destaque.

Outro impacto importante é o aumento da ênfase na privacidade e transparência na coleta de dados, exigindo que as empresas obtenham consentimento explícito dos usuários e adotem práticas mais claras e seguras. Essa mudança pode levar a uma maior confiança dos consumidores nas marcas que priorizam a proteção de seus dados.

Grandes empresas como Apple (com o Safari) e Mozilla (com o Firefox) já extinguiram os cookies *de terceiros e o Google anunciou que irá seguir os mesmos passos (planos para 2025), exigindo das marcas o início de um processo de adaptação.*

Posteriormente, com esses dados, podem ser feitas campanhas de remarketing (tema que vamos aprofundar abaixo), recurso utilizado para reimpactar o usuário que tenha navegado pela página, de acordo com seu interesse por determinado produto ou serviço. A tecnologia disponível em plataformas de *display* permite, por meio de ferramentas de segmentação, atingir a pessoa certa, na hora certa e com a mensagem adequada de forma eficiente e em larga escala.

É preciso, entretanto, levar em consideração que o usuário possui várias opções à sua escolha; são milhões de sites, canais de YouTube, aplicativos para celular etc., todos a apenas um clique de distância. Em paralelo, surgem novas tecnologias que impactam ainda mais essa seleção, como bloqueadores de anúncios, por exemplo. Isso incentiva tanto os anunciantes quanto as agências a criarem anúncios cada vez mais relevantes, atraentes e úteis para capturar a atenção da audiência.

As mídias sociais nasceram com esse componente participativo, que dá o poder para os usuários interagirem com a publicidade; nesse caso, quando surgiu o formato "true view" do YouTube, por exemplo, houve a possibilidade de as pessoas optarem por assistir a publicidade. Existem também alguns outros modelos no mercado, como os anúncios de engajamento, nos quais os anunciantes só pagam quando os usuários escolhem interagir com o anúncio (por pelo menos dois segundos) e, quando isso ocorre, é apresentado um formato expansível de rich media. O Google experimentou esses modelos em display, cujo formato de cobrança por engajamento permite aos anunciantes pagar somente quando os usuários realmente estiverem interessados na história que as marcas têm para contar.

Está cada vez mais claro que o usuário assumiu o controle e sua participação é essencial para que as marcas contem suas histórias de forma diferente e com maior profundidade. O primeiro banner da internet apareceu em outubro de 1994, época em que a publicidade online ainda dava seus primeiros passos. Foi vendido pela HotWired, uma das primeiras revistas da internet, para a AT&T com o objetivo de promover uma página que mostrava os grandes museus patrocinados pela empresa ao redor do mundo. Esse primeiro anúncio era uma peça simples, que dizia: "Você já clicou seu mouse aqui antes? Você irá", e obteve uma taxa de cliques de 44%. Três décadas depois, o mercado e a tecnologia evoluíram drasticamente, incorporando sofisticação ao processo de publicidade online. Porém, depois de tanto tempo, ainda vemos o mesmo tipo de banner em muitos sites, seguindo a mesma dinâmica do anúncio da AT&T: uma chamada à ação, clique e relatórios de desempenho baseado em impressões e cliques.

Estratégia de remarketing

A maioria dos visitantes navega em sites sem conversão. Para fazer mídia online inteligente, é muito interessante utilizar uma estratégia conhecida como remarketing, que significa redirecionamento comportamental (ou behavioral targeting), em que os anúncios são apresentados para usuários com base em ações algumas medidas que tomaram no passado recente, como acesso ao site de uma marca, ou a interação com um e-mail marketing, entre outras.

Basicamente, esse método usa a tecnologia de computação para colocar um cookie no browser, controlando assim o histórico de visualização do consumidor, uma vez que uma página ou um item é clicado, mas não convertido em uma transação. Com isso, o anunciante vai manter o registro, permitindo apresentar a mesma peça publicitária para esse consumidor quando ele acessa os sites que contenham uma mídia comprada por essa marca.

As principais vantagens desse tipo de estratégia é a assertividade com o público, o que significa uma segmentação mais precisa, já que a marca atinge os usuários cujos comportamentos indicaram interesse nos produtos. Isso permite uma alta frequência, que é a apresentação de comunicação para o mesmo usuário por diversas vezes até a sua conversão, além de dar para a campanha uma escala de percepção grande e gerar economia devido à sua efetividade, podendo resultar em maior retorno para o investimento em mídia.

O mais interessante é que a ação de remarketing permite à marca orientar sua estratégia de comunicação com base no interesse do usuário, tornando a mídia online, basicamente uma mídia de massa, em mídia de nicho, já que é possível e recomendado alterar as peças de comunicação baseando-se no conhecimento que o anunciante vai obtendo do usuário. Por exemplo, se o produto chamou sua atenção, qual seu estágio no carrinho de compras, se já é cliente ou prospect, entre outras informações. Com isso, o anunciante poderá apresentar uma oferta customizada e também aumentar o desconto promocional para tornar a oferta mais agressiva até atingir o resultado esperado.

MÍDIA PROGRAMÁTICA: AUTOMAÇÃO, DADOS E PRECISÃO NA PUBLICIDADE DIGITAL

Em um cenário em que personalização e automação se tornaram indispensáveis para atingir o público certo, a mídia programática revolucionou a maneira como marcas compram e vendem espaços publicitários no ambiente digital. Essa tecnologia permite que a compra de anúncios seja feita de forma automática e em tempo real, com base em dados comportamentais e históricos de navegação dos usuários, tornando as campanhas mais eficientes, assertivas e com maior retorno sobre o investimento (ROI).

A lógica por trás da mídia programática envolve a análise do comportamento do consumidor para entregar anúncios no momento exato, com a mensagem certa, no canal mais relevante. Por exemplo, uma loja de esportes pode exibir anúncios de tênis de corrida para pessoas que recentemente buscaram por esse tipo de produto ou assistiram a vídeos sobre o tema. Essa operação acontece em milissegundos, enquanto o usuário navega em portais, redes sociais ou aplicativos.

O coração desse processo é o **Real Time Bidding (RTB)**, um modelo de leilão em tempo real no qual anunciantes disputam impressões de anúncios com base em dados. De um lado estão as **DSPs (Demand Side Platforms)**, usadas pelos anunciantes para fazer lances e decidir qual anúncio exibir, para quem e com qual investimento. Plataformas como Google DV360 e MediaMath permitem segmentar audiências, personalizar campanhas e ajustar lances de forma inteligente. Do outro lado estão as **SSPs (Supply Side Platforms)**, como Google Ad Manager, Rubicon e PubMatic, que centralizam os espaços publicitários dos publishers e os disponibilizam para leilão, maximizando a receita desses inventários.

A ponte entre DSPs e SSPs é feita pelas **Ad Exchanges**, como o DV360, que facilitam o leilão automatizado e transparente. Uma vez vencido o leilão, o **Ad Server** (como o Campaign Manager, Adform ou Sizmek) entrega o anúncio no site certo e para o usuário correto, garantindo a execução técnica da campanha e o monitoramento de seus resultados.

Além do RTB, a mídia programática também opera por meio de outros modelos de negociação. O **Open Auction** permite que qualquer anunciante participe de leilões abertos, geralmente com inventários de menor custo. Já os leilões privados (**Private Auction**) são mais restritos e direcionados a marcas que buscam qualidade e exclusividade. Há ainda negociações diretas, como o **Deal Preferencial**, em que o anunciante tem prioridade sobre determinados inventários, e o **Deal Garantido**, que assegura a veiculação da campanha em espaços premium — especialmente útil em grandes eventos ou lançamentos estratégicos.

Uma das estratégias mais poderosas dentro desse ecossistema é o **remarketing**, também chamado de **behavioral targeting**. Ao utilizar cookies que monitoram ações anteriores do usuário, como visitas ao site ou interação com e-mails, os anúncios podem ser reapresentados de forma persistente e personalizada em diferentes canais. Isso transforma a mídia digital de uma comunicação de massa em uma mídia de nicho, com alta taxa de conversão, frequência adequada e eficiência orçamentária.

Esse nível de sofisticação só é possível graças ao uso de dados. Plataformas **DMP (Data Management Platform)** permitem agregar e organizar informações de múltiplas fontes — tanto **first party data** (como dados de CRM e navegação em sites próprios) quanto **third party data** (dados demográficos, psicográficos e comportamentais) — que enriquecem o perfil dos usuários e tornam a segmentação ainda mais precisa.

Com essa base, é possível adotar diferentes estratégias de precificação: uma abordagem baseada em custo, buscando o menor preço por impressão; ou uma abordagem centrada no **valor do cliente**, que atribui pesos às impressões conforme a etapa do funil em que o usuário se encontra (descoberta, consideração ou decisão de compra). Dessa forma, as campanhas se tornam verdadeiramente orientadas por dados (**data-driven marketing**), com decisões automatizadas e personalizadas em tempo real.

Com a maturidade do mercado, as **Trading Desks** — como Predicta, Adsplay e Publya — vêm perdendo espaço para estruturas internas nas agências e anunciantes, que buscam maior controle e aproveitamento de seus próprios dados. Esse movimento reflete a tendência crescente de internalização da inteligência de mídia.

Em suma, a mídia programática representa uma nova lógica no marketing digital, em que os dados, a automação e a personalização substituem os antigos modelos baseados apenas em canal ou demografia. As campanhas mais bem-sucedidas serão aquelas que souberem combinar tecnologia, criatividade e inteligência de dados para construir experiências publicitárias relevantes e eficazes. Os veículos que oferecerem dados de audiência qualificados serão mais valorizados, enquanto anunciantes e agências que souberem explorar esse ecossistema terão um diferencial competitivo decisivo.

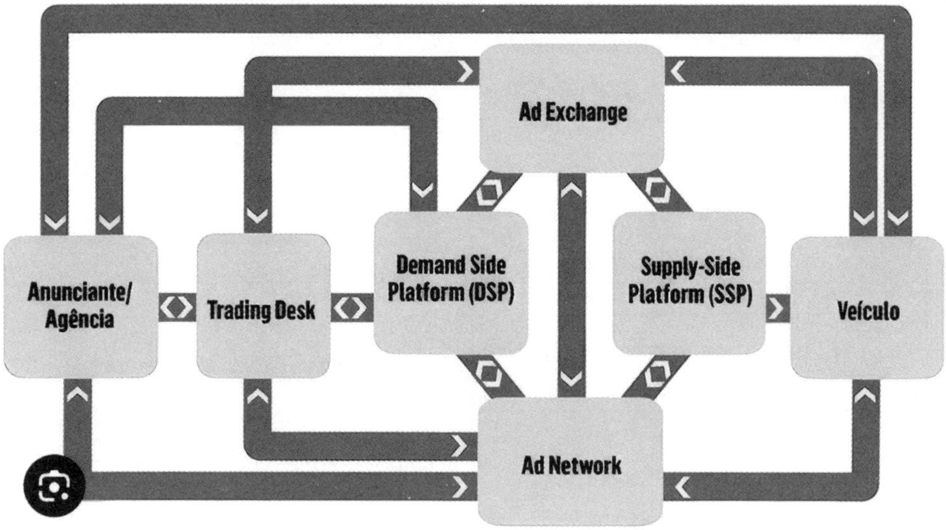

Figura ilustrativa do funcionamento da mídia programática

Explicação das Etapas:

- **Anunciante/Agência:** Define os objetivos da campanha e o público-alvo.
- **Trading Desk (opcional):** Plataforma intermediária que gerencia e otimiza as compras de mídia programática para anunciantes e agências.
- **Data Management Platform (DMP):** Coleta e organiza dados de diferentes fontes para criar segmentos de audiência e melhorar a segmentação das campanhas.
- **Demand Side Platform (DSP):** Plataforma utilizada pelos anunciantes para comprar inventário de anúncios de forma automatizada, baseada em dados e em tempo real.
- **Ad Exchange:** Marketplace onde ocorre o leilão em tempo real (RTB) dos espaços publicitários entre compradores (DSPs) e vendedores (SSPs).
- **Supply Side Platform (SSP):** Plataforma utilizada pelos publishers para disponibilizar seus espaços publicitários para venda em tempo real.Acontecendo Aqui
- **Publisher/Site/Aplicativo:** Veículo que exibe o anúncio ao usuário final.
- **Usuário Final:** Pessoa que visualiza o anúncio durante sua navegação na internet.

Prós e contras da Mídia Programática

PRÓS	CONTRAS
Diferentes veiculações utilizando uma única plataforma.	Suscetível a múltiplos impactos em simultâneo.
Foco da compra otimizada.	Algumas segmentações e filtros sem informação declarada (unknown).
Controle de decisões.	Falta de controle do volume em inventário de leilão aberto.
CPM acessível e flexível.	Compra por CPM (CPV apenas no YouTube).
Diversidade de filtros e segmentações.	Poucas opções de formatos diferenciados.
Grande alcance.	
Controle de frequência.	

PODCAST

A conversa deste capítulo aborda o universo da mídia paga com Thiago Fraga, sócio da Ads 360. Sandra Turchi contribui com sua visão estratégica para um bate-papo valioso.

Thiago Fraga — Mídia Paga

Para falar sobre SEO e busca orgânica, a convidada é Silvia Fagundes, head de marketing da Uniflex - Hunter Douglas com a condução de Sandra Turchi.

Silvia Fagundes — SEO — busca orgânica

CAPÍTULO 5

GESTÃO DE MÍDIAS SOCIAIS

NESTE CAPÍTULO, VOCÊ VAI:

- ▷ *Conhecer o histórico e a importância das redes sociais e como elas revolucionaram a relação entre empresas e consumidores.*
- ▷ *Entender o valor da reputação online, da força das comunidades digitais e os conceitos de storytelling, storyselling e de persona da marca.*
- ▷ *Saber os principais formatos de anúncios nas redes sociais mais importantes.*

Desde a criação do primeiro blog até o surgimento das plataformas sociais mais dinâmicas, como TikTok e Instagram, as redes sociais se tornaram centrais em qualquer estratégia de marketing digital. Mais do que isso, o surgimento das redes sociais — e seu papel central na nossa vida — revolucionou a forma como nos conectamos, consumimos e nos relacionamos com marcas.

O primeiro passo nessa revolução começou com plataformas de comunicação como o Friendster, em 2002, seguido pelo MySpace, em 2003. No Brasil, quem não se lembra do Orkut, lançado em janeiro de 2004 e que chegou a ter 30 milhões de usuários ativos apenas no nosso país? Porém, foi com o Facebook, lançado em fevereiro de 2004 por Mark Zuckerberg, Eduardo Saverin e mais dois colegas estudantes da Universidade de Harvard, que o conceito de "rede social", como conhecemos hoje, ganhou força, transformando a interação online em uma experiência personalizada e global.

Atualmente, as principais redes sociais não apenas conectam pessoas, mas também moldam comportamentos, influenciam mercados e até mesmo campanhas eleitorais. O Facebook, por exemplo, ultrapassou a marca de 1 bilhão de usuários em 2012 e mais de 2 bilhões de usuários ativos mensais (mais de 100 milhões só no Brasil), em 2023, tornando-se a maior rede social do mundo. Seu domínio vai além de conexões pessoais; ele também abriga inúmeras empresas que utilizam sua vasta base de usuários para campanhas de publicidade segmentadas. O Instagram, comprado pelo Facebook em abril de 2012, também desempenha um papel proeminente, ainda mais quando se trata de nichos como moda, beleza e fitness, com mais de 2 bilhões de usuários ativos mensais.

O YouTube, uma plataforma voltada para o consumo de vídeos, ultrapassou 2,5 bilhões de usuários ativos mensais, gerando mais de 1 bilhão de horas de vídeos assistidos diariamente. Ele é, sem dúvida, o maior motor de busca de vídeos do mundo e uma plataforma indispensável para estratégias de vídeo marketing. Outra rede social importante é o Twitter, que possui aproximadamente 350 milhões de usuários, e é amplamente usada para discussões em tempo real, desde debates políticos até atualizações esportivas. A rede foi comprada pelo bilionário Elon Musk em 2022 por US$44 bilhões e rebatizada simplesmente de "X". Em 2024, foi retirada do ar no Brasil devido a questões jurídicas, voltando pouco tempo depois.

Entre as plataformas que mais cresceram nos últimos anos, o TikTok chama muito a atenção. Com mais de 1,1 bilhão de usuários ativos (140 milhões só nos EUA e 98 milhões no Brasil, o terceiro maior mercado mundial), a rede social chinesa baseada em vídeos curtos não apenas ganhou popularidade entre os jovens, mas se estabeleceu como uma plataforma incontornável para marcas que querem se conectar de forma criativa e autêntica com seu público. Sua abordagem focada em conteúdo dinâmico, impulsionado por algoritmos de personalização, transformou-a em um fenômeno global, que ultrapassou a simples visualização de conteúdo e se tornou um gerador de tendências culturais e comportamentais.

As redes sociais mexeram com as estruturas do marketing digital ao transformar a maneira como as marcas se conectam com seus consumidores e como são percebidas por eles. Com a ascensão das plataformas sociais, conceitos fundamentais como engajamento, alcance orgânico, interação e influência passaram a dominar as estratégias de marketing. O que antes era uma comunicação unidirecional, focada em anúncios massivos e generalizados, tornou-se uma troca constante, onde audiências segmentadas e personalização de conteúdo são a chave para o sucesso. As redes sociais permitiram que marcas e consumidores estabelecessem um diálogo direto, criando novas formas de fidelização e engajamento. Veja a seguir os canais citados por gestores de marketing como sendo os mais relevantes para trazer novas oportunidades de vendas, segundo estudo da RD Station.

Os canais mais utilizados para trazer oportunidades de vendas

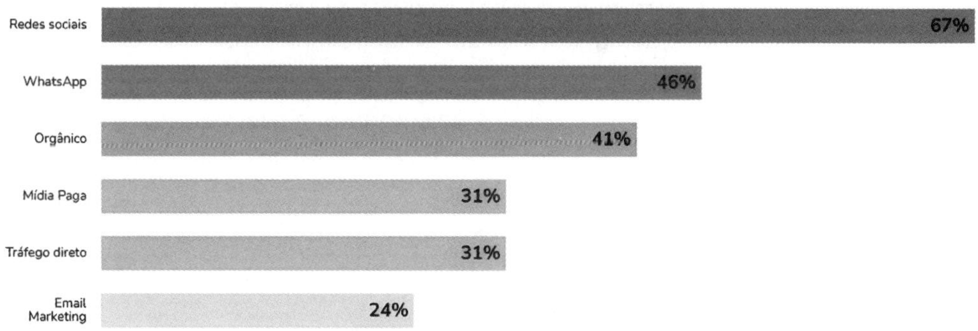

Pesquisa "Panorama de marketing e vendas da RD Station, Brasil - 2024".

Fonte: *RD Station.*

Antes das redes sociais, as interações entre marcas e consumidores eram limitadas a mídias tradicionais, como televisão, rádio e outdoors, o que não permitia uma conversa bilateral. Nas últimas duas décadas, porém, essa relação se transformou completamente. Hoje, o público espera que as marcas sejam mais autênticas, ágeis e estejam presentes onde quer que ele esteja — seja interagindo em tempo real no X ou acompanhando influenciadores no Instagram. Essa mudança de paradigma tornou o engajamento social uma métrica essencial para medir o sucesso de campanhas, ao lado de métricas como taxa de conversão e ROI.

O Facebook é um exemplo claro de como o marketing digital evoluiu. Ele se tornou uma plataforma fundamental para publicidade segmentada, permitindo que marcas alcancem públicos específicos com precisão cirúrgica, baseadas em dados comportamentais. Já o Instagram é o epicentro de campanhas focadas em marketing de influenciadores e conteúdo visual de alto impacto. Com suas ferramentas de Stories, Reels e compras integradas, a plataforma criou um ecossistema no qual o engajamento visual se traduz em vendas por impulso.

O YouTube permanece como o principal destino para o vídeo marketing, oferecendo oportunidades únicas para marcas que utilizam conteúdos longos e curtos (no caso da plataforma, os chamados Shorts). As marcas produzem conteúdos e interagem diretamente com seus consumidores por meio de comentários e parcerias com criadores de conteúdo, proporcionando uma experiência interativa. É também a plataforma indicada para conteúdos educativos, que visem a demonstração de produtos ou que busquem atrair a atenção de quem ainda não conhece uma marca, ações chamadas de topo de funil.

O X mantém sua relevância em comunicações em tempo real, sendo a plataforma preferida para conversas instantâneas sobre eventos globais, lançamentos de produtos e debates sobre tendências de mercado, além de debates sobre política e acompanhamento simultâneo de programas em outros tipos de mídia, como a TV por exemplo. Acontecimentos como a renúncia do ex-presidente americano Joe Biden à reeleição foram informados em primeira mão pelo perfil no X.

Veja a seguir, no estudo realizado pela RD Station, sobre o uso das principais plataformas pelos gestores de marketing de empresas brasileiras.

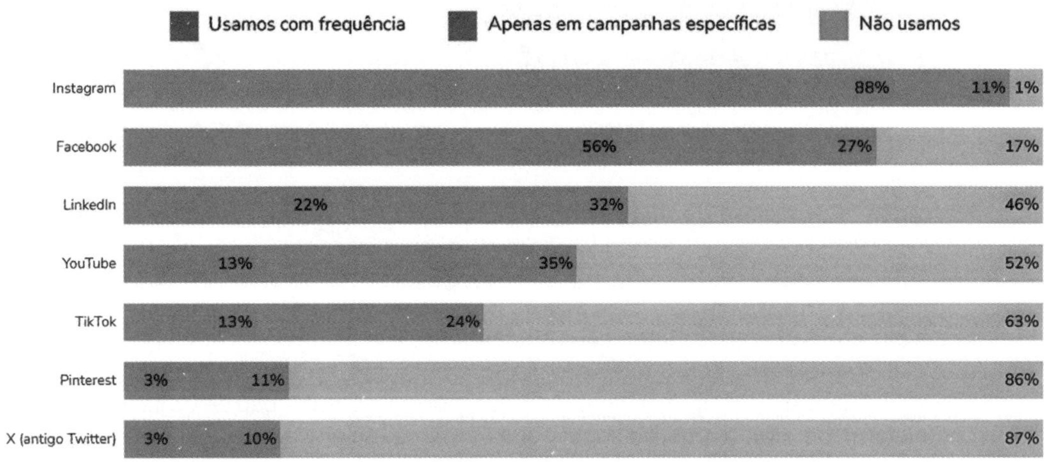

Pesquisa "Panorama de marketing e vendas da RD Station, Brasil - 2024".

Fonte: *RD Station.*

Porém nenhuma rede social impactou tanto a dinâmica do marketing digital nos últimos anos quanto o TikTok. Com seu modelo de conteúdo viral e altamente compartilhável, o TikTok mudou a forma como as marcas se aproximam dos consumidores. Ele fez com que o algoritmo de personalização se tornasse protagonista na entrega de conteúdo relevante, abrindo um novo horizonte para campanhas de alcance viral baseadas em tendências orgânicas e elevando o poder das chamadas "comunidades digitais", que veremos logo mais. A seguir, veja os números de crescimento da plataforma TikTok no mundo de 2020 a 2025.

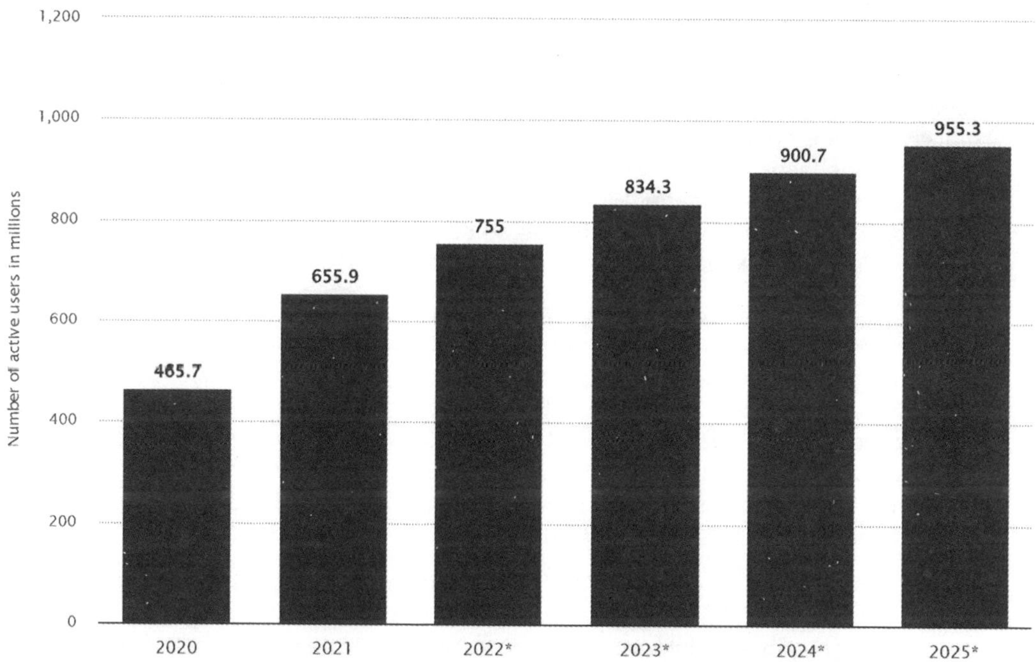

Usuarios do TikTok no mundo - 2020 a 2025.

Fonte: *Statista.*

REDE SOCIAL OU MÍDIA SOCIAL

Em termos conceituais ainda há certa confusão entre mídias sociais e redes sociais. Na verdade, as redes sociais nada mais são do que grupos de pessoas com interesses comuns, que não necessariamente dependem da Internet para existir. Grupos que se reúnem para conversar sobre os mais diversos temas — o que inclui falar sobre marcas, produtos, serviços, empresas etc. —, jogar ou simplesmente bater papo. O que mudou é que, com a evolução da Web 2.0, isso se reproduziu no ambiente virtual e cresceu de forma exponencial. O surgimento de plataformas de relacionamento, que passaram a ser chamadas de "redes sociais" permitiu reunir na web várias comunidades (redes) com regras próprias, possibilitando a seus integrantes interagir de várias formas e trocar informações de interesse comum.

Uma rede social é composta de "nós" (pessoas) e "laços" (conexões ou vínculos sociais). Os "nós" são ligados pelos laços interpessoais. É importante analisar o **capital social** de cada nó (indivíduo), ou seja, o **valor** que cada indivíduo obtém dos recursos acessíveis através da rede social, como a troca de informações. Os laços interpessoais podem ser de três tipos: **fortes** (amigos, familiares e pessoas com quem mantemos relações próximas), **fracos** (conhecidos e pessoas com quem mantemos relações mais superficiais), ou **ausentes** (pessoas que não conhecemos ou com quem não nos relacionamos).

Os laços fracos constituem a maioria das ligações entre as pessoas. São responsáveis pela maior parte da transmissão de informações entre as redes, ou seja, mais notícias e novidades fluem para os indivíduos por meio dos laços fracos do que pelos laços fortes. Isso provavelmente ocorre porque os amigos mais próximos (laços fortes) tendem a frequentar os mesmos ambientes, por isso as informações que recebem normalmente se sobrepõem ao que já sabem. Já os conhecidos (laços fracos) conhecem pessoas diferentes, portanto, recebem mais informações novas.

Esse fenômeno contribui para a identificação de novas oportunidades, principalmente para os negócios de pequeno porte ou prestadores de serviço, pois, por meio das redes sociais, os empreendedores podem verificar possibilidades de novos negócios ou de desenvolvimento de produtos. No ambiente digital, devido à alta velocidade de circulação de informações, o papel dos laços fracos torna-se ainda mais crítico, e por isso requer a habilidade de mapeamento para que possam ser adotadas estratégias adequadas de atuação.

Por outro lado, o termo "mídias sociais" se refere ao "meio", ou seja, às ferramentas usadas para comunicação, que incluem as redes sociais e os sites de Internet que permitem a criação e o compartilhamento de informações e conteúdo de pessoas para pessoas. Nesse caso, o consumidor pode ser ao mesmo tempo produtor e consumidor da informação.

Para as empresas é fundamental compreender como as redes e as mídias sociais funcionam e avaliar seu poder de persuasão. E, ainda, devem ficar atentas para o fato de que, nelas, o famoso termo "boca a boca" ganha uma amplitude inimaginável. Afinal, se no mundo "real" uma pessoa insatisfeita podia influenciar outras 15 (segundo blog da empresa Zendesk), no mundo virtual esse número pode chegar a milhares ou milhões de pessoas, dependendo do alcance de sua influência.

A amplificação do "boca a boca" digital está diretamente ligada ao conceito de "social proof", ou prova social. Influenciadores e embaixadores de marca exercem um impacto considerável nas decisões de compra, com o poder de alterar percepções e influenciar comunidades inteiras. As marcas precisam mapear estrategicamente esses influenciadores para maximizar a relevância das suas mensagens.

Isso, no entanto, vale para o bem e para o mal. Tanto pode servir para falar bem de um produto ou serviço e, consequentemente, levar outros consumidores a se interessarem por eles, como para desabafar sobre descontentamentos, falhas ou atendimento ruim por parte das empresas.

Todo esse cenário transformou a web em um novo canal de relacionamento, dando origem ao conceito de SAC 2.0, ou Serviço de Atendimento ao Consumidor na era digital. Nesse contexto, as mídias sociais e as plataformas online permitiram às empresas uma interação direta, rápida e personalizada com os clientes, transformando a maneira como o suporte ao consumidor é realizado. A troca de informações em tempo real e o alcance exponencial do "boca a boca" digital fizeram do SAC 2.0 uma ferramenta essencial para a construção e manutenção da reputação das marcas no ambiente virtual.

Com o advento da Web 3.0, o conceito de SAC evolui para o SAC 3.0, que tem como foco principal a hiperpersonalização e o conhecimento profundo de cada consumidor. A Web 3.0, impulsionada pela descentralização e pelo uso de tecnologias como blockchain, big data e inteligência artificial, permite que os usuários tenham mais controle sobre seus dados e, ao mesmo tempo, que as empresas utilizem essas informações de forma mais eficiente e ética.

Ferramentas de IA generativa, como assistentes virtuais e chatbots, ajudam as marcas a traçar perfis detalhados dos clientes, identificando padrões de comportamento e preferências, o que possibilita a criação de estratégias mais assertivas e a entrega de soluções personalizadas. Um exemplo disso são os serviços que utilizam machine learning para prever as necessidades do cliente, antecipando problemas e oferecendo respostas antes mesmo que eles entrem em contato com a empresa, melhorando a experiência e aumentando a retenção de clientes.

O QUE ESTÃO FALANDO SOBRE VOCÊ?

Uma boa aplicação da utilização das opiniões de outros clientes de forma estratégica também pode ser vista em diversos *sites* voltados para o turismo, como, por exemplo, o TripAdvisor, Booking.com ou Hoteis.com, para reservas de hoteis no mundo todo. Isso fornece muito mais segurança aos consumidores, pois não tomarão decisões com base em propaganda ou mídia paga realizada por uma empresa (paid media), e sim com base em depoimentos de clientes que já se hospedaram naqueles hoteis e que atestaram sobre sua localização e serviços prestados, conceito esse denominado mídia conquistada ou espontânea (earned media). A única questão é que essa mídia não pode ser controlada.

Em situações em que o consumidor está insatisfeito com algum produto ou serviço, e não consegue ser atendido pela empresa que o vendeu ou fabricou, esse descontentamento pode ter reflexos extremamente negativos no ambiente virtual. As primeiras manifestações desse tipo surgiram no Brasil na extinta rede social

Orkut, com a criação de comunidades como "Eu odeio a empresa tal...", e, com o passar do tempo, se multiplicaram em outras redes e até incentivaram a criação de *sites* específicos para reclamações, como é o caso do famoso site Reclame Aqui (www.reclameaqui.com.br) — que, aliás, até já se internacionalizou.

O maior risco é para as empresas que não costumam fazer monitoramento das redes sociais, nem ter uma atuação adequada no ambiente digital, pois as reclamações não respondidas nem solucionadas acabam impactando as primeiras páginas dos buscadores, o que obviamente impactará também a decisão de quem tinha a intenção de adquirir algum produto ou serviço daquela empresa. Consequentemente, a companhia que está perdendo vendas e novos clientes, sem se dar conta dos motivos que a estão levando a isso, acredita que essa perda de mercado pode advir de outros fatores, por exemplo, da falta de divulgação ou incompetência da sua equipe de vendas.

O problema, porém, teria resolução mais simples se a empresa estivesse mais atenta à sua presença digital. Faça uma experiência você mesmo: imagine que está buscando um novo seguro para seu automóvel, selecione uma empresa qualquer que você conheça e pesquise o que é dito sobre ela. Se encontrasse informações e notícias negativas nas primeiras posições nas páginas dos sites de busca, mesmo assim você iria optar por essa companhia?

Evidentemente, uma empresa de pequeno porte muitas vezes não tem condições de fazer um investimento nessa atividade, mas existem alternativas. A primeira delas é começar a mapear o que as pessoas estão falando da sua marca, produtos ou serviços. O mínimo que a empresa tem de fazer é entrar nos sites de busca como o Google e verificar o que está sendo dito sobre ela diretamente, ou sobre seu segmento de atuação, e mesmo se seu nome aparece nas buscas e de que forma. É importante, inclusive, verificar se a empresa aparece nos *sites* específicos de reclamações para saber se há clientes (e quantos deles) insatisfeitos e que optaram por esse caminho, pois provavelmente não foram atendidos pela própria empresa.

É recomendável monitorar constantemente as redes sociais. Para isso, podem ser utilizadas ferramentas gratuitas, principalmente no início dessa atividade. Porém, a sugestão é que a empresa procure contratar ferramentas que forneçam mais informações, já que há serviços com valores bem acessíveis. As ferramentas gratuitas, normalmente, analisam apenas as últimas 50 ou 100 menções sobre o assunto, enquanto as pagas guardam o histórico completo e suas análises. Além disso, as opções pagas oferecem dados como dias e horários em que a marca foi mais citada, qual o formato de interação do consumidor, quais as reclamações mais constantes, quais as pessoas que mais interagem com a marca e muito mais, se são menções positivas, negativas ou neutras.

Após tomar conhecimento sobre as reclamações a seu respeito nas redes sociais, uma providência importante é procurar o consumidor e tentar resolver a questão fora das redes sociais. Não é recomendável, de forma alguma, a empresa entrar em uma discussão nos meios digitais, porque isso poderia se voltar contra ela mesma, na medida em que poderia levar as pessoas a reclamarem ainda mais — a última coisa que uma empresa quer é ser "cancelada" nas redes. Se o problema for resolvido a contento, provavelmente o próprio cliente vai voltar para contar o desfecho positivo.

No site Reclame Aqui, por exemplo, são elencadas todas as reclamações atendidas e as que não foram atendidas. Essa informação é fundamental para o consumidor, porque, se a empresa teve problemas mas conseguiu resolvê-los de forma satisfatória para o reclamante, ganha muitos pontos a seu favor. É uma forma de mostrar ao mercado que está atenta ao seu cliente e que toma providências para satisfazê-lo. As empresas vão sendo ranqueadas na plataforma de acordo com a quantidade e qualidade dos atendimentos realizados.

Um dos casos mais emblemáticos, ocorrido há alguns anos, mas que é muito interessante, foi uma "conversa" entre o Banco Itaú, a rede Ponto Frio e o sistema de streaming Netflix, para atender, pelo X, um consumidor que comentou que estava interessado em adquirir uma TV tela grande para poder assistir à Netflix. Então, o Itaú se propôs a financiar, e as marcas passaram a interagir entre si para atendê-lo! Isso demonstra uma mudança gigantesca de paradigma, quando verificamos empresas interagindo para satisfazer um cliente.

Por outro lado, se uma empresa não responder nem tomar providências quanto a uma reclamação, tal atitude se voltará contra ela. É como se estivesse dizendo que, além de não ter a preocupação de atender bem o cliente no seu próprio estabelecimento, também não está atenta para as reclamações realizadas nos canais em que o cliente escolheu fazê-las, nem está atuando para corrigi-las.

A lição que fica é: mesmo que a empresa não esteja presente nas redes sociais, invariavelmente (e indiretamente) ela estará lá de alguma forma, pois os próprios internautas se encarregam de postar informações e materiais sobre ela. Por isso, costumo aconselhar os empresários que ainda não estão criando ou fortalecendo sua presença digital, que monitorem o que está sendo tratado sobre suas empresas e marcas, pois isso não depende apenas do seu desejo; eles devem saber que a construção da sua imagem corporativa não está somente nas suas mãos ou da sua equipe de comunicação, mas passa pelas ações diretas dos seus consumidores. Essa é uma das mudanças mais importantes a que devemos estar atentos e nos preocupar.

GESTÃO DE CRISES NA ERA DAS REDES SOCIAIS

Uma questão relevante, que em geral ganha uma amplitude maior no meio digital por se propagar rapidamente e atingir um grande número de pessoas, refere-se às crises de imagem. Ou seja, situações negativas que podem trazer grandes prejuízos para a reputação das empresas, suas marcas, produtos e serviços. No ambiente digital, uma crise pode escalar rapidamente, exigindo que profissionais de relações públicas, assessores de imprensa, gestores de comunicação ou os responsáveis pelas mídias sociais encontrem soluções ágeis e estratégicas. Afinal, estamos lidando com pessoas, e são elas que disseminam uma crise — o que torna o gerenciamento humano e empático essencial.

Os processos de gestão de crises virtuais são semelhantes aos utilizados para tratar crises nos meios tradicionais de comunicação, mas com a adição de recursos digitais que potencializam tanto o dano quanto a resposta. Além das ações tradicionais, como notas oficiais e coletivas de imprensa, as empresas precisam usar redes sociais, transmissões ao vivo e até plataformas emergentes como TikTok e Twitch para mitigar o impacto. Criar um blog emergencial, por exemplo, é uma boa prática para esclarecer fatos, mas, atualmente, utilizar os canais digitais já existentes com estratégias multimídia pode ser ainda mais eficaz. O uso de vídeos curtos, transmissões ao vivo e infográficos em redes sociais permite respostas mais rápidas e abrangentes.

Como comentamos anteriormente, a IA se tornou uma aliada importante no gerenciamento de crises. *Softwares* de monitoramento, como ferramentas de análise de sentimento, ajudam as empresas a identificar crises nascentes em tempo real. A análise de dados de grandes volumes de interações em plataformas como X, TikTok e Facebook ajuda a antecipar cenários e orientar a criação de respostas rápidas e assertivas.

A força dos influenciadores digitais também desempenha um papel importante (veja mais adiante neste capítulo). Comentários negativos feitos por celebridades e influenciadores podem escalar rapidamente, levando a uma exposição muito maior da crise. Uma simples postagem em uma rede social pode aparecer no topo dos resultados de busca ou se tornar trending topic em poucas horas. Nesse cenário, engajar influenciadores-chave para ajudar a neutralizar uma narrativa negativa, ou até transformar a crise em oportunidade, pode ser uma estratégia eficiente.

Um caso interessante ocorreu com a marca Ruffles há alguns anos. A empresa identificou críticas nas redes sociais sobre as embalagens de batata que continham muito ar. Em resposta, a empresa criou um infográfico divertido, explicando que o ar dentro das embalagens protegia as batatas contra quebras. O conteúdo foi amplamente compartilhado, revertendo a crise e gerando um impacto positivo para a marca. Veja um trecho deste famoso infográfico abaixo.

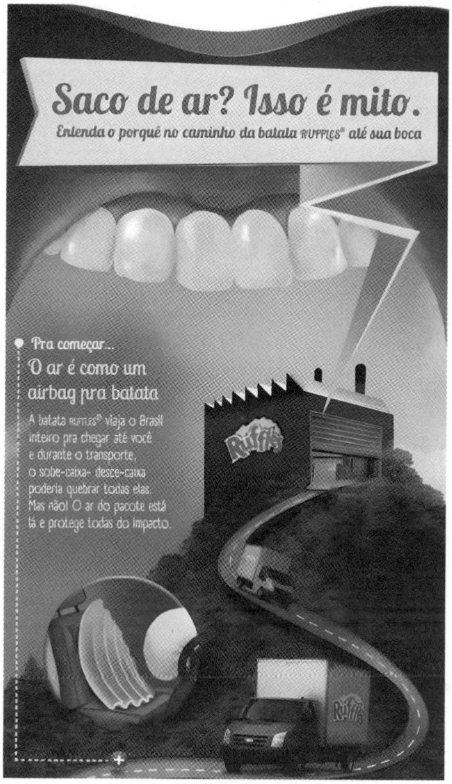

Fonte: Exame.com.

Em contrapartida, um exemplo negativo de crise foi o caso da Arezzo há alguns anos, quando a marca enfrentou críticas após uma consumidora expor, nas redes sociais, que sua mãe comprou uma sandália, que, após algum tempo de uso, revelou internamente uma impressão com a marca de um concorrente. A resposta da empresa demorou e não incluiu um pedido de desculpas imediato, o que contribuiu para a viralização negativa da situação. A falta de agilidade e transparência fez com que a marca sofresse um grande impacto, que se refletiu até na imprensa tradicional.

Um exemplo que já se tornou um clássico de excelente gerenciamento de crise ocorreu com a rede de restaurantes Spoleto há algum tempo. Quando o canal de humor "Porta dos Fundos" lançou uma sátira sobre o atendimento da rede, a empresa surpreendeu ao encomendar um segundo vídeo, no qual os comediantes pedem aos clientes que reportem qualquer experiência negativa. Essa atitude demonstrou transparência e abertura às críticas, aproximando a marca dos consumidores. Esse comportamento reflete uma tendência chamada "flawsome", em que empresas reconhecem seus erros e, ao admitir falhas, demonstram humanidade, o que gera maior empatia e confiança por parte do público.

Fonte: *Campanha do Porta dos Fundos para a marca Spoleto.*

Mais recentemente, em setembro de 2024, outro exemplo de crise que ganhou grande repercussão nas redes sociais foi de um executivo de uma empresa de educação, que em uma postagem no Instagram, comentou "Deus me livre de mulher CEO". A postagem teve repercussão imediata, levando executivas como Luiza Trajano, do Magazine Luiza, a se manifestar contra o mesmo, inclusive cancelando contratos. Ele ainda fez nova publicação, pedindo desculpas pelo "erro", e disse ter sido "infeliz ao dizer qual tipo de mulher eu gostaria para a minha vida". Para conter os danos à companhia, ele renunciou aos cargos de CEO e de presidente do conselho da empresa que ele mesmo fundou. Também foi expulso do conselho consultivo da marca de moda íntima Hope. Mesmo assim, diversos clientes cancelaram cursos com a instituição, o que mostra o quanto é difícil, na era atual, que a opinião pública separe o que diz um executivo (ou mesmo outro perfil de profissional) da imagem da empresa onde trabalha.

Este caso acima não é isolado. Ele é bastante emblemático, pois é um dos caminhos mais comuns para geração de uma crise, quando funcionários da própria empresa fazem manifestações ou postagens inadequadas, dão início a uma tão indesejada crise.

Outros motivos geradores de crises são: campanhas publicitárias que não foram devidamente testadas e acabam gerando algum tipo de revolta ou manifestação contrária do público; problemas de qualidade em produtos, como contaminação observada em sucos da marca Ades há alguns anos, ou mesmo num achocolatado confundido com o Toddynho; problemas no mundo físico que reverberam no digital, como um caso de racismo ocorrido numa das lojas da marca de moda Animale, ou mesmo um caso similar observado numa concessionária da BMW, ocorridos anos atrás; entre outros vários exemplos.

Como mostram esses exemplos, a era digital trouxe novos desafios para o gerenciamento de crises, mas também abriu oportunidades para que as empresas construam uma relação mais transparente e próxima com seu público. As empresas que conseguem transformar crises em oportunidades, mantendo a transparência e a agilidade na comunicação, tendem a sair de uma crise mais fortalecidas diante dos consumidores.

Meme criado na crise dos sucos Ades, da Unilever, contaminados.

Fonte: *Jornal Gazeta do Povo.*

Mas esse não é o exemplo mais comum, o que ainda se vê muito no mercado são empresas que não sabem como se comportar quando uma crise explode, chegando até a apagar posts de clientes ou mesmo vetar canais de reclamações, como observado no caso de uma construtora recentemente, com problemas de qualidade nos imóveis entregues. Essa postura não é a mais recomendada, pois estes mesmos clientes ficarão mais insatisfeitos e vão buscar se manifestar em outros canais, de forma ainda pior, justamente por não terem sido devidamente ouvidos. E uma das grandes queixas dos consumidores é que a empresa usa tal canal para divulgar e vender seus produtos, mas quando algo ocorre ela veta o mesmo para relacionamento.

Para qualquer crise, seja no ambiente físico ou digital, a palavra de ordem é preparação e prevenção, com processos estruturados e ferramentas adequadas. Embora muitas organizações já tenham incorporado as mídias sociais em suas rotinas, o desafio é integrá-las de maneira estratégica ao plano de gerenciamento de crises. Isso requer não apenas a criação de canais, mas um planejamento robusto que define quais mensagens serão veiculadas, quem é o porta-voz, como as respostas serão estruturadas e quem é o público-alvo. Sem isso, a empresa corre o risco de amplificar problemas ou transformar as redes sociais em mais um canal de reclamação, em vez de uma solução.

A FORÇA DAS COMUNIDADES

O TikTok destaca-se entre as redes sociais pela criação de comunidades engajadas que vão muito além do consumo passivo de conteúdo. Essas comunidades são impulsionadas por interesses comuns e formam o cerne de um fenômeno chamado community commerce, em que o boca a boca digital é a chave para a conversão. Marcas que conseguem integrar suas narrativas de maneira autêntica nessas microculturas encontram um campo fértil para gerar engajamento e vendas. O "BookTok", por exemplo, é uma comunidade que revitalizou o mercado editorial ao compartilhar recomendações de livros, incentivando jovens a ler, criando uma rede de influenciadores espontâneos que impulsionam autores como a norte-americana Colleen Hoover, autora de dezenas de best-sellers, ao sucesso global.

Fonte: *Site pplware.sapo.pt.*

O diferencial do TikTok está em sua capacidade de transformar a comunicação de uma lógica top-down para uma cultura participativa, onde qualquer usuário pode criar, influenciar e ser ouvido. Essa democratização de vozes permite que novos artistas, produtos e tendências se tornem virais, impactando diretamente a cultura pop e o comportamento do consumidor. Comunidades como "TikTok Made Me Buy It" e "MoneyTok" são exemplos práticos de como o TikTok não é apenas uma plataforma de entretenimento, mas um hub de conversão e educação, moldando comportamentos de compra e, ao mesmo tempo, redefinindo a forma como marcas se conectam com seus públicos.

Essa nova forma de marketing tem resultados surpreendentes e, muitas vezes, surpreendem as próprias empresas. A farmacêutica brasileira Cimed, por exemplo, tem donos que são grandes criadores de conteúdo no TikTok. Um vídeo sobre um produto que a empresa ia lançar, o hidratante labial Carmed Fini, viralizou antes mesmo de o produto chegar às lojas. Mesmo com o reforço na distribuição, as vendas de 15 dias superaram o esperado para seis meses e a escassez gerou posts sobre a caça aos produtos. Uma rede de "Caça ao Carmed Fini" foi criada organicamente, gerando uma avalanche de postagens reais em todas as redes sociais. Só no TikTok, os vídeos que usam a hashtag #carmedfini já somam mais de 200 milhões de visualizações. É por essas e outras que a Diretora Geral de Negócios do TikTok na América Latina, Gabriela Comazzetto, costuma dizer: "não criem anúncios aqui, façam TikToks".

Além disso, como já foi dito no capítulo anterior, o Tik Tok também vem se tornando uma ferramenta de buscas superpotente entre o público mais jovem, e as pessoas escolhem até médicos e advogados através dessa plataforma.

STORYSELLING E STORYTELLING

Boas histórias desempenham um papel importante no cérebro humano, sendo uma forma de registrar o passado, entreter e criar laços emocionais. Não é diferente nas redes sociais: são as histórias reais, experiências e vivências dos nossos amigos e familiares que nos conectam, e, da mesma forma, nos conectamos às marcas que contam histórias autênticas. Esse é o conceito de storytelling — usar narrativas para transmitir sentimentos, construir posicionamento e gerar memórias que ficam gravadas no público.

Um exemplo que ficou famoso de storytelling bem-sucedido é a campanha de alguns anos atrás, "Real Beauty" (ou Real Beleza) da Dove, que utilizou vídeos e histórias de mulheres reais para quebrar padrões de beleza. Essa campanha foi amplamente compartilhada no Facebook e YouTube, gerando uma enorme conexão emocional com o público. No TikTok, marcas como a Gymshark usam a plataforma para contar histórias de transformação física e motivação, criando uma narrativa contínua que incentiva a participação ativa dos seguidores.

O **storyselling**, por sua vez, vai além do entretenimento, ao utilizar narrativas para vender produtos ou serviços, criando um impacto emocional que transforma leitores em compradores. Por exemplo, no **live commerce**, que é uma tendência crescente no e-commerce, marcas podem realizar transmissões ao vivo no Instagram ou YouTube, contando histórias enquanto promovem produtos em tempo real. Essa estratégia envolve o público de forma direta, permitindo que a jornada do conteúdo à compra aconteça instantaneamente, aumentando tanto a conexão emocional quanto as vendas. Veja na imagem a seguir um exemplo.

Live commerce.

Fonte: *site Locaweb.*

Quando um perfil é ativado em uma rede social, uma marca se permite usar o poder de um post para contar um capítulo da narrativa envolvente de sua campanha de comunicação, como uma novela. Nesse instante, a mensagem, identidade e missão podem ser divulgadas para milhares de consumidores, além do produto, serviço ou marca em questão. E as plataformas desempenham papel central na criação de narrativas envolventes e na promoção de campanhas de storyselling.

No Instagram, o uso de stories e reels oferece formatos ideais para compartilhar narrativas curtas e dinâmicas, permitindo a conexão emocional imediata com o público. Já no TikTok, vídeos curtos e criativos são uma ferramenta poderosa para contar histórias autênticas e virais, especialmente com a ajuda de criadores de conteúdo e comunidades engajadas. As marcas podem usar essas plataformas para narrar uma sequência de eventos, combinando storytelling e storyselling, com links diretos para compra e chamadas à ação.

Essa missão, no entanto, não é simples, pois os consumidores estão constantemente imersos em uma enxurrada de informações, dificultando a construção de relações efetivas. Por isso, uma ação de marketing nessas plataformas deve se basear em uma estratégia de storyselling e segmentação precisa da audiência, permitindo que as histórias certas sobre a marca sejam contadas para as pessoas certas. O consumo de conteúdo e o ato da compra andam juntos, e a narrativa pode ser a ponte que conecta esses dois momentos, criando um impacto emocional e, ao mesmo tempo, impulsionando conversões.

Por isso é imprescindível aliar ao planejamento uma segmentação coerente da audiência, ou seja, a escolha do usuário que será impactado com a mensagem. Aliás, o Facebook é uma das plataformas mais completas do ponto de vista de segmentação de usuários. Para se ter uma ideia, é possível definir usuários com base nas músicas que estão ouvindo ou mesmo de acordo com a opção de sentimento, como: "fulano está se sentindo triste, alegre...".

É possível criar campanhas baseadas nos dados geográficos, demográficos ou psicográficos do Facebook, como sexo, faixa etária, localização (cidade, estado e país), relacionamentos (solteiros, namorando, noivos, casados e divorciados), interesses (esportes, hobbies, músicas, livros, filmes e hábitos), formação (nível escolar e instituição de ensino), dispositivo móvel (iOS, Android, 2G, 3G ou 4G), trabalho (empresa e função), viagens (frequência, lugares, média de gastos — econômica ou executiva) e comportamento.

Ainda, é possível utilizar dados do próprio anunciante, como o match com a base de CRM, visitantes no *site* e usuários com perfis similares (função conhecida como Lookalike no Facebook).

Outras plataformas também estão ganhando destaque. O TikTok, por exemplo, usa seu algoritmo poderoso para exibir conteúdos personalizados e criar tendências virais, enquanto o Instagram oferece segmentação robusta para anúncios em stories e reels. Essas opções permitem que as marcas implementem uma abordagem multicanal, com campanhas complementares que aproveitam o potencial de cada plataforma. Além disso, a personalização por meio de IA e machine learning se tornou essencial nessa estratégia. Ferramentas de IA podem analisar o comportamento dos consumidores e prever suas necessidades, ajustando automaticamente campanhas no TikTok ou no Instagram. Isso permite que as marcas contem histórias que ressoam diretamente com os interesses do público, adaptando as mensagens em tempo real para maximizar o impacto.

A grande vantagem da publicidade online está em definir o perfil de cada pessoa em tempo real de acordo com dados individuais, o que permite identificar cada usuário em todas as suas etapas no funil de compra. Definitivamente, está nas mãos dos especialistas em comunicação lançar *posts* que contenham as histórias certas da sua marca para as pessoas certas em mídias diferentes, de forma a serem complementares e não terem o mesmo conteúdo, para transformar esse leitor em comprador.

A ERA DOS INFLUENCERS

Os influencers — ou influenciadores digitais — surgiram como protagonistas na era das redes sociais, transformando a forma como as marcas se conectam com seus públicos. Eles são indivíduos que, ao construir audiências engajadas em plataformas como Instagram, YouTube e TikTok, se tornaram poderosos veículos de comunicação e influência. Diferentemente das celebridades tradicionais, que, em geral, se tornam famosas graças à sua atividade profissional, como atores, modelos e esportistas, os influencers constroem sua autoridade criando comunidades digitais com base em confiança e proximidade, interagindo diretamente com seus seguidores e moldando comportamentos de compra.

O mercado de influenciadores digitais, portanto, vai além de simples parcerias comerciais: ele está profundamente entrelaçado com a criação de identidade e posicionamento de marca. Com a ascensão da economia da atenção, influencers se tornaram peças centrais na estratégia de marketing digital, servindo como embaixadores autênticos que humanizam as marcas e fazem com que elas se aproximem de suas audiências.

No contexto de reputação das marcas, os influencers desempenham a função de amplificar narrativas de storytelling e storyselling, adaptando-se às diferentes personas. Eles incorporam histórias reais, emocionais e autênticas, que fortalecem o vínculo entre a marca e seus consumidores. Através de conteúdos como vídeos, stories e posts, eles traduzem mensagens corporativas em linguagem acessível e convincente, gerando confiança e lealdade. Assim, as marcas que se associam a influenciadores relevantes para seus nichos conseguem alcançar maiores números de engajamento e também cultivar uma imagem mais verdadeira e próxima, conectando-se diretamente aos valores e aspirações de suas audiências.

Durante o século XX, celebridades e formadores de opinião — figuras públicas muito famosas, como atores e cantores — eram contratados por marcas que queriam promover seus produtos e serviços na TV, revistas, outdoors e outras mídias. Essas parcerias baseavam-se na notoriedade dessas personalidades e em sua capacidade de associar glamour e sucesso às marcas. No entanto, com o surgimento da internet e, posteriormente, das redes sociais, essa dinâmica mudou. A partir dos anos 2000, pessoas comuns começaram a produzir conteúdo online, principalmente em blogs, e com isso ganharam a capacidade de influenciar comportamentos e opiniões de suas audiências. A chegada de plataformas como YouTube, Facebook e Instagram impulsionou ainda mais o Marketing de Influência, dando a muitas dessas pessoas a chance de se tornarem influencers com milhares, ou até milhões, de seguidores.

No Brasil, alguns nomes já transcenderam a esfera digital e se transformaram em grandes estrelas: são nomes como Whindersson Nunes, que começou fazendo vídeos de comédia no interior do Piauí e se tornou um fenômeno popular, com aproximadamente 45 milhões de assinantes em seu canal do YouTube e quase

60 milhões de followers no Instagram. Outro nome de sucesso é Felipe Neto, carioca que seguiu trajetória semelhante: dos vlogs caseiros a um dos criadores de conteúdo mais famosos do país, com impressionantes 18 bilhões de views no YouTube e uma carreira de escritor e empresário.

Maiores influenciadores do Brasil – novembro de 2024.

Fonte: *Canal Melhor Investimento.*

Isso para não falar daqueles influencers que se especializam em um nicho de mercado, caso de Bianca Andrade, a Boca Rosa, referência no setor de beleza e que criou uma marca própria de cosméticos e maquiagem; ou Flavia Pavanelli, influencer fashion que hoje fala com um público de 18 milhões de followers apenas no Instagram — além de outra dezena de milhão entre TikTok e YouTube; ou ainda Virgínia Fonseca, que teve um crescimento vertiginoso nos últimos anos atuando no mercado de beleza e cosméticos também, sendo inclusive contratada a ter um quadro no canal de TV aberta SBT e que aos 23 anos de idade tem mais de 78 milhões de seguidores no TikTok e Instagram, além de 10 milhões de inscritos no YouTube.

Atualmente, a presença de influencers nas campanhas de marketing digital é quase que incontornável, já que a confiança e a proximidade que eles têm com seus seguidores se traduzem em resultados de vendas. Esse fenômeno reflete-se no mercado global de marketing de influência, que atingiu mais de US$24 bilhões em 2024, segundo dados do We are Social e Meltwater. O crescimento de aproximadamente 14% sobre o ano anterior o que revela a relevância crescente dos influencers como veículos de comunicação entre marcas e consumidores.

15 influenciadoras mais procurados em 2024		
1º	Maísa	48.1 M
2º	Camila Coutinho	3.4 M
3º	Jade Picon	22.1 M
4º	Fernanda Schneider	7.1 M
5º	Mariana Gonzalez	9.9 M
6º	Maria Braz	463 K
7º	Thaila Ayala	9.2 M
8º	Anttónia	2.4 M
9º	Tatá Estaniecki	12 M
10º	Aline Wirley da Silva Christóforo	2.3 M
11º	Mari Maria	22.2 M
12º	Luiza Sobral	489.7 K
13º	Larissa Luz	290.1 K
14º	Bruna Unzueta	2.5 M
15º	Jenny	105.3 K

Lista dos 15 influenciadores mais procurados pelas marcas em 2024.
Fonte: *Meio & Mensagem.*

As empresas que desejam aproveitar essa oportunidade precisam estar atentas às tendências desse mercado, que exigem uma abordagem estratégica para selecionar os tipos de influencers mais adequados para seus objetivos.

Essa seleção tem que ser muito criteriosa, para que o influenciador selecionado tenha total alinhamento com seu público-alvo e com sua marca. Além disso, deve-se pesquisar em profundidade o comportamento deste influenciador para evitar algum risco para a empresa, devido a algum comportamento ou declarações que causaram polêmicas. Outro ponto importante é verificar como o influencer se comporta com relação às suas entregas e sua forma de trabalho. Este ponto levantou muitas críticas a determinados influenciadores, tanto que no início de 2025 foi gerada uma famosa planilha, possivelmente criada pelas agências de publicidade contratantes, relatando o comportamento com relação ao profissionalismo de vários destes influenciadores.

Outro ponto a ser analisado é o porte do influenciador, afinal, nem sempre a empresa tem interesse (ou dinheiro) para contratar um influencer com milhões de seguidores para sua campanha. E é por isso que, cada vez mais, o mercado está em busca dos chamados nanoinfluencers e microinfluencers, que impactam um público bem menor, mas com mais assertividade e mais conexão.

Basicamente, existem cinco tipos de influencers categorizados pela quantidade de seguidores:

- nanoinfluenciadores (1.000 a 10.000 seguidores);
- microinfluenciadores (10.000 a 50.000);
- influenciadores de nível médio (50.000 a 500.000);
- macroinfluenciadores (500.000 a 1 milhão);
- megainfluenciadores ou celebridades (mais de 1 milhão de seguidores).

No Brasil, de acordo com o relatório da HypeAuditor, plataforma de marketing de Influência baseada em IA, microinfluenciadores representam quase a metade de todos os criadores de conteúdo no Instagram, enquanto os nanoinfluenciadores também têm uma presença significativa, com 24,29% do total. O crescimento desses perfis menores é impulsionado justamente por seu engajamento mais elevado com o público que os acompanha nas redes sociais e por oferecerem campanhas mais acessíveis em termos de custo para as marcas.

Katherine White, consultora de marketing de marcas como Mercedes-Benz, explica a importância dos micro e nanoinfluenciadores em uma análise feita para o site Insights for Professionals: "Microinfluenciadores não têm um status de celebridade. No entanto, podem querer fazer seu tempo render dinheiro. Têm um certo número de seguidores, mas não são tão caros quanto macroinfluenciadores. Sua autenticidade atrai engajamento e atenção. Seu número de seguidores significa que têm habilidade de construir relacionamento com o seu público." Ela complementa: "Nanoinfluenciadores são benéficos para marcas porque querem se expor a uma comunidade ou região muito específica. Se você for uma empresa local que quer melhorar seu brand awareness, nanoinfluenciadores darão o resultado que você espera."

O sucesso dessas categorias de influenciadores reflete também a adaptação às plataformas digitais emergentes, como o TikTok, que vem ganhando cada vez mais relevância entre o público jovem, principalmente da geração Z. Nesse espaço, a autenticidade e a criatividade têm mais peso que a quantidade de seguidores. Enquanto o Instagram valoriza o uso de vídeos curtos como os reels, que captam rapidamente a atenção dos usuários, o TikTok se destaca pela flexibilidade criativa que oferece tanto para influencers quanto para as marcas. O diferencial é que, no TikTok, o foco está no conteúdo autêntico, e não necessariamente na imagem do influenciador, o que gera um engajamento mais orgânico e forte com a audiência.

A IMPORTÂNCIA DO PLANEJAMENTO E RELACIONAMENTO NAS MÍDIAS SOCIAIS

Após saber o que são e como funcionam as redes e mídias sociais, o próximo passo é avaliar em quais delas faz sentido para a empresa ter presença e uma atuação mais contumaz e, então, estipular uma estratégia de atuação, pois não é indicado nem necessário estar em todas as redes.

Um erro bastante comum das empresas é tentar interagir nas redes sociais sem nenhum planejamento prévio, sem nenhuma estratégia anterior. Simplesmente iniciam uma "conversa" online sem definir antes quais são seus objetivos, o que é um risco muito grande para suas marcas.

Esse risco se dá porque há pouco controle sobre a repercussão de certas ações, o que expõe as empresas a possíveis consequências indesejáveis. Essa falta de controle se deve ao processo atual de geração de conteúdo, que pode ser feito por qualquer um, bem como sua disseminação, que ocorre de forma extremamente veloz na Web, devido ao alto grau de conexão entre as pessoas.

Costumo dizer que a comunicação nas mídias sociais é "crua, não filtrada e imediata", e, por isso mesmo, muito vulnerável. São inúmeros os canais e sites dos quais um mesmo usuário está participando, ou onde suas mensagens são reproduzidas. Uma boa estratégia de mídias sociais precisa reconhecer esses pontos e ser criada desde o início para evoluir constantemente, aumentando sempre o número de canais monitorados, pessoas influenciadas e a qualidade da análise. É importante começar por algum lugar, mas iniciativas muito pontuais podem ser um erro e levar a resultados por vezes irrelevantes.

Sem um bom planejamento, uma marca pode iniciar sua presença ativa no Instagram, ao mesmo tempo que ignora uma comunidade de milhares de pessoas numa rede segmentada, por exemplo, que critica seus produtos e serviços. Da mesma forma, discutir um produto em comunidades no Facebook pode ser totalmente ineficiente se o seu consumidor preferir uma rede social vertical para isso. Ou seja, tudo isso indica a necessidade de um plano prévio, incluindo pesquisas, para definir o rumo a ser seguido quando o assunto são redes sociais.

Como sempre digo, o melhor resultado de uma atuação em mídias sociais requer um trabalho "integrado entre muitas ações paralelas".

Também é fundamental cuidar da **reputação**, e para construí-la na Internet é necessário o desenvolvimento de uma estratégia de reputação digital. Essa estratégia começa com o que a empresa deseja para sua marca em médio e longo prazo. Além disso, as ações na web não podem estar desconectadas das estratégias globais da empresa; muito pelo contrário, devem caminhar juntas. Por exemplo, se a empresa deseja transmitir uma imagem inovadora, deverá promover ações que demonstrem isso dentro e fora da rede. Se for uma empresa ligada ao meio ambiente, sua atuação nas mídias digitais, assim como fora delas, deve refletir isso, e assim por diante.

A web tornou as pessoas muito mais exigentes e críticas. São milhões de consumidores mais bem preparados para o processo de consumo e de interação atual. Como dissemos, tem sido cada vez mais comum encontrar consumidores nas lojas com mais informações sobre os produtos que desejam adquirir do que os próprios vendedores daquela marca. Várias empresas que se lançam nas redes sem antes definir uma estratégia incorrem em equívocos que não somarão para o seu desempenho futuro, tanto na web como nos negócios. Exemplo disso são as empresas que procuram utilizar as redes unicamente para promover seus produtos ou serviços, com o intuito de vender a qualquer custo.

Isso é visto como algo invasivo e poderá fazer com que os seguidores daquela marca a abandonem rapidamente. Essas ações acabam saturando aqueles que interagem com a marca. As mídias sociais são, na verdade, uma grande oportunidade de aproximação e interação com seus diversos públicos: clientes, fornecedores, parceiros etc., proporcionando às empresas a chance de criar uma imagem mais positiva e humana.

O mais adequado, além de utilizar esse meio para relacionamento, é a disponibilização de conteúdo relevante para o seu público de interesse e ainda, contar com a sua participação para criar junto um conteúdo cada vez mais colaborativo. Como se diz nas redes de relacionamento, em geral é muito importante primeiro “dar algo” ao grupo para depois pensar em obter algum retorno, e não o contrário.

Uma estratégia de atuação nas redes sociais focada em relacionamento é extremamente importante. As empresas usam as redes apenas para ações de marketing, divulgação de produtos e para monitoramento da marca, o que ainda demonstra a baixa utilização desses canais como plataforma de relacionamento. No entanto, temos observado uma mudança na postura de algumas empresas na forma como se relacionam com seus públicos, ouvindo, respondendo, como foi o caso, que já tem algum tempo, mas é um bom exemplo, da empresa brasileira de cosméticos O Boticário. Por monitorar sua imagem nas redes sociais, acompanhou um movimento de clientes insatisfeitos pois um de seus perfumes havia deixado de ser fabricado. Imediatamente, a empresa esclareceu os motivos que a levaram a deixar de fabricá-lo, comprovando que soube utilizar adequadamente aquela informação e satisfazer uma parcela considerável de clientes. A mesma empresa, anos depois, por meio do monitoramento, pôde acompanhar a repercussão polêmica de uma de suas campanhas publicitárias de massa, em que demonstrou apoio a relacionamentos homossexuais.

Há vários cases de sucesso observados ao longo do tempo no uso das redes sociais, como do Ponto Frio no antigo Twitter, da Lu do Magalu, as diversas trocas de mensagens do Nubank, a Dove com suas campanhas de mulheres reais (Real Beauty), a Heinecken com a Liga dos Campeões, a Nike com a campanha “Dream Crazy”, a Starbucks com a personalização de bebidas, e muitas outras.

Campanha Nike "Dream Crazy".

PERSONA DA MARCA: CONEXÃO COM O CLIENTE

Todo relacionamento requer um nível de afinidade entre as partes para que se estabeleça um elo afetivo, social e, consequentemente, uma interação mais significativa. Isso se aplica tanto às relações interpessoais quanto à forma como nos relacionamos com as marcas. Hoje, não vemos as marcas apenas como entidades abstratas, mas como figuras que carregam características psicológicas, comportamentais e até emocionais. Elas adquirem personalidade e valores que refletem as expectativas e desejos de seus consumidores. Com a ascensão das redes sociais, essa humanização se ampliou, oferecendo às marcas a oportunidade de se tornarem personagens ativas no cotidiano das pessoas, influenciando comportamentos e criando laços emocionais.

A crescente importância das marcas em se tornarem mais humanas e personalizadas reflete a necessidade de estabelecer uma conexão emocional forte e duradoura com seus públicos. Isso se deve, em grande parte, ao fato de que os consumidores estão cada vez mais informados e exigentes, buscando transparência, autenticidade e identificação com os valores das empresas com as quais interagem. Uma das principais estratégias para alcançar esse nível de conexão é a criação de uma Persona da Marca, uma representação fictícia, porém bem definida, da personalidade da empresa. Essa persona deve ser desenvolvida com base em uma profunda compreensão de quem é o consumidor da marca, seus comportamentos, emoções, valores e expectativas.

Quanto mais detalhada, clara e assertiva for a definição da *persona*, mais fácil será sua implantação e uso no dia a dia da empresa. Recomenda-se que a empresa analise em profundidade o seu cliente/consumidor para verificar a melhor forma de se comunicar com ele. Procure definir essa *persona* com detalhes de como ele é, que idade tem, como é seu comportamento, como é sua atitude na internet, como busca seus produtos, como é sua comunicação, sobre o que gosta de conversar etc. Isso servirá, inclusive, como base para futuros treinamentos, pois, independentemente de quem estiver na gestão das mídias sociais da empresa, a personalidade dela deverá ser a mesma.

Por tudo isso, a persona da marca vai além de um simples avatar ou mascote. Ela incorpora características emotivas e físicas, além de uma narrativa que evolui com o tempo. A história da marca, suas experiências e aprendizados moldam essa persona, que, por sua vez, influencia a forma como a empresa se comunica e interage com seu público. Diferentemente de mascotes, a persona da marca é mais profunda e multifacetada. Ela não só representa a empresa em interações sociais, mas também carrega a missão, os valores e a visão do negócio em cada ação.

Marcas como Casas Bahia e Nubank demonstram como personas bem estruturadas conseguem criar diálogos naturais e relevantes nas redes. O perfil do CB da Casas Bahia no X, por exemplo, usa o humor e a interação com outras marcas para se conectar com seu público e aumentar o engajamento, enquanto a Nu, do Nubank, mantém uma relação leve e amigável com os clientes. Esse tipo de estratégia transforma a persona em mais do que apenas um mascote; ela se torna o ponto central da comunicação da marca, promovendo interações significativas. Um exemplo interessante dessa estratégia de humanização é a Lu, do Magazine Luiza, que evoluiu de uma simples assistente virtual para um verdadeiro ícone da marca. Ela não só recomenda produtos e participa ativamente das interações nas redes sociais, como também personifica a atenção e o cuidado que a empresa deseja transmitir aos seus clientes. A Lu, inclusive, rompeu a barreira do digital, com interações personalizadas que extrapolaram o ambiente virtual, como no caso de ligações feitas a clientes em momentos especiais. Isso demonstra como a persona da marca pode ir além das plataformas digitais, oferecendo experiências diferenciadas que fortalecem o vínculo emocional com o público. A Lu até participa de campanhas de publicidade de outras marcas, como influenciadora digital.

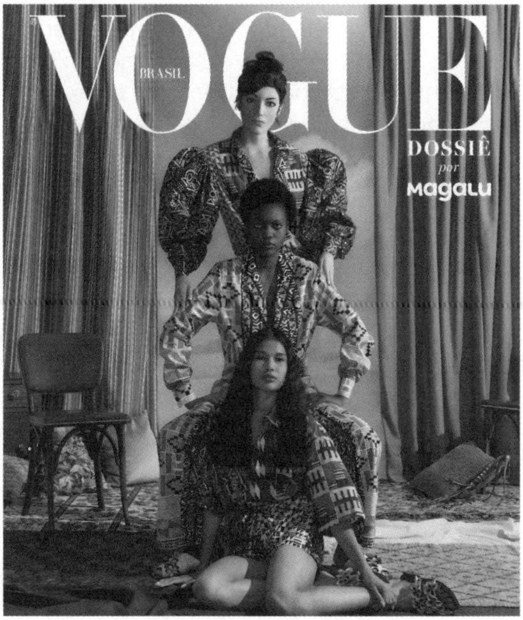

Lu do Magalu na capa da Vogue, maior influenciadora de moda digital.
Fonte: *Revista Vogue.*

Essa abordagem, no entanto, exige que as empresas tenham uma postura de transparência e autenticidade. Quando a marca comete erros, é fundamental que a persona mantenha uma postura coerente e verdadeira. Isso minimiza os danos à reputação e ajuda a fortalecer a confiança do público. Afinal, as relações de longo prazo são construídas com base em honestidade, e os consumidores valorizam marcas que reconhecem suas falhas e se comprometem a melhorar.

Além disso, a persona da marca tem o poder de criar uma narrativa contínua, utilizando o storytelling e storyselling para cativar e envolver os consumidores em sua jornada. A marca pode, por exemplo, contar histórias emocionantes e autênticas sobre seus valores e suas ações, permitindo que o público se identifique e participe dessa narrativa. Plataformas como TikTok e Instagram, por exemplo, oferecem oportunidades únicas para explorar histórias visuais e dinâmicas, enquanto o LinkedIn permite uma abordagem mais corporativa e profissional, mas sem perder o tom humano e próximo. Essas narrativas se tornam ainda mais eficazes quando associadas ao conceito de storyselling, que vimos anteriormente. Um exemplo contemporâneo é o uso de tendências do TikTok, como desafios e vídeos de "antes e depois", que permitem às marcas mostrarem produtos em uso real, sempre vinculados a uma história de transformação. Assim, o consumidor não apenas se envolve com o conteúdo, mas também se vê como parte da história, sendo levado a uma decisão de compra de forma orgânica.

Por isso insisto que, para entender melhor o sucesso de certas estratégias, é importante ter um novo olhar para o consumidor e seu comportamento: tem pouco tempo, tem dúvidas sobre uma variedade de produtos disponíveis e tem medo de errar na escolha. A solução encontrada por um número cada vez maior de pessoas é procurar por "especialistas", profissionais reconhecidos num assunto específico, próximos e confiáveis, que possam lhe ajudar a minimizar o risco do erro na tomada de decisão. É exatamente nesse ponto que estratégias que tornam a marca mais humana se diferem das outras marcas e, consequentemente, obtêm vantagem competitiva.

Ou seja, a criação de uma persona da marca vai muito além de simplesmente definir um personagem. Trata-se de uma estratégia de comunicação que abrange toda a experiência do consumidor com a empresa, desde a primeira interação até o pós-venda, consolidando-se como uma ferramenta fundamental para construir e manter relacionamentos sólidos e duradouros.

A persona da marca deve ser vista como uma oportunidade estratégica para a empresa revisitar seus conceitos e valores. Isso permite que as ações e comunicações estejam sempre alinhadas às expectativas do público e ao propósito da marca. Com consumidores mais exigentes e informados, as empresas que conseguirem estabelecer uma comunicação mais humanizada e transparente terão uma vantagem competitiva clara, ao construir elos emocionais que vão além da simples transação comercial.

AS PRINCIPAIS REDES SOCIAIS E QUAIS OS MODELOS DE ANÚNCIOS

Meta (Facebook/Instagram)

O ecossistema Meta, que engloba plataformas como Facebook e Instagram, é um dos principais espaços para publicidade digital, com quase 4 bilhões de usuários mensais combinados. Essas redes são voltadas para uma vasta audiência, desde consumidores jovens no Instagram até faixas etárias mais amplas no Facebook.

O principal diferencial do Meta Ads é a capacidade de segmentação avançada, utilizando dados demográficos, interesses e comportamentos para atingir audiências específicas em diferentes etapas do funil de compra. Além disso, a integração entre as plataformas permite que as marcas alcancem seus consumidores de forma consistente em múltiplos canais. O Instagram ajuda a 84% dos usuários na decisão de compra e de escolha de produtos, para se ter uma ideia da relevância dessa ferramenta.

Para anunciar no Meta você deve acessar o gerenciador de anúncios que é uma ferramenta para criar, gerenciar quando e onde eles serão veiculados e acompanhar o desempenho das campanhas em relação às suas **metas de marketing**. Lá você definirá os objetivos da sua campanha, o tempo de duração, o budget, definirá a audiência e os formatos, subirá os criativos e publicará.

Os anúncios na Meta são exibidos de forma nativa e podem assumir diferentes formatos, permitindo flexibilidade para atender a vários objetivos de campanha. Alguns exemplos incluem:

- **Anúncio de imagem única:** exibe uma imagem estática acompanhada de texto e botão de chamada para ação. É ideal para promover produtos, serviços ou eventos com clareza e foco direto na mensagem.
- **Anúncios em carrossel**: apresentam uma série de imagens ou vídeos em uma única publicação, ideal para contar histórias de produtos ou serviços.
- **Anúncios de coleção**: facilitam a exploração de catálogos de produtos, combinando vídeos com imagens para estimular interações e compras.
- **Anúncios de vídeo**: capturam a atenção de maneira dinâmica, especialmente eficazes em engajar usuários em dispositivos móveis.
- **Anúncios de stories**: imersivos e de tela cheia, são uma excelente maneira de alcançar audiências de forma rápida e visual. Ficam no ar por 24 horas.
- **Criativos dinâmicos**: personalizados com base no comportamento do usuário, exibem produtos relevantes para quem demonstrou interesse anterior.

Formatos de anúncios.

Fonte: *Facebook.*

No Instagram é possível criar uma loja, de forma simples e gratuita, que vai funcionar como uma vitrine. Podemos também formatar os destaques para que as publicações dos stories fiquem disponíveis além das 24 horas de duração. A Meta permite collabs, ou seja, postagens com dois autores, o que permite mais alcance.

Nos stories pode-se usar diversos stickers com perguntas, enquetes, contagem regressiva, localização, emoji sliders, lives, live rooms, reels com até 90 segundos sendo postados no stories com a informação de explorar mais, remix-duetos — que permite comentários sobre vídeos de outras pessoas, entre outras possibilidades.

Adaptando a estrutura do funil de vendas (apresentado anteriormente) ao Meta Ads, podemos seguir uma estrutura que contempla as etapas de reconhecimento, consideração e conversão, permitindo que as marcas guiem seus potenciais clientes por uma jornada progressiva. Na fase de reconhecimento, os anúncios são otimizados para gerar visibilidade e construir familiaridade com a marca.

Na etapa de consideração, o foco é engajar o público-alvo e estimular interações mais profundas com a marca. O Meta Ads oferece opções como visualizações de vídeos mais detalhadas, envolvimento com postagens, instalação de aplicativos, geração de leads por meio de formulários e até mesmo troca de mensagens diretas. Essa fase é importante para criar um relacionamento com o cliente e fortalecer a intenção de compra.

Por fim, a fase de conversão concentra-se em levar o cliente à ação desejada, como efetuar uma compra. As opções de anúncios para conversões incluem vendas de produtos via catálogo e outras estratégias de incentivo direto, permitindo que as marcas transformem o interesse gerado nas fases anteriores em resultados concretos. A capacidade de segmentação e personalização dos anúncios do Meta Ads torna o processo mais eficiente, de modo que cada etapa do funil seja ajustada ao comportamento e às preferências do público.

Dica: não é necessário ter um perfil da sua empresa no Instagram para fazer propaganda na rede, mas é necessário ter uma conta no Facebook.

TikTok

O TikTok é uma plataforma de vídeos curtos que se destaca pelo conteúdo dinâmico, criativo e voltado para entretenimento, com uma audiência global majoritariamente jovem, mas em crescente diversificação. Com mais de 1 bilhão de usuários ativos no mundo e 84 milhões de usuários no Brasil, sendo 25% até 19 anos (segundo dados de agosto de 2024), e a maioria são mulheres, o TikTok é uma rede onde marcas podem se conectar com consumidores de maneira autêntica e envolvente. A maior parte dos criadores mais populares (52%) têm entre 18 e 24 anos.

A plataforma é especialmente eficiente para marcas que querem explorar narrativas visuais rápidas e virais, aproveitando tendências e desafios populares para gerar engajamento.

A personalização do feed, baseada nos interesses do usuário, garante que os anúncios sejam mostrados para o público certo no momento ideal. Ou seja, vai muito além das famosas dancinhas, pois 1 em cada 3 usuários cita que já comprou algo que conheceu na rede.

Para anunciar você deve ter uma conta comercial e acessar o portal de criadores. Da mesma forma que na Meta você deverá definir objetivos de campanha, público-alvo, budget. O TikTok conta com inteligência artificial para ajudar seu anúncio a performar melhor.

Os modelos de anúncios no TikTok oferecem diferentes formas de promover marcas de maneira nativa e interativa. Alguns exemplos incluem:

- **In-feed ads**: anúncios que aparecem no feed principal dos usuários, integrados de maneira nativa aos vídeos orgânicos, permitindo curtidas, comentários e compartilhamentos.
- **TopView**: o primeiro vídeo que os usuários veem ao abrir o TikTok, com alto impacto visual e tempo de exibição garantido.
- **Branded hashtag challenge**: uma campanha interativa que incentiva os usuários a criarem conteúdos com uma hashtag específica da marca, gerando engajamento em massa.
- **Branded effects**: filtros e efeitos personalizados criados para que os usuários integrem nas suas postagens, aumentando a interação direta com a marca.
- **Spark ads**: anúncios que permitem às marcas impulsionar vídeos orgânicos que já estão performando bem, criando uma combinação entre conteúdo gerado por usuários e publicidade paga.

Campanha Netflix com conteúdo gerado pelo usuário.

Fonte: *MediaKix.com e Filmora.*

Assim como em outras plataformas, é possível dividir os anúncios no TikTok em etapas que conduzem o público da descoberta à conversão, com foco em gerar engajamento autêntico e criativo. Na fase de reconhecimento, as marcas podem utilizar recursos de anúncios in-feed, para ampliar o alcance e gerar visibilidade de forma orgânica, assim como fazer seus próprios vídeos curtos, evidentemente. Ao aproveitar tendências e sons populares, as empresas conseguem se conectar com o público de maneira descontraída, aumentando a exposição da marca em um ambiente que favorece a viralização.

Na etapa de consideração, o TikTok oferece formatos focados em tráfego, visualizações de vídeos e geração de leads, permitindo que as marcas criem interações mais profundas e direcionadas. Seja incentivando a instalação de aplicativos ou capturando cadastros por meio de formulários, essa fase visa transformar o interesse inicial em ações que envolvem um maior comprometimento do usuário. A geração de conteúdo autêntico, alinhado com o estilo da plataforma, faz com que os usuários engajem com a marca de forma natural e espontânea.

Podemos dar o exemplo de uma marca de moda que busca aumentar seu reconhecimento. Ela pode segmentar usuários entre 18 e 44 anos com interesse em vestuário, acessórios e entretenimento. Ao lançar uma campanha criativa no TikTok, utilizando desafios e hashtags populares, a empresa amplia seu alcance e, se tudo correr bem, consegue gerar conversas autênticas em torno de seus produtos, resultando em novos seguidores e potenciais conversões.

LinkedIn

O LinkedIn é a principal rede social voltada para profissionais e empresas, com cerca de 850 milhões de usuários em todo o mundo. A plataforma é ideal para marcas que desejam alcançar um público mais qualificado, composto de tomadores de decisão, profissionais em busca de novas oportunidades e empresas interessadas em expandir suas conexões de negócios. No LinkedIn, os anúncios têm um caráter mais institucional e estratégico, focando no fortalecimento da marca e na geração de leads em um ambiente profissional. A segmentação avançada, com base em critérios como cargo, setor e nível hierárquico, garante que os anúncios alcancem audiências altamente relevantes.

Os formatos de anúncios no LinkedIn são variados, permitindo que as marcas adaptem suas campanhas a diferentes objetivos. Exemplos incluem:

- **Anúncios de conteúdo patrocinado (**sponsored content): posts no feed que podem incluir imagens, vídeos ou carrosséis, aparecendo de forma nativa para aumentar o engajamento.
- **Anúncios de texto** (text ads): exibidos na barra lateral, focados em mensagens curtas e diretas com links para páginas de destino.
- **Anúncios em vídeo** (video ads): permitem um storytelling mais rico, apresentando produtos, serviços ou campanhas institucionais com maior impacto visual.
- **Anúncios dinâmicos** (dynamic ads): personalizados com base no perfil do usuário, como recomendações de vagas, cursos ou conexões.

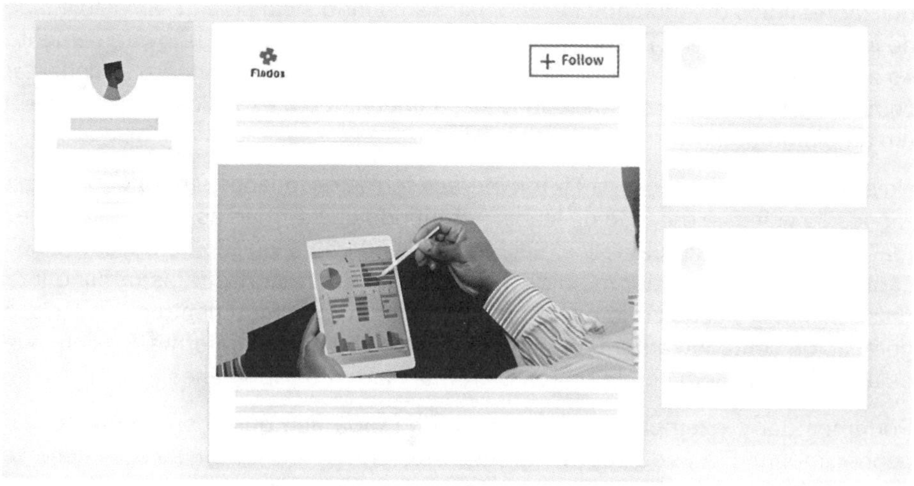

Exemplo de sponsored content.

Fonte: *LinkedIn.*

Uma possibilidade muito utilizada no LinkedIn são as chamadas **sponsored messages**, enviadas diretamente para as caixas de entrada (*InMail*) dos usuários, ideais para comunicações personalizadas e ofertas exclusivas.

Existem dois principais tipos de sponsored messaging:

- **Message ads**: mensagens curtas e objetivas que podem incluir uma chamada para ação (CTA) e links para páginas externas. São ideais para alcançar usuários com uma proposta clara e direta.
- **Conversation ads**: um formato interativo que permite incluir múltiplos CTAs em uma única mensagem, possibilitando que o usuário escolha o caminho que deseja seguir na conversa. Isso pode incluir o download de um e-book, registro em eventos ou solicitação de mais informações, criando uma experiência mais dinâmica e personalizada.

Falaremos mais sobre LinkedIn no capítulo sobre marketing e vendas B2B.

Pinterest

O Pinterest é uma plataforma de descoberta visual onde os usuários podem buscar inspiração, explorar novas ideias e salvar conteúdos em forma de "pins". Com mais de 520 milhões de usuários ativos mensais, o Pinterest é voltado principalmente para pessoas interessadas em temas como decoração, moda, beleza, viagens e gastronomia. É uma rede social onde a intenção de compra costuma ser alta, uma vez que grande parte dos usuários utiliza o Pinterest como ferramenta de planejamento para projetos futuros. Por isso, é uma excelente opção para marcas que desejam se conectar com públicos que estão em fase de pesquisa e consideração de compra.

Os anúncios no Pinterest são criados de forma nativa, integrando-se aos pins normais que os usuários veem em seus feeds, o que proporciona uma experiência não invasiva. Os principais modelos de anúncios são:

- **Pins promovidos**: são imagens ou vídeos que aparecem no feed de usuários relevantes com o objetivo de gerar mais cliques ou engajamento.
- **Pins de compras**: facilitam a compra direta de produtos, mostrando informações detalhadas de preço e links para e-commerce.
- **Anúncios em formato de carrossel**: permitem que os anunciantes mostrem vários produtos ou imagens em um único anúncio, otimizando o storytelling.
- **Anúncios de vídeo**: geram mais engajamento com conteúdos em formato de vídeo, ideais para apresentar um produto ou ideia de forma mais dinâmica.
- **Vídeos de largura máxima:** os anúncios de vídeo de largura máxima são vídeos que se expandem em todo o feed do usuário em dispositivos móveis.

Essa é uma estrutura que ajuda as marcas a alcançar os usuários no momento certo, incentivando decisões de compra em uma jornada de descoberta.

YouTube

É uma plataforma de compartilhamento de vídeos e o segundo maior buscador da internet, sendo que 83% dos usuários assistem vídeos mensalmente. De início é muito importante definir claramente sobre o que será o canal. Qual seu objetivo, qual a constância e pra quem se destina. Os vídeos devem ser bem desenvolvidos, ter boa qualidade.

Para anunciar na plataforma deve-se ter uma conta ativa no Google Ads e vincular seu canal do YouTube ao Google Ads, no qual serão criadas as campanhas. Como sempre deve-se definir na plataforma qual o objetivo da mesma, o público, o orçamento, as palavras-chave e os canais onde se deseja anunciar.

O YouTube oferece vários formatos de anúncios:

- **In-stream pulável**: antes, durante ou depois dos vídeos, pode ser pulado após 5 segundos.
- **In-stream não pulável**: máximo de 15 segundos, não pode ser pulado.
- **Bumper Ads**: 6 segundos, não puláveis.
- **Anúncios Discovery**: aparece nos resultados de busca e na página inicial do YouTube.
- **Masthead**: exibição premium na página inicial do YouTube.

Dicas extras: teste vários formatos e públicos para otimizar e use CTAs (call to action). Acompanhe os resultados e faça ajustes se necessário.

REDES SOCIAIS SEGMENTADAS, VERTICAIS, POR AFINIDADE OU DE NICHO

Muito se fala sobre as redes sociais de massa ou abertas, como Facebook, Instagram, X, WhatsApp e TikTok, que são as mais populares e reúnem pessoas dos mais variados perfis e interesses. No entanto, quando o assunto é um tema específico ou um mercado altamente segmentado, as redes sociais de massa podem perder eficiência, já que dispersam a atenção em meio a conteúdos variados. É nesse contexto que surgem as redes sociais segmentadas, também conhecidas como verticais, por afinidade ou de nicho. Essas redes têm como objetivo conectar pessoas que compartilham interesses, valores e hábitos de consumo muito semelhantes. Elas oferecem interações mais direcionadas e especializadas, favorecendo uma comunicação focada e um engajamento mais profundo entre os usuários.

As redes sociais segmentadas tratam de temas específicos com maior profundidade. Os conteúdos são extremamente direcionados e especializados, atendendo nichos como amantes de esportes, música, games, viagens, culinária, e até mesmo profissões específicas. Nessas plataformas, as discussões costumam ser mais relevantes e especializadas, e muitas vezes se transformam em verdadeiros laboratórios de cocriação, onde usuários podem fornecer inputs diretamente às marcas, ajudando no desenvolvimento e aprimoramento de produtos e serviços.

Além disso, elas permitem uma aproximação mais direta com o público-alvo. Em comparação com as redes de massa, as redes de nicho são mais eficazes em capturar a atenção de um público altamente engajado e interessado. Isso faz com que as empresas tenham menos dificuldade em atingir seu target, criando interações mais significativas e de valor agregado.

ALGUMAS DAS REDES SEGMENTADAS MAIS POPULARES HOJE EM DIA

- **Goodreads**: a maior comunidade online para amantes da leitura, com milhões de usuários em todo o mundo. A plataforma permite aos leitores classificarem livros, deixarem resenhas e receberem recomendações baseadas em suas preferências. Além disso, facilita a formação de grupos de discussão e clubes de leitura virtuais, tornando-se um ponto de encontro para quem deseja aprofundar o hábito da leitura e compartilhar suas opiniões. Para as editoras e autores, o Goodreads é uma excelente ferramenta para se conectar com leitores e influenciadores do nicho literário. A plataforma oferece opções de anúncios de exibição que aparecem em diferentes páginas do site, como na página inicial ou nas páginas de recomendações. Também há o Goodreads Giveaways, onde autores podem promover sorteios de livros para gerar visibilidade e aumentar o número de resenhas.
- **Strava**: voltado para corredores, ciclistas e outros atletas que desejam compartilhar suas atividades físicas, acompanhar desempenhos e competir em desafios. A plataforma permite que os usuários monitorem suas rotas, tempos e métricas de desempenho, além de oferecer uma interface social onde eles podem interagir com outros atletas, seja em grupos ou individualmente. Nos últimos anos, o Strava se tornou uma referência para marcas de esportes, que podem utilizar a plataforma para promover produtos e criar comunidades engajadas em torno de desafios patrocinados. Uma estratégia comum é o patrocínio de desafios, onde os usuários são incentivados a completar atividades físicas (corrida, ciclismo etc.) e competir por prêmios ou recompensas, o que promove engajamento direto com a marca. A plataforma também oferece anúncios de display que aparecem no feed dos usuários, alcançando um público segmentado de atletas.
- **Twitch:** começou como uma plataforma de streaming ao vivo para videogames, mas hoje abriga uma vasta gama de conteúdos, como música, arte, esportes e até mesmo conversas sobre política e cultura. A característica interativa da plataforma – na qual os espectadores podem se comunicar diretamente

com os criadores em tempo real - torna a Twitch uma das plataformas mais engajadoras para criadores de conteúdo. Marcas ligadas a jogos eletrônicos, equipamentos e até bebidas energéticas aproveitam esse espaço para se conectar com públicos específicos, como gamers profissionais e entusiastas. É possível utilizar anúncios em vídeo pre-roll (antes da live começar) e mid-roll (durante a transmissão). As marcas também podem realizar parcerias com streamers, promovendo produtos diretamente por meio dos influenciadores que têm uma conexão com seus seguidores. A Twitch também oferece a sponsorships (patrocínios) de eventos ou campeonatos, permitindo que as marcas alcancem audiências de nicho.

- **Discord:** no início era uma plataforma de comunicação para gamers, mas rapidamente se expandiu para diversos outros nichos, como tecnologia, entretenimento, educação e hobbies específicos. Ele permite a criação de servidores com canais específicos para diferentes tópicos, criando um ambiente extremamente customizável para cada comunidade. Muitas empresas de tecnologia utilizam o Discord para construir comunidades de usuários e fomentar discussões sobre seus produtos, já que a publicidade nessa rede é menos tradicional e mais voltada para o engajamento. Empresas podem criar servidores oficiais para interagir diretamente com seus públicos. As marcas de tecnologia, por exemplo, utilizam servidores para suporte ao cliente, lançamento de produtos e engajamento com influenciadores.
- **Reddit**: uma plataforma de fóruns segmentados por temas, chamados de subreddits. Cada subreddit pode ser dedicado a um tema específico, desde debates políticos até hobbies como jardinagem ou colecionismo de figuras de ação. A grande vantagem do Reddit é o alto nível de segmentação dos grupos, o que facilita a formação de comunidades altamente engajadas em torno de tópicos específicos. O sistema de anúncios é bastante segmentado, utilizando os subreddits ou criando anúncios patrocinados, que aparecem no feed dos usuários ou em subreddits relevantes. O Reddit também incentiva a participação orgânica das marcas dentro das discussões, com a criação de AMAs (Ask Me Anything) ou interações dentro dos subreddits para responder perguntas.

Além das redes sociais voltadas para interesses pessoais, o mercado também viu o crescimento de redes profissionais segmentadas. Essas plataformas criam ambientes onde profissionais de áreas específicas podem compartilhar conhecimento, discutir tendências e se conectar com colegas de profissão. Dois exemplos muito populares hoje em dia são o **Behance**, uma plataforma pertencente à Adobe, voltada para designers, fotógrafos, ilustradores e outros criativos que desejam compartilhar seus portfólios com o mundo; e também o **GitHub,** uma plataforma voltada para desenvolvedores e engenheiros de software que desejam compartilhar e colaborar em projetos de código aberto.

As redes sociais segmentadas são um campo promissor para empresas que desejam se conectar de maneira mais efetiva com seu público-alvo. Uma das grandes vantagens é que o custo de mídia para gerar engajamento nessas plataformas tende a ser menor do que nas redes sociais de massa, onde a competição por atenção é acirrada. A personalização do relacionamento é outro ponto chave, permitindo que marcas criem laços mais duradouros com seus consumidores.

Essas redes — e uma série de outras voltadas para nichos — vêm ganhando espaço no Brasil devido a seu estágio de amadurecimento. É necessário que as empresas estejam atentas para essas mudanças, inclusive as de menor porte, já que muitas entendem a importância de investir nas redes sociais, mas ainda enfrentam dificuldades para alcançar seu público-alvo.

As redes sociais no mundo

Além das redes sociais amplamente conhecidas no Ocidente, como Facebook e Instagram, há plataformas de grande sucesso em países como China e Rússia, onde as redes locais dominam o mercado. Na China, o ***WeChat***, com mais de 1,2 bilhão de usuários ativos mensais, se destaca como um dos "superapps" mais poderosos do mundo. Mais do que servir como mensageiro, o WeChat integra diversos serviços, desde pagamentos via celular até compras online e jogos, tornando-se essencial no dia a dia dos chineses. Outra plataforma de peso é o ***Weibo***, um híbrido entre Twitter e Facebook, que conta com mais de 580 milhões de usuários ativos mensais. Weibo é amplamente utilizado para microblogging e como uma poderosa ferramenta de marketing para celebridades e marcas.

Na Rússia, ***VKontakte*** (ou ***VK***) é a rede social mais popular, com mais de 100 milhões de usuários ativos mensais. Fundada em 2006, a plataforma oferece uma experiência semelhante ao Facebook, com a possibilidade de compartilhar mensagens, fotos, vídeos e criar comunidades. Além disso, o VK é muito utilizado para streaming de música e vídeos, com sua biblioteca de mídia sendo um dos principais atrativos. Outro destaque na Rússia é o ***Odnoklassniki***, que tem mais de 71 milhões de usuários ativos mensais e é especialmente popular entre usuários de idade mais avançada. Voltado para a conexão entre ex-colegas de escola, essa plataforma se posiciona como um espaço nostálgico, mas também oferece funcionalidades como jogos online e compartilhamento de mídia.

Muito popular no Japão, com mais de 86 milhões de usuários ativos no país, a ***LINE*** é amplamente utilizada para comunicação, oferecendo serviços como mensagens, chamadas de voz e vídeo, mas vai além disso, integrando funcionalidades de pagamento, compras, jogos e até serviços de entrega de comida. A plataforma se destaca por seus "stickers" (figurinhas) animados, que se tornaram uma parte importante da cultura digital japonesa e ajudam a manter o engajamento dos usuários.

Outro exemplo interessante é o ***KakaoTalk*** na Coreia do Sul, que conta com mais de 45 milhões de usuários ativos no país, o que representa uma penetração de mais de 90% da população sul-coreana. Assim como o LINE, o KakaoTalk oferece uma gama de serviços, desde mensagens e chamadas, até pagamentos móveis e serviços de transporte. A rede é parte de um ecossistema maior, o Kakao, que inclui outras plataformas de entretenimento, como o ***KakaoStory***, uma rede voltada para o compartilhamento de histórias, e o ***KakaoPage***, focada em webcomics e literatura digital.

PODCASTS

Para explorar o universo dos Social Media Ads, a convidada é Ligia Mitestaines, coordenadora de Growth e professora na FAAP, ESPM e Senac. Sandra Turchi conduz o bate-papo com insights estratégicos.

Ligia Mitestaines - Social media Ads

A conversa aqui gira em torno de conteúdo e storytelling nas mídias sociais, com Soraia Lima, LinkedIn PR Leader e professora em grandes instituições. Sandra Turchi traz sua experiência para enriquecer a troca de ideias.

Soraia Lima - Mídias sociais - conteúdo e storytelling

CAPÍTULO 6

INBOUND MARKETING

NESTE CAPÍTULO, VOCÊ VAI:

- *Entender o que é inbound marketing e suas principais estratégias para atração e captação de leads.*
- *Conhecer detalhes sobre o funil de vendas, jornada do cliente e as etapas desse processo, assim como a automação de marketing.*
- *Entender a importância do Content Marketing ao longo de toda jornada.*

Imagine que você está pesquisando uma solução para melhorar a produtividade da sua equipe e, ao navegar pela internet, encontra um blog que oferece dicas práticas, com uma planilha gratuita para organização de tarefas e até um e-book detalhado sobre gestão de projetos. Você nem percebe, mas está sendo guiado por uma estratégia de inbound marketing. Em vez de ser bombardeado com anúncios que interrompem sua navegação, como acontece o tempo todo na internet, você encontra conteúdo que realmente ajuda a resolver seu problema, criando uma conexão com a marca sem aquela pressão imediata de comprar algo.

Essa é a essência do inbound marketing, também conhecido como "marketing de atração". Diferentemente do outbound marketing, que usa métodos de "push" como comerciais de TV, anúncios impressos ou e-mails indesejados (os famigerados spams), o inbound adota uma abordagem de "pull", onde o cliente vai até a empresa em busca de soluções e informações relevantes. A chave está em fornecer valor genuíno, oferecendo materiais como textos em blogs, e-books, white papers (documentos que abordam temas mais técnicos), vídeos online e webinars, entre outros materiais, que acompanham e ajudam o cliente em sua jornada de compra, sem forçar uma decisão.

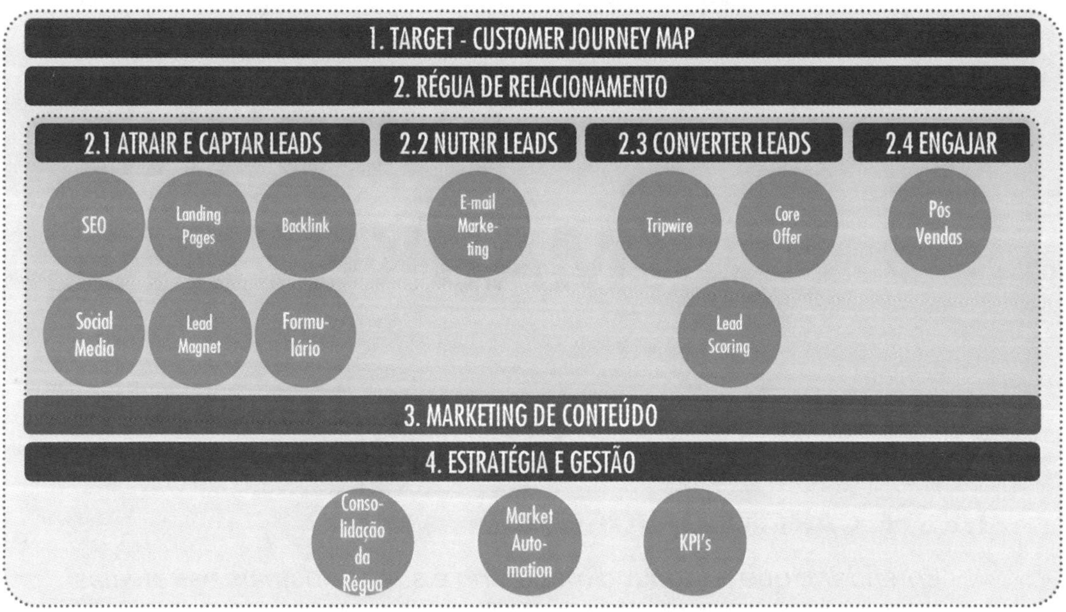

Fluxograma para execução do inbound marketing.

O inbound marketing se apoia fortemente em estratégias como o SEO, vista no Capítulo 4, que otimiza o conteúdo para que seja encontrado de forma orgânica, nas buscas do Google e outros motores de busca. Isso facilita a atração de visitantes qualificados para o site, que estão buscando soluções para seus problemas. Além disso, webinars e vídeos online são métodos eficazes de engajar diretamente o público, oferecendo conteúdo educativo e informativo em formatos interativos. Outro recurso comum é o uso de RSS feeds, que permite aos consumidores se inscreverem para receber atualizações automáticas de novos conteúdos da empresa, garantindo um relacionamento contínuo e não invasivo. Outro método, talvez um dos mais conhecidos e também mal compreendidos, é o e-mail marketing, que pode ser um instrumento valioso para atrair o cliente com temas de interesse, mas sempre com o cuidado de não "forçar a barra".

Não é possível falar de inbound marketing sem falar do "funil de vendas", um modelo estratégico utilizado no marketing e nas vendas para descrever a jornada do cliente desde o primeiro contato com a marca até a conclusão da compra e, em alguns casos, o pós-venda. Ele é chamado de "funil" porque, conforme o processo avança, o número de potenciais clientes vai diminuindo, já que nem todos que interagem com a empresa se tornam compradores. O funil é a visão da empresa das mesmas etapas que, de outro lado, podemos dizer que é a jornada de compra por parte do cliente. O funil e a jornada são divididos em algumas etapas, sendo que o funil é principalmente dividido em: Atrair > Converter/Fechar > Relacionar > Vender, conforme a seguir:

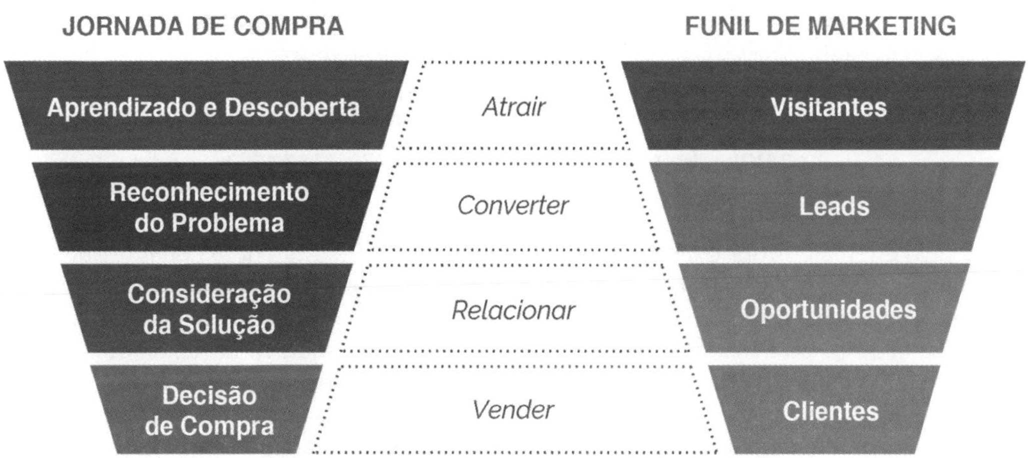

Jornada de compra e funil de marketing.

O funil de vendas, quando trabalhado com diferentes ferramentas e técnicas práticas, ganha uma estrutura ainda mais clara e eficiente para atrair, converter e encantar clientes (como mostra a imagem a seguir). Ele utiliza uma série de recursos e estratégias para guiar o consumidor ao longo de sua jornada, desde o primeiro contato até a fase de pós-venda, quando eles podem se tornar promotores da marca.

Funil de Vendas e ações para Inbound Marketing

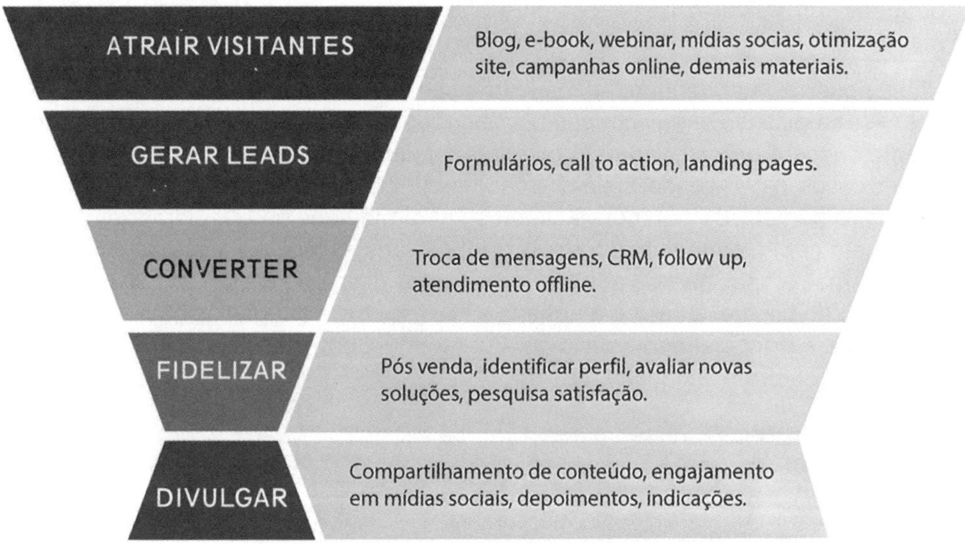

Exemplo de funil de vendas e inbound marketing.

E hoje em dia o próprio conceito de funil vem sendo bastante questionado, pois muitas empresas preferem trabalhar com o conceito de "ampulheta", o qual se diferencia basicamente pelo fato de após a venda o relacionamento continuar, e dependendo das ações da empresa ele se tornar ainda mais rentável, tendo em vista que ocorrerão novas vendas, advindas do estreitamento do relacionamento com ele, ou seja, ocorre uma "retenção" deste cliente e isso caminhando bem vai levar a outra fase muito desejada pelas empresas, a "indicação a outros clientes". O que gera novos leads a custo zero. O que é extremamente importante pois aumenta a receita com redução de custos. E todos nós sabemos que os clientes confiam mais em indicações de terceiros do que nas campanhas das empresas. Veja a seguir como fica este novo funil:

O funcionamento do Funil de Vendas Ampulheta

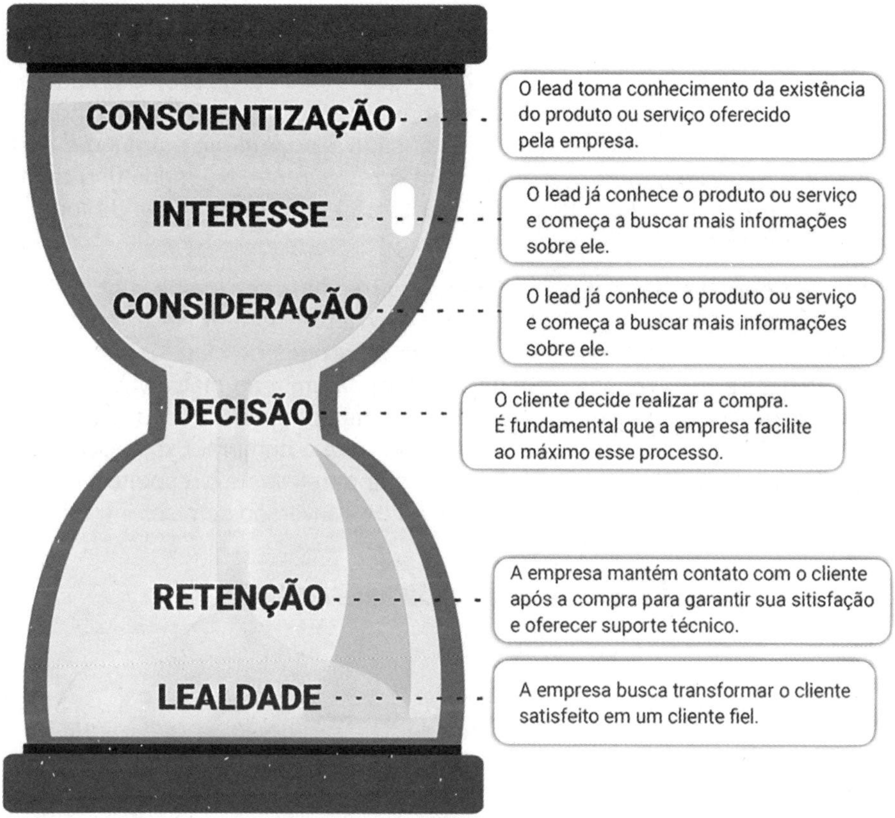

Exemplo de funil ampulheta.

Fonte: *Speedio.*

Para que a jornada do cliente seja bem-sucedida para a empresa, seja em qual tipo de funil for, um conceito fundamental é a régua de relacionamento, uma estratégia que estabelece uma sequência planejada de interações personalizadas, respeitando o tempo e as necessidades de cada lead. Em vez de tentar forçar uma venda logo de cara, o objetivo é construir um relacionamento gradual, oferecendo conteúdos relevantes no momento certo, até que o lead esteja pronto para tomar uma decisão. Se você está em um restaurante e, antes mesmo de escolher seu prato, o garçom já te oferece a sobremesa, isso vai soar muito estranho e pode arruinar sua experiência e sua relação com o restaurante. No marketing digital, acontece o mesmo quando uma empresa tenta empurrar uma venda logo no primeiro contato com o cliente.

Essa lógica permite abordar os prospects de maneira inteligente e eficaz. Um lead que acabou de se inscrever em uma newsletter pode receber conteúdos educacionais ou informativos, como e-books ou artigos de blog, que agreguem valor e ajudem a resolver suas dúvidas iniciais. Já um lead mais avançado, que demonstrou maior interesse com interações mais profundas, pode receber uma oferta específica ou um call to action voltado para a compra. Essa abordagem cuidadosa garante que a comunicação seja sempre relevante e respeite o estágio da jornada do cliente, otimizando as chances de conversão sem ser intrusiva.

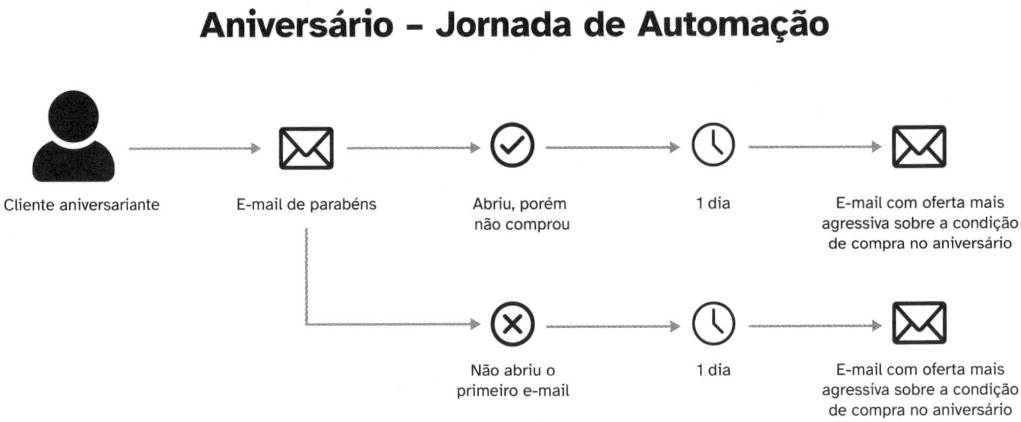

Exemplo de uma régua de relacionamento e comunicação com cliente.

Fonte: *Ciclo.*

Um funil de vendas bem estruturado é capaz de guiar o cliente por todas as etapas, ajudando a empresa a entender o comportamento do consumidor e a otimizar seus esforços de marketing para cada estágio da jornada. Após a conversão, por exemplo, o inbound marketing deve continuar a trabalhar na construção do relacionamento com o cliente por meio de estratégias de nutrição de leads, como e-mail marketing personalizado (diferente do spam), envio de novos conteúdos e convites para eventos online, como webinars.

Esta abordagem — a fase de fidelização — cria uma base de confiança e aumenta as chances de os consumidores não apenas se tornarem clientes, mas também defensores da marca. Quanto mais próximo o consumidor estiver da empresa, maiores são as chances de ele fazer uma compra, o que é especialmente benéfico em cenários B2B (business-to-business), em que o ciclo de vendas tende a ser mais longo e a confiança desempenha um papel central.

Por outro lado, o outbound marketing envolve uma abordagem mais agressiva, utilizando propagandas pagas, como anúncios na TV, feiras e eventos, ou até e-mails de marketing não solicitados. Embora ainda sejam eficazes em alguns contextos, essas técnicas muitas vezes interrompem a experiência do consumidor e tendem a ter menos impacto a longo prazo. No entanto, ambas as abordagens podem coexistir em uma estratégia de marketing integrada, onde o inbound fortalece o relacionamento com o cliente e o outbound gera awareness inicial para captar novos leads.

Exemplo de outbound marketing.

ATRAÇÃO E CAPTAÇÃO DE LEADS

Na fase de atração, o objetivo é chamar a atenção do público-alvo por meio de conteúdo relevante e otimizado, utilizando estratégias como SEO, redes sociais, blogs e vídeos online. Essa etapa ocorre quando sua empresa, produto ou serviço oferecido gera interesse e atrai potenciais clientes que estão começando a identificar uma necessidade ou problema. O objetivo é atrair estranhos, ou seja, pessoas que ainda não conhecem sua marca. O uso de lead magnets, como e-books, infográficos e white papers, em conjunto com um CTA bem posicionado, incentiva os visitantes a interagirem e fornecerem informações de contato. Mas, lembre-se: os lead magnets precisam sempre ser uma oferta de valor. Um **visitante só vai fornecer seus dados em troca de algo que ele valoriza**, portanto você **precisa oferecer gratuitamente ao visitante algo que o ajude a resolver um problema.**

Esses materiais são oferecidos em troca do preenchimento de formulários, que coletam dados básicos e convertem o visitante (ou desconhecido) em lead efetivamente. Os formulários funcionam como a ponte que transforma visitantes anônimos em leads valiosos. Eles devem ser cuidadosamente posicionados em páginas de captura (ou LPs — Landing Pages), em que conteúdos gratuitos, como os citados acima, são oferecidos em troca de informações básicas, como nome e e-mail. Além de permitir a captação de leads, os formulários também ajudam a segmentar e qualificar esses contatos, oferecendo insights valiosos para entender o perfil de cada visitante e criar comunicações mais direcionadas e relevantes para os mesmos. Preencher um formulário é o primeiro passo do visitante em direção a um relacionamento mais próximo com a marca.

Mas nada disso funciona bem dentro do funil de vendas sem uma landing page eficiente e alinhada ao que o anúncio, link patrocinado ou resultado de busca "prometeu" ao potencial cliente. A LP é a porta de entrada para converter visitantes em leads. Ao contrário de outras páginas de um site, a landing page tem um único objetivo: gerar uma conversão, seja uma venda, cadastro ou solicitação de contato. Para ser eficaz, a **LP deve estar alinhada com o anúncio ou link que trouxe o visitante até ali,** garantindo uma experiência consistente e fluida. Quando a mensagem da landing page reflete exatamente o que foi prometido no anúncio, a confiança do visitante aumenta, tornando a conversão mais provável.

Para maximizar seus resultados, uma landing page precisa ter uma mensagem principal clara e direta, focando não apenas nas características do produto ou serviço, mas também em seus benefícios para o usuário. A call to action, que é o convite para o próximo passo — como "Assine agora", "Baixe o e-book", ou "Solicite uma demonstração" —, deve ser visível e assertiva, guiando o visitante de forma intuitiva para a ação desejada. A simplicidade é a chave: a página deve ser limpa e objetiva, eliminando distrações e facilitando ao máximo a tomada de decisão do visitante. No exemplo abaixo uma ação feita pela Digitalents, ao oferecer um guia com as 100 melhores ferramentas de marketing digital.

Exemplo de LP feita pela Digitalents no Instagram.

LEAD SCORING

Após a captação de leads é muito importante qualificá-los, diferenciando aqueles que têm maior probabilidade de se tornarem clientes. Um lead qualificado demonstra um maior interesse e engajamento, geralmente com base nas interações que teve com a empresa, desde os cliques em e-mails, ou número de downloads de materiais, o tempo gasto em páginas específicas do site ou seu engajamento nas redes sociais. Ferramentas de automação de marketing são fundamentais para a gestão da etapa de qualificação de leads dentro do inbound marketing. Sem elas seria impossível realizar todas as tarefas envolvidas nesta estratégia. Algumas delas com uso de inteligência artificial, podem ser grandes aliadas na qualificação de leads, otimizando o processo e aumentando a eficiência da equipe de marketing e vendas. Como vimos anteriormente, a IA é capaz de analisar grandes volumes de dados em tempo real e identificar padrões de comportamento dos leads. Com base nessas informações, a IA pode atribuir uma pontuação aos leads (lead scoring), classificando-os automaticamente de acordo com o nível de interesse e a probabilidade de conversão, numa escala que geralmente vai de A a F.

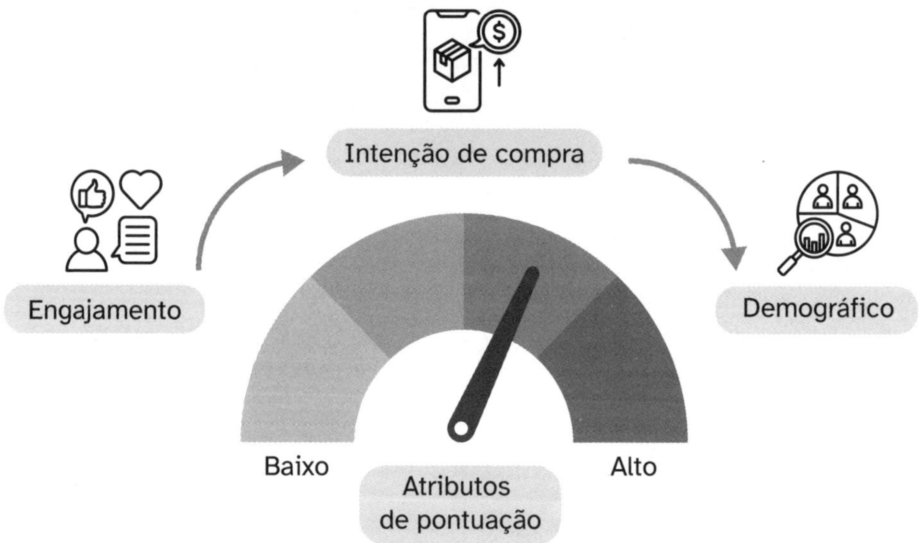

Esquema ilustrativo sobre lead scoring.

Por exemplo, uma plataforma de IA pode monitorar se um lead abriu e-mails promocionais, interagiu com postagens nas mídias sociais, ou assistiu a webinars oferecidos pela empresa. Se o lead demonstrar um engajamento elevado, a ferramenta pode sinalizá-lo como altamente qualificado e prontamente repassá-lo à equipe de vendas. Além disso, devemos qualificar também o lead de acordo com a sua adequação ao perfil de clientes desejados pela empresa, ou o ICP (Ideal Client Profile). Por exemplo: ter tal idade, xxx salário e morar na região y.

Com esse recurso, é possível identificar quando um lead está pronto para ser abordado pela equipe de vendas, otimizando o tempo e os esforços da empresa. Há diversas plataformas usando tecnologias de machine learning para ajustar as pontuações e prever o comportamento dos leads. Ferramentas de IA também podem personalizar a régua de relacionamento, ajustando automaticamente o tipo de conteúdo enviado a cada lead, garantindo que as interações sejam sempre relevantes ao estágio de sua jornada de compra.

Essas tecnologias ajudam a reduzir o trabalho manual, pois permite que apenas os leads com maior potencial (ou mais "quentes") sejam encaminhados para as equipes de vendas, permitindo que estas equipes foquem em leads que realmente têm potencial para fechar uma compra. Ao qualificar leads com mais precisão, a IA melhora as taxas de conversão e otimiza o uso dos recursos da empresa, economizando tempo e esforço.

Pontuação de Leads

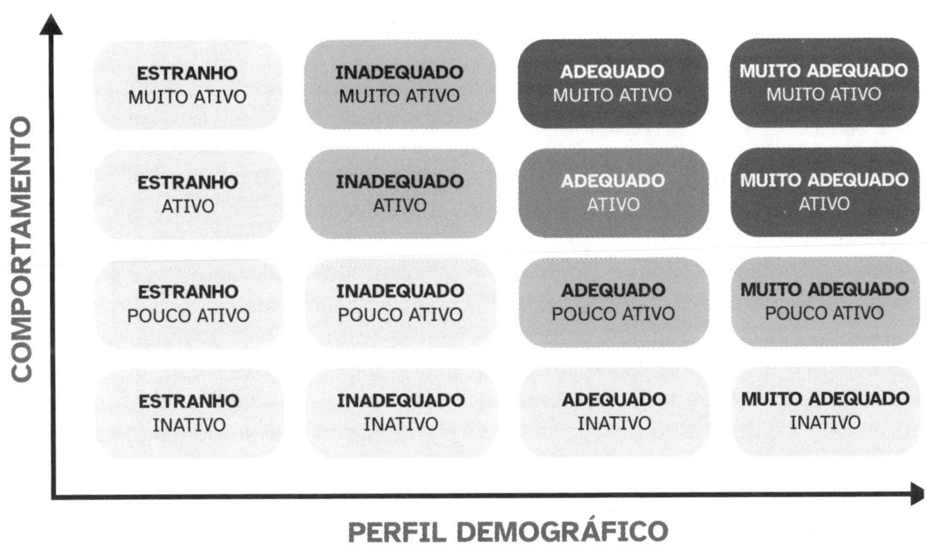

Fonte: *InvestGlass – exemplo de lead scoring*

Quando o lead qualificado chega ao estágio final do funil de vendas, ele já demonstrou um interesse significativo, seja por meio de interações com conteúdos, respostas a e-mails ou pedidos de informações adicionais. Um exemplo prático seria uma empresa de software que, após oferecer uma série de webinars e conteúdos educativos, identifica um grupo de leads que demonstrou maior interesse ao baixar uma planilha gratuita ou participar de uma demonstração. A equipe comercial, então, inicia uma conversa personalizada, focando como o software pode atender especificamente às necessidades desse lead.

Nessa fase, entram em cena estratégias como o **tripwire**, que consiste em uma oferta de baixo custo, criada para incentivar uma primeira compra. Por exemplo, um curso online completo pode ser oferecido por um preço promocional apenas para aqueles leads que interagiram de forma consistente com o conteúdo da empresa. Essa oferta inicial quebra a barreira da inércia e facilita o primeiro passo para a conversão. Após o tripwire, a **core offer**, ou oferta principal, é apresentada, sendo o produto ou serviço central da empresa. Para uma consultoria de marketing, por exemplo, o tripwire poderia ser um diagnóstico básico por um valor acessível, enquanto a oferta principal seria um plano completo de estratégia digital.

Adicionalmente, a equipe comercial pode reforçar a decisão de compra com ferramentas como estudos de caso, que mostram como outros clientes obtiveram sucesso utilizando os mesmos produtos ou serviços. Consultas gratuitas e provas sociais (como depoimentos de clientes) também são recursos poderosos nessa fase. Tudo isso cria um ambiente de confiança, onde o lead sente que está fazendo uma boa escolha, sem pressão. Com essa abordagem mais direcionada e baseada em dados, o lead se sente seguro para tomar sua decisão final e se transformar em um cliente satisfeito.

O PODER DO E-MAIL MARKETING

Para a etapa de nutrição de leads, uma das ferramentas bastante utilizadas é o e-mail marketing, que é um dos formatos mais tradicionais no marketing digital, e ainda extremamente relevante. Mesmo em meio à evolução de diversas outras ferramentas de comunicação, o e-mail continua sendo uma peça chave em campanhas digitais. Segundo o *Email Marketing Study*, realizado pela Experian Marketing Services, a maioria das empresas ao redor do mundo ainda utilizam o e-mail como meio de divulgação de seus produtos e serviços. No entanto, muitas não têm aproveitado todo o potencial dessa ferramenta, falhando em oferecer opções de conteúdo de acordo com a segmentação, como mensagens que os clientes preferem receber. O mais preocupante é que uma grande parte dessas empresas não personaliza suas mensagens, ignorando uma das práticas mais importantes no marketing digital atual.

Estudos recentes da Mailchimp, uma das maiores plataformas de e-mail marketing, indicam que campanhas de e-mail segmentadas possuem uma taxa de abertura 14,32% maior em comparação às campanhas genéricas. Isso reforça a importância da personalização e segmentação no envio de e-mails, já que essa prática torna a comunicação mais relevante para os destinatários, aumentando as chances de engajamento. Para contextualizar, estima-se que sejam enviados mais de 200 milhões de e-mails por minuto, e segundo a Microsoft, o Outlook. com bloqueia cerca de 10 milhões de mensagens de spam por minuto, ou seja, mais de 14 bilhões de e-mails indesejados por dia.

Dada sua relevância, é fundamental que o envio de e-mails seja realizado por ferramentas especializadas, principalmente para comunicar-se com clientes atuais, potenciais clientes, fornecedores e parceiros. A agilidade do e-mail marketing, tanto no envio quanto na resposta, somada à facilidade de mensurar resultados, como taxas de abertura, cliques e conversões, faz dele uma ferramenta poderosa. Através de métricas, é possível entender quantas pessoas interagiram com a mensagem, visitaram o site ou realizaram uma compra, e também identificar quem optou por não receber mais comunicações (opt-out). Essa análise permite ajustes contínuos para aumentar a eficácia da campanha.

No entanto, para combater a má fama das abordagens indesejadas via spam, é preciso adotar boas práticas para que o e-mail marketing atinja seus objetivos. A principal delas é garantir que os e-mails sejam enviados apenas para destinatários que consentiram em recebê-los, aderindo ao conceito de marketing de permissão, popularizado por Seth Godin em seu livro *Permission Marketing: Turning Strangers into Friends, and Friends into Customers*, também chamado opt-in, processo em que as pessoas aceitam receber as mensagens em suas caixas de e-mail e, portanto, estão mais receptivas ao que a empresa deseja comunicar. Essa comunicação pode ser o lançamento de um novo produto ou serviço, uma promoção especial (o que é um dos principais usos), a inauguração de uma nova loja física ou virtual, entre outras. Além disso, em todo envio de mensagens, o remetente deve inserir uma opção de opt-out, em que o destinatário pode comunicar que não deseja mais receber aquele tipo de mensagem.

Quando o destinatário dá seu consentimento (opt-in), a mensagem não é vista como invasiva, mas como um conteúdo desejado, o que aumenta significativamente as chances de conversão. Ao contrário, enviar e-mails sem essa permissão pode resultar em má reputação para a empresa e barragens automáticas pelos filtros de spam.

O e-mail marketing é mais eficaz quando usado para nutrir um relacionamento contínuo com diversos públicos. Empresas podem utilizá-lo para enviar newsletters, uma maneira criativa e não invasiva de serem lembradas por seus clientes e mantê-los atualizados sobre novidades, ou para ações mais diretas, como promoções exclusivas, convites para pesquisas, e ofertas especiais para compras online. Além disso, ele pode ser empregado em campanhas colaborativas com empresas parceiras, fortalecendo a marca e gerando valor em múltiplos pontos de contato.

ALGUMAS DICAS DE BOAS PRÁTICAS PARA USO DO E-MAIL MARKETING

Observando as melhores práticas de empresas que utilizam adequadamente o e-mail marketing e obtêm resultados, selecionei algumas dicas que fazem a diferença no sucesso da sua estratégia:

- Crie uma área no seu site para estimular os visitantes a cadastrar seus dados e endereços de e-mail.
- Faça campanhas de captação de leads, atraindo, através do seu conteúdo e estimulando os visitantes a fornecerem seus endereços de e-mail, como Inbound Marketing exposto acima.
- Construa um mailing contendo os dados dos seus clientes, visitantes do site e parceiros de negócios.
- Invista em um software para envio automático de e-mail ou de automação de marketing. Essa é uma prática importante e altamente recomendável, especialmente visando o crescimento da base de dados. Com esse recurso é possível enviar milhares de e-mails com rapidez e eficiência, além de fazer a manutenção das informações sem dificuldade, incluindo as atualizações e exclusões automáticas de assinantes da lista.
- Envie apenas informações que sejam úteis para o destinatário e que de alguma forma possam gerar retorno para a empresa, mesmo que seja apenas a fixação da marca.
- Faça avaliações periódicas das ações de e-mail marketing e retornos obtidos.
- Esteja aberto à troca com seus clientes e parceiros de negócios (para reclamações, elogios, sugestões e pedidos de informações adicionais).
- Use a criatividade para a criação de mensagens atraentes e persuasivas, e que estejam integradas a outras ações de comunicação da empresa de forma a potencializar os resultados.
- Integre o e-mail marketing a outros canais digitais (como as redes sociais, por exemplo).

O e-mail marketing também pode ser usado como uma ferramenta de comunicação eficiente com fornecedores e parceiros de negócios — o B2B. É interessante classificar esses parceiros em grupos de afinidade, de acordo com as segmentações definidas pela empresa para que recebam apenas informações de fato pertinentes.

Regulamentação do uso de e-mail marketing

Mesmo sendo um meio eficiente de comunicação com o cliente, muitas empresas ainda utilizam o e-mail marketing de forma inadequada e até mesmo abusiva e invasiva. Apesar das ocorrências terem diminuído nos últimos tempos, aproximadamente dois terços de todo tráfego de e-mails que circula na rede ainda é spam. Não é incomum as pessoas terem suas caixas de correio eletrônico invadidas por grande quantidade de mensagens indesejadas, vindas de emissores que elas desconhecem, ou mesmo que conhecem, mas que não autorizaram, oferecendo produtos e serviços que não lhes interessa e que, em alguns casos, embutem práticas criminosas como o phishing (considerado um crime digital) para tentar capturar dados e informações dos destinatários, principalmente informações bancárias.

Para coibir essas iniciativas e resgatar a credibilidade do e-mail marketing, a ABEMD (Associação Brasileira de Marketing Direto) e mais 13 entidades, entre as quais se incluem a ABRADI (Associação Brasileira das Agências Digitais), ABRANET (Associação Brasileira de Provedores de Acesso), Fecomércio, entre outras, criaram o CAPEM - Código de Autorregulamentação para a Prática de E-mail Marketing.

Esse processo foi iniciado no final dos anos 2000, tendo como objetivo colocar à disposição das empresas uma espécie de guia prático de regras e condutas para o bom uso do e-mail como ferramenta de marketing e, ao mesmo tempo, impedir o avanço de alguns projetos de lei em tramitação no Congresso Nacional e que poderiam culminar na criação de uma legislação inadequada pelo governo. A ideia é estimular a autorregulação do mercado, por meio do envolvimento da comunidade de marketing e do universo digital. O código entrou em vigor no segundo semestre de 2010, e as empresas que não seguissem as determinações sugeridas pelo CAPEM poderiam ser advertidas e até penalizadas.

Os principais tópicos que constam no Código estabelecem que:

1. Todas as bases devem ser opt-in ou soft opt-in, ou seja, os destinatários devem ter solicitado o recebimento das mensagens enviadas ou o remetente deve ter uma relação comercial ou social prévia e comprovável com o destinatário (soft opt-in).
2. O remetente deve ser identificado e apresentar endereço de e-mail válido.
3. Opt-out: o remetente deverá disponibilizar ao destinatário sua política de opt-out e informar o prazo de remoção do seu endereço eletrônico da base de destinatários
4. As mensagens de e-mail marketing devem conter, obrigatoriamente, um link para opt-out automático e uma segunda alternativa que não seja um link (exemplo: um número de telefone, endereço informado de e-mail ou site sem link, SMS, ou qualquer outro meio amplamente disseminado).

5. Quando houver contrato entre o remetente e o destinatário, as mensagens enviadas exclusivamente com finalidade de assegurar a execução contratual e pós-contratual referentes àquele contrato (exemplos: boleto bancário, avisos e extratos) estão dispensadas de conter o recurso de opt-out.

6. O remetente somente poderá enviar mensagens de e-mail marketing por endereço vinculado ao seu domínio próprio, por exemplo, remetente@exemplo.com.br. É vedada a utilização de domínio de terceiros não pertencentes ao mesmo grupo econômico do remetente ou de parceiros.

7. É imprescindível divulgar no site da empresa a "Política de Privacidade e de uso de Dados" adotada com clientes e usuários. Isso é importante para que os destinatários da mensagem saibam como e em que situações a empresa utilizará suas informações pessoais ou corporativas.

8. O envio de mensagens só pode ser feito para bases opt-in ou soft opt-in. Porém, é permitido que uma empresa realize uma ação para algum parceiro comercial enviando e-mail para sua própria base de destinatário, desde que observadas as condições seguintes: a base deve ter opt-in expresso e que autorize o envio de e-mails de conteúdo de terceiros; o e-mail de remetente deverá ser aquele por meio do qual a pessoa física ou jurídica que detém o relacionamento com a base de destinatários pode ser contatada pelo destinatário; além dos recursos de opt-out-padrão, a mensagem deverá conter mais duas opções de descadastro: uma para descadastro de mensagens daquele parceiro comercial do remetente, e outra para mensagens de todo e qualquer parceiro comercial do remetente; o endereço de remetente deve ser válido e utilizar nome de domínio próprio do responsável pela base de destinatários.

9. Entre as várias disposições técnicas previstas no código, destaca-se a configuração de SPF (Sender Policy Framework). Trata-se de uma configuração no servidor de domínio que informa quais IPs (Internet Protocol – ou endereços) estão aptos a enviar e-mail em nome desse domínio.

Mais detalhes sobre o código podem ser obtidos através do site:
https://abemd.org.br/regulamentacao/capem/

AUTOMAÇÃO DE MARKETING

A automação de marketing tem transformado a maneira como as empresas interagem com seus clientes em potencial. Ao combinar tecnologia com estratégias de marketing, ela permite escalar processos de forma eficiente, sem comprometer a personalização. Uma das grandes vantagens dessa abordagem é a capacidade de atingir uma vasta audiência enquanto conseguimos manter uma comunicação personalizada e relevante para cada lead, criando uma jornada mais fluida dentro do funil de vendas.

Quem é mais "experimentado" na área de marketing digital certamente vai se recordar de diversas tarefas que exigiam um grande esforço manual, como o disparo de e-mails, agendamento de postagens em redes sociais e até a implementação de chatbots para atendimento — sem contar a análise de informações sobre abertura de e-mail, cliques etc. Com a automação de marketing, isso tudo mudou. Ferramentas como HubSpot, RD Station e ActiveCampaign permitem automatizar esses processos, criando fluxos de trabalho que respondem a interações específicas dos usuários. Um exemplo é quando um visitante se cadastra em uma página de captura; automaticamente, ele é inserido em um fluxo de nutrição, onde receberá conteúdos adaptados à sua fase da jornada de compra, como exposto acima.

Indo além do e-mail marketing, a automação se expandiu para outras áreas, incluindo a personalização de anúncios e a interação em tempo real com os consumidores. Chatbots alimentados por IA, como aqueles oferecidos no mercado atual por soluções como Drift, Blip e Intercom, automatizam conversas com clientes, capturando leads e resolvendo dúvidas de forma eficiente. Esses assistentes virtuais podem trabalhar 24 horas por dia, permitindo que as equipes de marketing foquem em estratégias mais complexas e personalizadas.

Com a IA, é possível realizar a segmentação de público de forma muito mais sofisticada, analisando comportamentos e preferências em tempo real. Ferramentas como o HubSpot e o Salesforce Pardot usam IA para prever ações de leads, sugerir os melhores momentos para abordá-los e até personalizar o conteúdo com base em dados preditivos. Se um cliente visualiza determinados produtos sem finalizar a compra, a IA analisa essa ação e automaticamente ajusta o conteúdo do próximo e-mail, oferecendo descontos ou sugestões relacionadas a esses produtos específicos. A IA identifica o melhor horário para enviar esse e-mail, com base nos hábitos de leitura anteriores do cliente, e ajusta o orçamento das campanhas publicitárias conforme os resultados em tempo real, maximizando a conversão sem intervenção manual.

A IA também facilita a otimização contínua de campanhas, automatizando testes A/B e ajustando variáveis como público, texto e orçamento com base em resultados anteriores. Num e-commerce, por exemplo, a empresa pode configurar testes A/B automatizados para testar diferentes versões do e-mail enviado ao cliente. A IA pode variar o assunto do e-mail, o layout, ou até o tipo de desconto oferecido — por exemplo, 10% de desconto versus frete grátis — e enviá-los para segmentos da base de clientes. Com base nos resultados em tempo real, como a taxa de abertura e de cliques, a IA identifica a versão mais eficaz e, automaticamente, implementa a campanha vencedora para o restante da base.

No Brasil, ferramentas como o RD Station Marketing se consolidaram como líderes em automação. Desenvolvida pela Resultados Digitais, essa plataforma oferece funcionalidades tradicionais, como disparo de e-mails e lead scoring, e também integra-se a um CRM próprio, otimizando a gestão de contatos. A plataforma também permite a criação de landing pages e campanhas otimizadas para SEO, o que amplia as possibilidades de automação em diferentes etapas do funil de marketing. Há também empresas que focam na automação de prospecção de vendas B2B, um diferencial importante para empresas que buscam escalar seus esforços comerciais.

Outro aspecto da automação de marketing, também fortemente baseado em IA, é a análise de dados. As ferramentas modernas geram relatórios detalhados sobre a performance das campanhas e o comportamento dos leads, permitindo ajustes contínuos. Ferramentas como GetResponse e Sendinblue oferecem dashboards intuitivos, onde é possível acompanhar as taxas de conversão, identificar gargalos no funil e otimizar a jornada de compra. A integração desses relatórios com plataformas de CRM, como HubSpot e Keap, garante que as equipes de marketing e vendas estejam sempre alinhadas, potencializando os resultados.

Curiosidade

Uma pesquisa realizada pela Litmus, empresa de tecnologia especializada em e-mail analytics, e que se baseou no rastreamento de mais de 4 milhões de e-mails, mostrou que 51,1% das pessoas que recebem uma mensagem de e-mail marketing levam em média dois segundos para lê-la antes de apagá-la; 77% das pessoas leem a mensagem completamente; e 0,63% das mensagens de e-mail marketing enviadas é encaminhada para outras pessoas, sendo que em ações que estimulam o marketing viral (saiba mais a seguir) esse percentual pode chegar a até 9% da base.

PODCAST

Neste episódio o tema é Inbound Marketing e funil de vendas, com o grande Rafael Rez, especialista em Growth e fundador da Web Estratégica. Sandra Turchi contribui com sua expertise para tornar a conversa ainda mais rica.

Rafael Rez - Inbound, captação de leads e funil de marketing

CAPÍTULO 7

MOBILE MARKETING, MARKETING CONVERSACIONAL, GAMES E OUTRAS ESTRATÉGIAS

NESTE CAPÍTULO, VOCÊ VAI:

- *Saber como o marketing digital ganha espaço com o crescimento da utilização do mobile, de apps e superapps.*
- *Conhecer detalhes sobre marketing conversacional.*
- *Entender as possibilidades de marketing dentro de games.*
- *Rever estratégias como marketing viral e outras.*

MOBILE MARKETING E SUAS TENDÊNCIAS

A cada dia, o celular está mais presente na vida das pessoas, principalmente das chamadas gerações Y e Z, que utilizam o aparelho o tempo todo, seja para filmar, fotografar, enviar fotos, jogar, ouvir música, transferir dados, enviar mensagens instantâneas e uma série de outras tarefas, até mesmo para falar — mas isso em último caso! Nesse cenário de smartphones onipresentes, ganha espaço o mobile marketing, afinal, segundo o Google, nós olhamos para tela dos smartphones 183 vezes por dia!

Como o próprio nome diz, mobile marketing é aquela estratégia de marketing que utiliza o celular como veículo ou mídia para divulgação de produtos ou serviços, atividades de relacionamento com clientes ou prospects. Em linhas gerais, é a canalização de estratégias e campanhas de marketing e comunicação para a palma da mão. O mobile marketing é, sem dúvida, o melhor caminho para se operacionalizar o marketing de forma superpersonalizada. Afinal, é rápido, seletivo e com alta capacidade de segmentação.

As perspectivas são bastante animadoras quanto ao mobile marketing, uma vez que os profissionais da área de todo o mundo planejam aumentar os investimentos em publicidade e marketing nas mídias sociais, anúncios em vídeo de curta duração, conteúdo interativo e em aplicativos para mobile e e-mail marketing, em um esforço para criar jornadas cada vez mais relevantes para o consumidor. Será o canal de comunicação que mais levará os investimentos em mídia digital nos próximos anos.

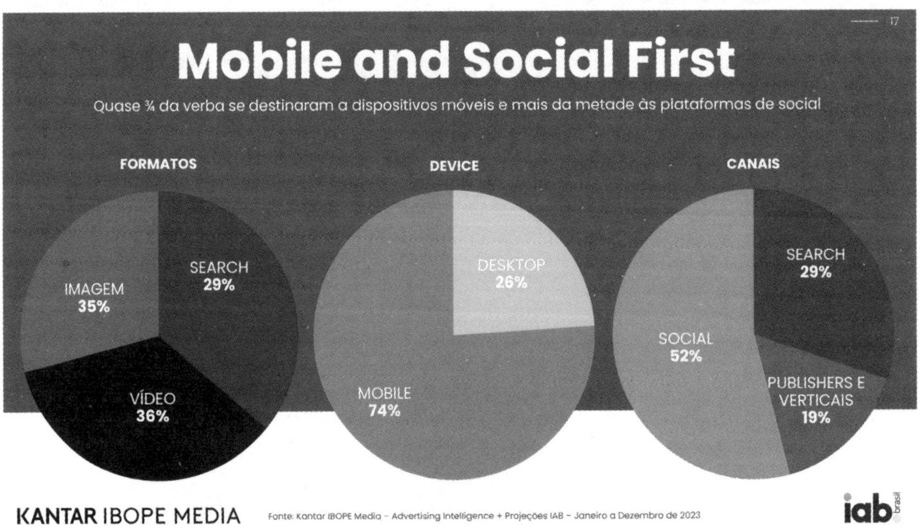

Distribuição investimento em publicidade de acordo com formatos, devices e canais.

Os dispositivos móveis também passaram a ser responsáveis pela maioria do tráfego de pesquisa orgânica no Google, e as recentes adaptações do algoritmo do Google continuam priorizando a experiência móvel. Além disso, a maior parte das visitas a plataformas de mídia social se dá a partir de dispositivos móveis, com destaque para o aumento de interações por assistentes de voz, como Siri e Google Assistant. Anúncios por geolocalização em dispositivos móveis continuam enfrentando desafios, especialmente em relação ao acesso a dados precisos de localização, que têm sido limitados por regulamentações de privacidade.

A geolocalização possui diferentes funcionalidades que podem ser divididas em três categorias principais: geomarketing, geobehavior e geoprocessamento.

No geomarketing, a localização é utilizada para filtrar propriedades com base em suas localizações, analisar tendências de mercado, direcionar anúncios e oferecer tours virtuais no mercado imobiliário, por exemplo. Já o geobehavior utiliza a localização para determinar preferências dos consumidores e criar campanhas segmentadas no marketing. E o geoprocessamento utiliza a localização para otimizar a logística de visitas a imóveis e melhorar a qualidade de produtos e serviços em diversas áreas, como marketing, recursos humanos e logística.

No marketing, em especial, a aplicação da geolocalização é uma estratégia eficaz para alcançar os consumidores de forma mais assertiva. Ela permite localizar os clientes em potencial, entender suas preferências e adaptar as campanhas de marketing de acordo com a sua localização geográfica. Com essa abordagem personalizada, a empresa pode direcionar suas ações de marketing de forma mais eficiente, filtrar leads qualificados e aumentar a taxa de conversão.

Segundo o Google, os anúncios segmentados para pessoas próximas ao lugar mencionado na peça tiveram um CTR (taxa de cliques) 45% maior do que aqueles que eram exibidos para pessoas em qualquer lugar da cidade. É importante respeitar a privacidade dos usuários e obter sua permissão antes de utilizar sua localização para qualquer finalidade. Ao autorizar a geolocalização, os aplicativos com permissão podem acessar a localização do smartphone para fornecer informações, serviços ou anúncios com base nela.

Ilustração sobre geolocalização.

No entanto, avanços como publicidade contextual e o uso de beacons (dispositivos bluetooth para marketing de proximidade) estão ampliando as possibilidades nesse campo. A expansão do uso de smartwatches, especialmente os da Apple, combinada com o aumento do m-commerce (mobile commerce ou comércio móvel) e a popularização de métodos de pagamento como o Apple Pay, também traz novas oportunidades para o marketing mobile, embora a publicidade baseada em localização nesses dispositivos ainda tenha um caminho a percorrer.

Exemplos de smartwatches do mercado.

Profissionais de marketing já estão usando gatilhos de localização orientados a objetivos, com base em tecnologias como GPS, NFC (Near Field Communication, ou "Comunicação de Campo Próximo") e na Internet das Coisas para aumentar a relevância dos anúncios em tempo real, de acordo com um estudo realizado por Rebecca Leib, do Altimeter Group.

No Brasil, a participação do mobile marketing ainda é menor se comparada aos Estados Unidos, mas o cenário está mudando rapidamente, com maior uso de plataformas como WhatsApp Business e TikTok Ads. As agências e os profissionais da área ainda optam por ações tradicionais, em parte devido às preocupações com privacidade e o custo elevado de algumas campanhas. A grande quantidade de linhas pré-pagas no Brasil (em torno de 40% em 2024) também segue sendo um desafio, mas as novas regulamentações de privacidade, como a LGPD (Lei Geral de Proteção de Dados), estão moldando novas abordagens para campanhas mais segmentadas e eficazes.

Um estudo feito pelo Ibope Media comprovou que a maioria dos brasileiros aceita esse tipo de uso publicitário, principalmente porque lhes é oferecida a opção de receber ou não aquela informação, ou seja, não é invasiva. E, ainda, o mobile marketing está alinhado com a velocidade, liberdade, consumo, individualidade e tecnologia que os jovens da geração Y e Z querem, exigem e buscam.

Outro estudo, realizado pela Nielsen em dez países sobre os consumidores móveis, chamado "Consumidor Móvel: um instantâneo global", demonstrou que:

- os anúncios devem conter informações geográficas relevantes com base em onde eles estão no momento (geolocalização);
- a preferência é pelos anúncios que não tiram o usuário do aplicativo para finalizar algum processo;
- as pessoas são mais propensas a clicar em anúncios com textos simples e em anúncios que incorporam elementos multimídia.

O mesmo estudo da Nielsen mostrou que os usuários de smartphones brasileiros preferem usar seus dispositivos com aplicativos de jogos, e praticamente todos utilizam mídias sociais no celular. As redes mais utilizadas são Instagram, TikTok, Facebook, WhatsApp e YouTube.

Importante observar que a renovação do parque de aparelhos ocorre de forma veloz: o ciclo de renovação de smartphones geralmente ocorre entre dois e três anos, conforme dados globais. Os números sobre aparelhos celulares (e uso de internet móvel) no Brasil são interessantes (por volta de 258 milhões de aparelhos em 2024), pois superam, inclusive, o número de habitantes do país (em torno de 214 milhões), o que leva a algo próximo a 1,2 aparelho por habitante. No entanto, percebe-se que ainda há um grande caminho a ser percorrido no que tange ao uso desses dispositivos para a publicidade. Enquanto mercados mais desenvolvidos já possuem parcelas significativas de seus investimentos com propaganda em mídias digitais, no Brasil esse número ainda é pequeno.

Quanto mais apps, mais anúncios. Em 2023, os quase dois milhões de aplicativos instalados nos dispositivos móveis dos brasileiros impulsionaram as marcas a investir cerca de US$460 milhões em anúncios mobile. Em 2024 estima-se que o investimento seja de quase US$760 milhões conforme apontam dados divulgados no relatório State of App Marketing Brasil, da Appsflyer. Aproximadamente 75% deste investimento é destinado ao sistema Android, embora a retenção nos dispositivos Apple seja um pouco maior, assim como o Share of Paying.

Os últimos lançamentos do mercado de smartphones e sua rápida aceitação significa que quase todos os aparelhos móveis tidos como top de linha terão telas grandes. Uma abundância de smartphones que já vêm prontos para o consumo de mídia, somada às conexões wireless cada vez mais rápidas, mostra que a publicidade mobile vai continuar crescendo rapidamente nos próximos anos. Esse crescimento virá à custa de anúncios em rich media (conteúdo digital interativo e dinâmico, como aplicativos, áudio, imagens e vídeos).

A publicidade em vídeo é bem recebida por empresas, consumidores e veículos. Isso permite que os grandes anunciantes estendam o alcance de suas compras em mídia de televisão e forneçam experiências muito pessoais aos consumidores através de smartphones e tablets. Com base no crescimento do uso de anúncios mobile em vídeo, a projeção é que esse tipo de publicidade para dispositivos móveis continue a crescer.

Um outro detalhe curioso no Brasil diz respeito ao layout mobile para sites, aqueles adaptados para uma abertura adequada via celular. A empresa pode criar um site específico para isso ou, então, desenvolver o chamado site responsivo, que se adapta a cada tipo de tela automaticamente. O que é importante ressaltar, independentemente do modelo que venha a ser adotado, é que a empresa se preocupe e invista nisso, pois a experiência de abertura de um site no celular que não foi pensado para essa plataforma pode ser péssima para o cliente e a empresa pode perdê-lo já nesse primeiro contato. Com a explosão na quantidade de linhas no País e com a navegação sendo maior por celular do que por PC há mais de dez anos no Brasil (segundo a Pesquisa TIC Domicílios em 2024, 60% dos acesso é exclusivamente feita por celulares), é estranho perceber que ainda hoje existam empresas sem um site mobile.

O MUNDO DOS APPS E SUPERAPPS

Os aparelhos móveis facilitam a conexão entre mundo real e virtual. E os exemplos disso no mercado publicitário brasileiro são inúmeros. Deve-se destacar ainda a importância do desenvolvimento de aplicativos para smartphones, área que está crescendo de forma considerável. Enquanto o lançamento de aplicativos só cresce no Brasil, um dos grandes consumidores de apps do mundo, as marcas tentam pegar carona como podem com a inserção de mensagens publicitárias em aplicativos próprios ou em apps consagrados do mercado e que aceitam propagandas. Além disso, há o crescente uso do WhatsApp para ações publicitárias das marcas, assim como vendas diretas, principalmente no período da pandemia e pós-pandemia. O uso do WhatsApp como um local para vendas diretas, inclusive com métodos de pagamento no próprio ambiente, é parte do fenômeno dos superapps, que vêm ganhando relevância como plataformas multifuncionais que oferecem uma amplitude de serviços em um único aplicativo. Inspirados pelo sucesso de aplicativos como WeChat na China (maior super app do mundo, com mais de um bilhão de usuários e por onde ocorrem mais de 90% das transações daquele país), esses "superaplicativos" estão se tornando populares ao integrar serviços como delivery de comida, games, relacionamentos, pagamentos, transporte, e-commerce e até mesmo banking. Eles estão transformando a maneira como os consumidores interagem com marcas e serviços, oferecendo conveniência e uma experiência de usuário unificada.

Os superapps no Brasil, como iFood, WhatsApp, Rappi, Uber, Magalu, Banco Inter e Mercado Pago, vêm ampliando suas funcionalidades para se tornarem hubs de serviços. Isso permite que as marcas atinjam os consumidores em diferentes etapas de sua jornada, desde a descoberta até a conversão. Por exemplo, em vez de simplesmente promover a entrega de refeições, esses aplicativos podem oferecer promoções de lojas parceiras, programas de fidelidade ou cashback, tudo em um só lugar. Para as marcas, isso significa oportunidades de marketing integrado, com anúncios segmentados baseados no comportamento de compra e uso do app.

SUPER APPs no Brasil

Exemplos de superapps no Brasil.

Os superapps também oferecem um ambiente propício para campanhas de marketing digital focadas em dados, aproveitando o volume de informações coletadas sobre os usuários. Isso permite a personalização das campanhas e maior precisão na segmentação, atingindo o público certo com ofertas relevantes no momento certo. Promovendo produtos ou serviços dentro de um super app, as empresas podem capturar a atenção dos consumidores em múltiplos contextos, aumentando a chance de engajamento e conversão.

Para as empresas que planejam a criação de um app para reunir suas funcionalidades, o grande problema é que há um grande risco de eles virarem os novos hotsites das empresas, ou seja, serem criados como parte de uma campanha, de uma promoção ou de algo que tenha data para acabar, em vez de serem um ponto onde os consumidores possam se apoiar e aonde sempre possam voltar. O maior desafio para as marcas é oferecer algo tão relevante que seu aplicativo esteja na tela inicial e seja lembrado. É o que se passou a chamar share of hardware. São poucas as marcas que emplacaram apps usados com tanta frequência. A grande maioria dos sucessos é de empresas digitais nativas, como TikTok, WhatsApp, Netflix, Twitter, Kindle, Facebook, Waze, Instagram, Uber, iFood, Tripadvisor, entre outras. Mas também existem bons exemplos de marcas tradicionais que criaram aplicativos, como, por exemplo, Banco Inter, Magalu, Mercado Livre, Nike+, Starbucks, entre outros.

Os aplicativos têm vida longa, principalmente devido à popularização dos smartphones e por oferecer melhor experiência e recursos para os usuários depois de instalados. Atualmente, 98% dos brasileiros com smartphones afirmam ter baixado aplicativos, segundo a pesquisa da Mobile Time/Opinion Box.

Proporção de presença na homescreen sobre a base brasileira de smartphones

TOTAL: 1.565 APPS CITADOS

Pergunta: Liste quais apps que você baixou aparecem na tela principal do seu smartphone hoje. Considere como tela principal aquela que aparece logo depois de ligar o smartphone. Pode citar até 20 nomes de aplicativos.

Base: 2.033 brasileiros com smartphone e que já baixaram um app. OBS.: Foram incluídos no radar os apps presentes na home screen de pelo menos 2% dos smartphones nacionais.

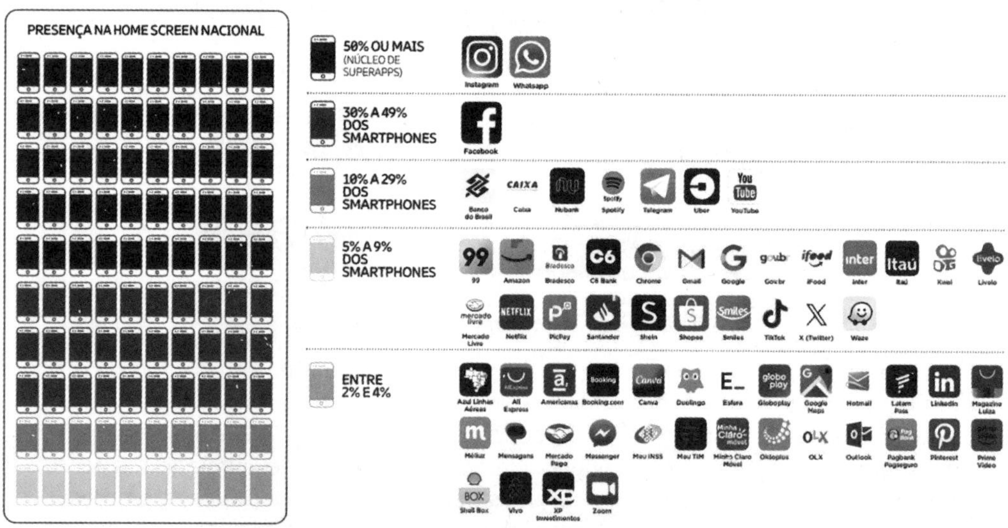

Panorama sobre o uso de Apps no Brasil – 2024.

Fonte: *Pesquisa Mobile Time/OpinionBox.*

No quadro anterior, podemos perceber que a Meta reina absoluta nas primeiras posições em preferência popular quando o assunto é o uso de apps que ficam grudadinhos nas telas, com Instagram, WhatsApp (sempre ocupou a 1ª posição desde que foi lançado) e Facebook ocupando as primeiras posições. Logo na sequência, surgem apps de bancos, transporte, entretenimento e comunicação.

Nos últimos anos, houve uma queda no número de pessoas que jogam pelo celular, que hoje é de 41% dos brasileiros, sendo que na pandemia esse número chegou a 66%. Hoje em dia, 64% dos brasileiros assinam algum serviço pago de streaming, seja de vídeo ou música, sendo Netflix e Spotify os líderes. Cresceu também o número de pessoas que ouvem podcasts, com 51% e do volume de apostas esportivas online, com 17% dos brasileiros afirmando que fizeram pelo menos uma aposta online em 12 meses (sendo que a maioria afirma que perdeu dinheiro).

Veja a íntegra da pesquisa aqui:

Entre os aplicativos mais baixados em 2024 no Brasil há algumas surpresas como Gov.br (devido ao programa do governo Desenrola Brasil), e-Titulo, Meu SUS Digital, Threads (impulsionado pelo bloqueio do X), além dos já previsíveis: Instagram, TikTok, Mercado Livre, Shopee, Nubank, WhatsApp, Kwai, Capcut, Roblox, Temu, segundo os sites oLivre.com.br e TudoCelular.com.

Isso tudo fora os diversos aplicativos de IA que atraíram atenção, como:

- **ChatGPT** — Melhor chatbot de IA para responder perguntas.
- **Microsoft Copilot** (anteriormente Bing Chat) — Melhor assistente Microsoft para Microsoft Edge.
- **FaceApp** — Melhor aplicativo de IA para editar fotos e selfies.
- **Lensa** — Melhor ferramenta de IA para gerar edições artísticas.
- **Google Assistant** — Melhor assistente virtual para buscas na Internet.
- **StarryAI** — Melhor gerador de imagens de IA gratuito baseado em prompts de texto.
- **Socratic** — Melhor aplicativo de aprendizado gratuito para estudantes.
- **Cleo** — Melhor chatbot para assistência em orçamento.
- **Read AI** — Melhor ferramenta de IA para resumos e transcrições geradas.
- **Gemini** — Outra boa escolha de aplicativo de IA para celular é o Gemini, o assistente virtual da Google.

- **Poe** — É uma plataforma que integra diversos modelos de IA em um único ambiente.
- **Wonder** — é um aplicativo que permite criar imagens diretamente a partir de texto.
- **Socratic** — uma ótima escolha de aplicativo com IA para ajudar no aprendizado.
- **Photoleap** — é um app de IA para edição de fotos.
- **Dolby On** — é um aplicativo de gravação de áudio e vídeo que automatiza o processo de melhoria de qualidade.

Para quem está nesse mercado, a dica é criar um aplicativo que preste um serviço, seja útil para a vida das pessoas e que não morra com o fim de uma campanha. Outra reflexão é que os aplicativos das marcas precisam atender a uma real necessidade, ou seja, manter uma relação constante, fazendo o consumidor voltar ao aplicativo o máximo de vezes possível e se relacionar com a marca, como o aplicativo Nike Run Club, por exemplo, que faz sucesso há muitos anos e é um dos mais usados pelos amantes de corrida. O app fornece um feedback sobre performance ao longo do exercício (corrida, caminhada, bicicleta etc.) e permite ainda se comparar com o desempenho de outras pessoas. Ou seja, você adiciona contatos à sua conta e o app informa o total de quilômetros percorridos por você e pelos seus amigos, o que pode funcionar como um fator motivacional importante.

Existem algumas barreiras a serem consideradas na hora de criar um aplicativo para uma marca. A primeira é que a pessoa precisa instalar o app no seu device (ou aparelho). Isso requer uma estratégia de ativação direcionada para essa tarefa. A segunda barreira é contemplar as diversas plataformas (iOS, Android, Windows Phone) e tamanhos de tela diferentes (smartphone, tablet). Finalmente, a terceira barreira é que o aplicativo não acaba depois de instalado e precisa ser periodicamente atualizado para continuar relevante. Para isso, eles precisam ser inseridos em estratégias de longo prazo.

Para o sucesso de campanhas de mobile marketing, é importante o planejamento e gerenciamento das informações obtidas após a autorização dos usuários para entender seus gostos e preferências, o que contribui para vender mais e auxilia na mensuração de resultados. A grande vantagem desse tipo de publicidade é chegar, literalmente, às mãos do consumidor onde ele estiver. Dentro dessa perspectiva, as tendências são a utilização das ferramentas de geolocalização, como os exemplos citados acima, para direcionamento de ofertas de acordo com a região onde o usuário está.

Infelizmente, não há muitos casos de utilização de mobile marketing pelas pequenas e médias empresas. Isso se deve à falta de recursos para investimentos, falta de conhecimento e receio por parte dos donos de pequenos negócios de investir em novas mídias.

SMS, WHATSAPP MARKETING E MARKETING CONVERSACIONAL

O grande desafio das marcas no marketing digital continua sendo criar formas eficazes e rentáveis de utilizar a publicidade em dispositivos móveis, especialmente com o avanço contínuo das tecnologias e a integração da inteligência artificial (IA). Antes da popularização dos smartphones, o SMS era a ferramenta preferencial para campanhas de comunicação corporativa.

Com a evolução da internet móvel e o crescimento do uso dos smartphones, o SMS foi gradualmente substituído por mensageiros instantâneos, com destaque para o WhatsApp, que hoje está presente em 98% dos dispositivos móveis no Brasil. Criado em 2009, o aplicativo inicialmente estava disponível apenas para iPhone e, posteriormente, em 2010, para dispositivos Android. Em 2011, o WhatsApp introduziu os grupos, um dos recursos mais populares, que contribuiu para expandir sua base de usuários. A aquisição pelo Facebook (agora Meta) em 2014, por aproximadamente US$22 bilhões, consolidou ainda mais sua posição como o mensageiro líder mundial, atualmente com mais de 2 bilhões de usuários ativos mensais. Embora a Índia e a Indonésia liderem em número de usuários, o Brasil destaca-se como o país que mais utiliza mensagens de áudio, sendo esse uso quatro vezes maior do que em qualquer outra região.

O SMS, embora tenha perdido popularidade como ferramenta de marketing, ainda possui aplicações específicas, especialmente em comunicações transacionais. Lembretes de consultas médicas, avisos de exames e notificações bancárias continuam sendo comuns via SMS, devido à alta taxa de abertura e à simplicidade. Contudo, quando o contexto é mais comercial, as campanhas de alertas e descontos ainda têm penetração importante. Mesmo assim, há uma clara preferência por métodos de comunicação que proporcionem maior segurança e personalização, com muitos consumidores optando por interagir com empresas por meio de aplicativos próprios ou canais de mensagens que oferecem criptografia de ponta a ponta, como o WhatsApp e o Telegram.

Com o tempo, o mercado testemunhou o surgimento de diversos mensageiros instantâneos que buscavam replicar o sucesso do WhatsApp. Antes da popularização desses aplicativos, o Facebook Messenger era a opção preferida para quem desejava enviar mensagens online sem incorrer em altos custos. A compra do WhatsApp pelo Facebook em 2014 marcou uma virada, com o aplicativo superando o Messenger e outros concorrentes em termos de uso. Esse movimento evidenciou a preferência global por aplicativos de mensagens que oferecem experiências mais integradas e eficientes no ambiente móvel.

A fragmentação dos públicos de interesse levou as marcas a adaptar suas estratégias, utilizando uma abordagem segmentada em plataformas diversas, como o WhatsApp, Instagram Direct, Telegram e Facebook Messenger, para estabelecer uma comunicação mais direta e privativa com os usuários. Esse movimento transformou o marketing de mensagens em uma ferramenta poderosa de conversação e engajamento, especialmente em estratégias de marketing conversacional, onde as interações podem ser personalizadas e automatizadas com o uso de IA, atendendo às expectativas dos consumidores de forma mais rápida e eficiente.

Um exemplo marcante de inovação em campanhas digitais foi a ação "What's Cook?" da Hellmann's. Nesse projeto, a marca usou o WhatsApp para criar uma experiência interativa em tempo real, na qual os usuários se cadastravam para receber dicas de chefs de cozinha sobre como preparar pratos com os ingredientes disponíveis em casa. A ação, realizada próximo aos horários de almoço e jantar, buscava aumentar o engajamento do público ao proporcionar uma solução prática e personalizada, evidenciando como o uso de mensageiros instantâneos pode ser estratégico para ações de branding e fidelização de clientes.

O marketing conversacional vem ganhando espaço como uma abordagem para marcas que buscam criar interações mais próximas e contínuas com seus clientes. Ao integrar ferramentas de comunicação, como redes sociais, WhatsApp e chatbots corporativos, o marketing conversacional permite que as empresas estabeleçam um diálogo direto com os consumidores, captando suas necessidades em tempo real e oferecendo soluções personalizadas. O WhatsApp, pela sua popularidade e acessibilidade, é a principal plataforma de marketing conversacional no Brasil, mantendo-se funcional mesmo sem um plano de dados ativo, o que o torna inclusivo e democrático. Para muitas empresas, ele é um canal indispensável na estratégia de comunicação, amplamente utilizado para atender o público e fortalecer relacionamentos de longo prazo.

Uma estratégia de marketing conversacional eficaz exige mais do que apenas adicionar tecnologia ao processo; é necessário integrá-la com a identidade da marca, o planejamento de mídia e os objetivos comerciais. A inteligência artificial tem uma função central nesse contexto. A IA generativa pode melhorar interações, gerando respostas precisas em chatbots, traduzindo mensagens automaticamente e até mesmo processando documentos e imagens. Um exemplo é a abertura de contas para pessoas jurídicas em bancos, em que o WhatsApp, aliado à IA, possibilita a leitura e verificação de documentos diretamente pelo aplicativo, simplificando processos que seriam mais demorados por e-mail ou telefone.

A utilização de IA no marketing conversacional vai além da geração de respostas em texto. O aprendizado contínuo, baseado nas interações, permite que os sistemas melhorem o atendimento ao longo do tempo, oferecendo soluções mais adequadas. As tendências apontam para um uso expandido de elementos multimodais, como áudios, imagens e vídeos, para enriquecer as estratégias conversacionais. O desafio agora é levar essa abordagem além do consumidor final, explorando novas oportunidades no B2B e na indústria, onde o marketing conversacional pode otimizar a comunicação com parceiros, fornecedores e outros públicos relevantes.

No contexto B2B, o marketing conversacional se apresenta como uma ferramenta estratégica para agilizar negociações, melhorar a gestão de pedidos e fornecer suporte técnico. Por exemplo, plataformas de mensagens como o WhatsApp podem ser utilizadas para facilitar o compartilhamento de informações técnicas ou especificações de produtos com equipes de vendas e distribuidores. Além disso, os chatbots, alimentados por IA, podem realizar a triagem inicial de demandas de clientes empresariais, classificando solicitações por urgência e direcionando-as para as áreas responsáveis. Essa abordagem permite que empresas não apenas aumentem a eficiência dos processos, mas também melhorem a experiência dos parceiros comerciais, proporcionando interações mais dinâmicas e menos burocráticas.

Mobile tagging

Mobile tagging é o processo de ler um QR Code (Quick Response Code) usando a câmera do smartphone. Quase todos os tipos de dados podem ser codificados, é uma tecnologia que oferece enorme potencial. Qualquer pessoa que possua um celular com câmera e acesso à Internet pode ler QR Codes. A possibilidade de armazenar URLs neste código 2D transforma um QR Code impresso em algum lugar em uma ferramenta de conexão para algo online. Ou seja, essas tags são excelentes justamente para isso, unir o online ao offline.

Seu uso demorou um bom tempo para ser amplamente disseminado, mas podemos dizer que esse foi um dos grandes legados deixados pela pandemia do Covid-19, pois de um momento para outro as pessoas passaram a acessar cardápios em restaurantes, por exemplo, via QR Codes, dada a necessidade de redução no contato e no nível de contágio da doença.

Realidade Aumentada (RA) e Realidade Virtual (RV)

A L'Oréal lançou há algum tempo uma campanha baseada em realidade aumentada, na qual as mulheres podiam testar produtos de forma virtual, visualizando como ficariam maquiadas, por exemplo, checando várias cores sem ter que aplicar qualquer item em sua pele, e ainda compartilhar com seus contatos nas redes sociais para obter feedback de amigas. A ação ganhou premiação no Festival de Publicidade de Cannes alguns anos atrás.

Para o lançamento do novo Golf, anos atrás, por exemplo, a Volkswagen criou um QR Code para anúncios em revistas que permitia ao usuário interagir com o carro, trocar sua cor, ver a roda, girar e ainda tirar uma foto junto com o produto. O recurso ainda possibilitava que a foto fosse compartilhada nas redes sociais.

Uma ação que pode ser considerada um clássico no uso dessa estratégia foi feita pela marca de curativos Band-Aid, da Johnson&Johnson, e que foi até premiada no

Festival de Publicidade de Cannes. Com o objetivo de divulgar a linha de curativos e fidelizar o público infantil, bastava apontar a câmera do celular para um código dentro de um desenho sobre o curativo de Band-Aid e, através da leitura desse código, tinha início uma animação estrelada pelos personagens do *Muppet Show*.

A realidade aumentada tem sido usada com frequência em aplicativos de redes sociais, com os filtros, por exemplo, e em jogos como o *Pokémon GO, Ingress, Harry Potter: Wizards Unite, The Walking Dead: Our World, Zombies, Run!, Jurassic World Alive*, entre outros. A tecnologia também é utilizada para fins educacionais e profissionais, em áreas como design de produtos, treinamentos, marketing, engenharia, proporcionando uma experiência interativa do mundo virtual com o real.

A realidade aumentada tem ganhado força no marketing digital, especialmente com o uso em redes sociais e plataformas de e-commerce. Em aplicativos como Instagram, Snapchat e TikTok, filtros de RA proporcionam experiências interativas, permitindo que os usuários testem produtos virtualmente. Por exemplo, marcas de beleza, como Sephora e L'Oréal, lançaram filtros que simulam maquiagem, enquanto marcas de moda, como Gucci, permitem que os usuários experimentem virtualmente acessórios e peças de roupa. Essas interações atraem usuários e mantêm sua atenção, elevando o engajamento e aumentando a probabilidade de conversão.

Além das redes sociais, a RA tem encontrado grande espaço no comércio eletrônico, com funcionalidades de "experimente antes de comprar" (try-before-you-buy). Marcas de móveis como Ikea e Amazon aplicam a RA para que os clientes vejam como determinados produtos ficariam em seus ambientes, oferecendo uma experiência personalizada de pré-compra. Esse tipo de experiência reduz os retornos e aumenta a confiança do consumidor, já que ele pode visualizar o produto no contexto real. Segundo estudos, consumidores que interagem com esses recursos passam até 2,5 vezes mais tempo nos aplicativos e têm maior propensão a finalizar uma compra.

Em termos de tecnologia, a RA avançou significativamente com o uso de smartphones e tablets, dispensando em muitos casos o uso de óculos especializados, algo que já foi tentado sem sucesso por gigantes do setor, como o Google. Graças a soluções como a ARKit da Apple e o ARCore do Google, desenvolvedores agora têm ferramentas para criar aplicativos de RA de alto desempenho, o que permite que usuários experimentem essa tecnologia de forma acessível e com qualidade. Esses frameworks possibilitam a criação de ambientes virtuais ricos que são integrados ao mundo real, como mapas interativos ou visualização de informações sobre objetos ao redor, uma abordagem que aprimora o marketing de proximidade.

A distinção entre realidade aumentada e realidade virtual também é um ponto importante para entender como o marketing pode atuar. A RA integra elementos virtuais ao ambiente real, mantendo o usuário no mundo físico e oferecendo uma experiência mista em tempo real, enquanto a RV transporta o usuário para um ambiente totalmente digital e imersivo. Esse aspecto é relevante para estratégias de marketing, pois permite que a RA seja usada em pontos de venda e experiências interativas, enquanto a realidade virtual geralmente requer uma imersão mais controlada, como em simuladores e treinamentos empresariais.

Empresas buscam agora transformar a RA em uma ponte fluida entre experiências digitais e físicas, em que os usuários podem transitar entre um ambiente e outro sem precisar de uma transição brusca. Isso significa que, no futuro, a RA poderá combinar ainda mais contextos virtuais e reais, ampliando o potencial para redes sociais e e-commerce. Por exemplo, os usuários poderão visitar uma loja virtual que sobrepõe elementos interativos ao ambiente físico, onde informações detalhadas sobre os produtos aparecerão ao redor.

A definição da RA pelo cientista da computação Ronald Azuma permanece como uma referência na literatura, classificando-a como uma tecnologia que combina o ambiente real e elementos virtuais, opera em tempo real e é projetada em três dimensões. Essa estrutura permite uma interação contínua com o usuário e serve como base para aplicativos educacionais e profissionais. No campo da bioengenharia, a RA já auxilia na visualização de modelos complexos, enquanto na engenharia civil é utilizada para projetar estruturas em escala real. No ensino, simulações de física e geologia são facilitadas pela sobreposição de elementos gráficos, permitindo que os alunos visualizem teorias abstratas de forma tangível e dinâmica.

Atualmente, o mercado oferece uma série de aplicativos de RA de uso gratuito, ampliando o alcance e a aplicação dessa tecnologia. Do ponto de vista educacional, aplicativos de RA transformam conteúdos teóricos em experiências práticas, como a projeção de moléculas em 3D para estudos de química, ou ainda, a simulação de fenômenos geológicos diretamente no ambiente ao redor do aluno.

OUTRAS ESTRATÉGIAS: MARKETING VIRAL

O marketing viral pode ser definido, na verdade, como a consequência de estratégias que levam as pessoas a retransmitir mensagens para amigos, conhecidos e demais integrantes das suas redes de contato, principalmente com o uso de WhatsApp e redes sociais. A classificação como viral está relacionada a esse poder de repassar as mensagens com rapidez para grande número de pessoas, ou seja, é similar a uma epidemia. É o maior exemplo de "earned media", ou mídia ganha, também chamada de mídia conquistada.

Há ainda quem o confunda com spam ou como forma de manipulação do público, com o intuito de levá-lo a divulgar mensagens como se fosse uma propaganda, mas sem receber a remuneração para esse trabalho. Nem vírus, nem spam, e muito menos técnica de manipulação, o marketing viral é, na verdade, uma estratégia empregada para tornar algum assunto ou mensagem tão interessante, engraçada ou instigante a ponto de levar as pessoas a, naturalmente, desejarem compartilhar aquilo com seu grupo de relacionamento.

Dentre exemplos de destaque dos últimos anos podemos citar o lançamento do filme *Barbie*, cuja verba de lançamento foi superior ao orçamento de produção do próprio filme, e contou com um teaser publicado um ano antes, além de inúmeras ações articuladas, desde memes, ferramenta geradora de selfies com apoio de IA e com o segundo teaser gerando mais de 18 milhões de engajamentos no YouTube, com envolvimento de diversas celebridades — como a atriz americana Zooey Deschanel, na imagem a seguir:

Ilustração sobre marketing viral da campanha de lançamento do filme Barbie.

Outra marca campeã em viralização de suas campanhas, há mais de 20 anos, é a Dove, com sua temática de "Dove pela Real Beleza", que ganhou inúmeros prêmios com a superemocional "Real Beauty Sketches" há alguns anos, sobre a autocrítica feminina. A campanha demorou apenas uma semana para alcançar a marca de 20 milhões visualizações, um número impressionante para a época.

Recentemente, a Dove lançou nova campanha focada em programas educacionais por meio das mídias sociais com a hashtag #DoveSelfEsteemProject — Projeto Autoestima Dove, cujo objetivo é ajudar 250 milhões de jovens em todo o mundo a se sentirem mais confiantes sobre si mesmos até 2030. As hashtags anteriores da campanha (algumas ainda em uso) incluem: **#ShowUs:** Uma coleção de selfies e UGC de mulheres e usuários não binários; **#NoDigitalDistortion:** Postado abaixo das imagens para provar que a Dove não alterou corpos e pele de forma alguma; **#NoLikesNeeded:** Tem o objetivo de mostrar aos usuários mais jovens das mídias sociais que gostar de si mesmo é o único "Like" que conta; e **#PassTheCROWN:** uma campanha para acabar com a discriminação de cabelo baseada em raça.

Conheça mais no site:

Dove Self-Esteem Project | Our Mission in Action

Campanha "Dove Self-Esteem".

Já vimos muitas campanhas clássicas ao longo do tempo que permanecem sendo exemplos incríveis de viralização, como a da Heineken, "The Cliché", de 2016, feita para a Champions League; a do metrô da Austrália, "Dumb Ways to Die"; a Nissan, com seus "Pôneis Malditos"; o Itaú, com o Bebê sem papel; e o comercial "The Force", da Volkswagen, para lançamento do modelo de automóvel Passat, um dos anúncios de maior sucesso na internet na época, que rapidamente alcançou mais de 100 milhões de visualizações no YouTube. No vídeo, um garotinho vestido com um traje do filme *Star Wars* chama a atenção ao tentar demonstrar seus superpoderes. Esse filme contou com um apoio extra no início para sua viralização, pois foi lançado no maior evento esportivo americano, o Super Bowl. Ele tem vários ingredientes que também colaboraram com sua viralização, além da identificação de quase todo mundo com o tema *Star Wars*: uma trilha muito bem pontuada, produção primorosa, um excelente ator mirim, cachorro e, obviamente, uma grande ideia.

Outro clássico do marketing viral, que repercutiu tanto nas redes sociais quanto na imprensa, foi o "Desafio do Balde de Gelo" (Ice Bucket Challenge). Essa foi uma campanha de enorme sucesso da ALS Association, organização americana dedicada à pesquisa, conscientização e assistência às vítimas de esclerose lateral amiotrófica (ELA), com o objetivo de arrecadar doações, além de disseminar o conhecimento sobre a doença. A regra do #icebucketchallenge era simples: quem fosse desafiado deveria jogar um balde de água e gelo sobre a própria cabeça e ainda indicar três amigos que deveriam fazer o mesmo em até 24 horas ou doar US$100 para a ALS Association. Apesar de o desafio sugerir uma coisa ou outra, alguns participantes fizeram duas coisas: tomar banho de água gelada e doar à ONG. Além de engajar muitas celebridades, houve uma disputa de marcas: a que chamou mais atenção foi a Samsung, que desafiou sua concorrente, a Apple, e ainda posicionou seu produto, na época, por ele ser à prova d'água!

Oferecer prêmios ou vantagens para quem retransmitir uma mensagem não é marketing viral. As pessoas apenas irão repassar um conteúdo, como se fosse o tradicional "boca a boca", quando acharem que é um conteúdo de interesse da sua rede, da sua família ou de seus amigos.

Muitas mensagens podem conquistar uma série de interessados em repassá-las adiante, mas cabe a seus emissores — que podem ser publicitários ou profissionais de marketing — saber identificar quais elementos despertam, em determinados grupos de pessoas, o desejo de querer reenviá-las para seus amigos, e utilizar esses fatores com inteligência e critério. Eu chamo isso de ingredientes "viralizantes". No caso da campanha do Balde de Gelo um ingrediente importante foi a "causa" existente por trás da campanha: além de ser lúdica, trouxe excelentes resultados: US$115 milhões em recursos levantados para a associação, além de um movimento global de reconhecimento sobre a importância de encontrar tratamentos para a doença.

Por outro lado, apesar dos exemplos bem-sucedidos, com o viral também pode acontecer um efeito negativo e contrário ao objetivo inicialmente fixado. Vale lembrar que há muitas pessoas criativas que navegam na internet e que, se de alguma forma se sentirem manipuladas ou enganadas, ou profundamente insatisfeitas com algum produto, empresa ou atendimento, podem transformar uma mensagem ou comercial veiculado em outras mídias (como televisão, rádio, jornais, revistas e até na própria internet) em marketing viral negativo, alterando seu teor ou mesmo acrescentando comentários pejorativos. Por isso, eu sempre repito uma frase: "Viral é para o bem e para o mal". Ainda mais hoje em dia com a facilidade de criação de deep fakes com o uso de ferramentas de IA.

O que vale ressaltar sobre o marketing viral é que a grande relevância desse tipo de ação é que as pessoas não consideram spam ou invasivo aquilo que elas recebem de amigos ou de pessoas que conhecem, assim como também esse conteúdo não é visto como propaganda ou oportunismo, mas sim como algo que lhes possa interessar. São ações espontâneas e, por isso, tendem a ser mais aceitas e trazer melhores resultados. O elemento que aciona o "gatilho" viral pode ser tudo o que estimula sentimentos — nobres ou até perversos — nas pessoas ou, ainda, o humor. É preciso entender também o tipo de público que se pretende atingir para enviar a mensagem que mais atende às suas características e perfis, porque, obviamente, não são todos os assuntos que agradam a todas as pessoas. Uma dica é fugir dos padrões aplicados à mídia convencional e, principalmente, não contrariar nem combater o público, que deverá ser o multiplicador da mensagem.

Como o marketing viral é imprevisível, pode acontecer de uma ação promocional não gerar o retorno esperado, mas, em contrapartida, trazer um grande efeito de longo prazo em termos institucionais e de consolidação da marca. Outro ingrediente que contribui muito com a viralização é o efeito surpresa causado no público, por interagir com alguma ação de forma inesperada, como veremos a seguir no conceito de *flashmob*.

Flashmob

É uma atividade em geral patrocinada por uma marca, que se utiliza de pessoas concentradas em um local público para realizar alguma ação inusitada, em geral previamente combinada, que conta com a participação de atores anônimos e que tem música. São reuniões que se utilizam do efeito surpresa a ser causado no público para uma tentativa de viralização posterior dos vídeos que são produzidos.

É uma modalidade que, além do seu impacto e resultados gerados pela ação em si, também pode se transformar em marketing viral. O nome vem da abreviação dos termos em inglês flash mobilization, que significa mobilização rápida. O primeiro flash mob foi criado no início dos anos 2000 por Bill Wasik, editor da revista *Wired*, com o objetivo inicial de ser um experimento social, revelando a conformidade das pessoas em fazer parte da "próxima onda". Cerca de 130 pessoas, instruídas por ele, se juntaram em um andar da loja de departamentos Macy's apenas para observar um tapete. Segundo ele, a ideia era que as próprias pessoas se tornassem o show e que criassem algo divertido e espontâneo.

Outro exemplo de flash mob aconteceu quando o grupo musical norte-americano Black Eyed Peas reuniu cerca de 21 mil fãs na Avenida Michigan, em Chicago, nos EUA, para comemorar o início da 24ª temporada do programa televisivo de Oprah Winfrey. O grupo preparou uma surpresa para ela ao tocar o grande hit "I Gotta Feeling" com uma coreografia inacreditável envolvendo toda essa multidão. A ação começou com uma garota dançando sozinha na frente do palco e, logo depois, toda a multidão passou a fazer a mesma coreografia. Oprah, que não sabia de nada, ficou chocada com o que estava vendo, enquanto gravava tudo em seu celular.

A apresentadora então gritou: "Isso é tão legal! É a coisa mais legal que eu já vi... Chicago, eu amo vocês!" Durante a entrevista, após a apresentação, Will.i.am, o líder do grupo, contou que chamou 800 fãs para ajudar na coreografia, que acabou sendo repassada para mais de 20 mil pessoas que estavam presentes naquele momento. A apresentação foi tão bem recebida nos EUA que, após a exibição do programa, a música "I Gotta Feeling" alcançou a quarta posição no iTunes, garantindo mais uma semana no topo da Billboard Hot 100.

Um caso mais recente foi da Amazon Prime Video, em 2021, para promover o lançamento da série A Roda do Tempo, que organizou flash mobs em diversos locais públicos ao redor do mundo, incluindo algumas ações no Brasil. Performers vestidos como personagens da série surgiram de repente em shoppings e praças, simulando cenas de batalhas e interações fantásticas, criando uma experiência imersiva para o público.

Outro caso foi uma ação para celebrar o retorno das viagens após as restrições da pandemia, em 2022, no Aeroporto Internacional de Guarulhos, com dançarinos disfarçados de passageiros e funcionários. A performance, que incluiu músicas animadas e passos sincronizados, surpreendeu os viajantes e se tornou um sucesso nas redes sociais. No mesmo ano, também relacionado ao final da pandemia, durante o Dia Internacional da Enfermagem, enfermeiros e profissionais de saúde organizaram flash mobs em várias cidades brasileiras, como São Paulo e Rio de Janeiro, para chamar a atenção sobre a valorização da categoria e melhores condições de trabalho. As apresentações, geralmente em praças ou hospitais, usavam coreografias acompanhadas de músicas emocionantes, atraindo o público e destacando a causa.

Uma ação marcante feita há anos, foi coordenada pela T-Mobile (companhia de telecomunicações) em que um grupo de pessoas começou a dançar vários ritmos musicais na estação de Metrô de Liverpool (Inglaterra) envolvendo jovens, adultos e idosos, com diversas pessoas filmando pelos celulares e enviando mensagens para suas redes de relacionamento. É esse o efeito que uma ação assim visa, pois, além da multiplicação, ela tem a ver com o tipo de produto ou serviço da companhia, nesse caso, telecomunicações e o slogan da companhia foi justamente "Life is for sharing" ou "A vida é para compartilhar"!

E, assim como falamos no caso do marketing viral, se uma ação envolvendo flash mob não for devidamente coordenada também poderá trazer um resultado oposto ao esperado, ou seja, pode não se tornar algo positivo, como foi observado numa campanha do chocolate Twix, em São Paulo anos atrás, que frustrou os fãs que se deslocaram até lá à espera de uma prometida "chuva de chocolates" que acabou não acontecendo. A partir de determinado momento, os jovens presentes, irritados com os problemas do evento, passaram a gritar o nome da marca concorrente.

Os flashmobs passaram a ser feitos em locais com menor fluxo de pessoas, para que se possa ter um controle maior de qualquer efeito inesperado e negativo, mas, ao mesmo tempo, manter os efeitos positivos, principalmente a reação de surpresa das pessoas, ingrediente que contribui para a viralização dos conteúdos.

Ainda nesse sentido, existe outra modalidade chamada de "pranks", ou pegadinhas, em português, que envolvem ainda menos indivíduos nas ações, mas o foco é o mesmo: capturar a reação de surpresa das pessoas, filmar, editar e buscar usar isso para aumentar as chances de viralização dos conteúdos. Um exemplo que ficou famoso há alguns anos foi da marca de produtos eletrônicos coreana LG, que, para divulgar suas TVs de alta definição, simulou uma entrevista de emprego durante a qual um meteoro cairia na Terra — a imagem de fundo do escritório onde ocorria a pegadinha era justamente a tela da TV transmitindo as imagens da falsa destruição.

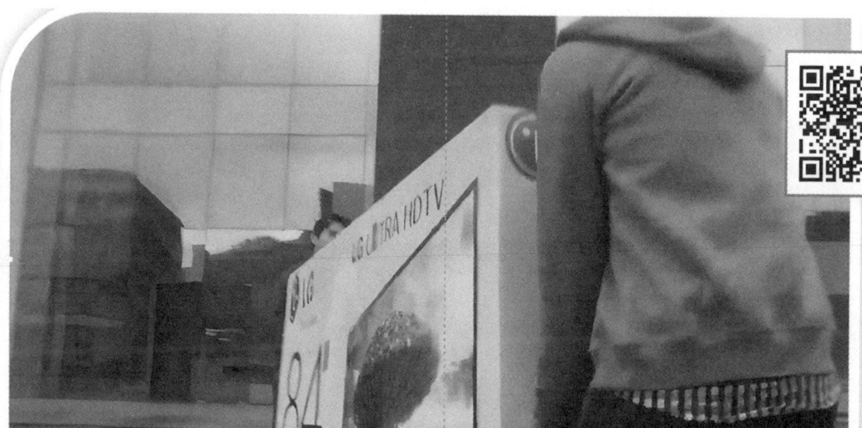

Exemplo de prank.

***Fonte:** filme da LG.*

O IMPACTO DOS GAMES NO MARKETING DIGITAL

Quando pensamos em marketing digital, é comum que venham à mente campanhas em redes sociais, anúncios em buscadores ou a criação de estratégias baseadas em SEO para impulsionar buscas orgânicas no Google. Essas práticas são efetivas e amplamente utilizadas para alcançar os objetivos de uma campanha, mas a evolução das tecnologias e a diversificação do entretenimento abriram portas para novas formas de engajamento, muitas vezes mais imersivas e impactantes. Uma dessas estratégias é o mercado de games, que se consolidou como um meio indispensável para marcas que buscam algo além de visibilidade, com conexão real com seu público.

O conceito de advertainment (uma fusão de "advertising", propaganda, e "entertainment", entretenimento) é um exemplo clássico dessa tendência. Embora o termo seja relativamente novo, a ideia de integrar publicidade ao entretenimento não é. Um exemplo disso é que em 1964, no filme *007 Contra Goldfinger*, o Aston Martin DB5 de James Bond ganhou status de ícone, muito mais do que um simples acessório de cena (veja a foto a seguir). Essa forma de inserção natural e marcante de produtos no contexto do entretenimento também encontrou terreno fértil no universo dos jogos digitais.

Imagem de 1964, do filme* 007 Contra Goldfinger, *com o Aston Martin DB5.

A indústria de games, que há muito tempo deixou de ser apenas uma forma de lazer para crianças e adolescentes, transformou-se na maior potência do setor de entretenimento, superando cinema e música em faturamento global. Com um público cada vez mais diversificado, os jogos tornaram-se um campo estratégico para ações de marketing. Segundo a Newzoo, 79% dos gamers estão em plataformas móveis, enquanto 43% jogam em PCs e 41% em consoles.

O Brasil se destaca no mercado global de games, ocupando posições entre o terceiro e o quinto lugar em faturamento, atrás apenas de gigantes como os Estados Unidos e a China. Segundo a pesquisa Game Brasil, 70% da população brasileira é considerada gamer, pois isso inclui desde quem joga casualmente em dispositivos móveis até os entusiastas de jogos profissionais. Este número reflete a amplitude do mercado, abrangendo desde partidas de "Paciência" e "Candy Crush" até a complexidade de títulos como 'World of Warcraft', que há 20 anos utiliza um modelo híbrido de monetização envolvendo compra inicial, mensalidades e expansões.

Atualmente o mercado global de games atinge em torno de US$200 bilhões de faturamento, impulsionado por inovações tecnológicas, expansão de plataformas e a crescente profissionalização dos e-sports. Além disso, o público gamer apresenta grande diversidade, com homens e mulheres participando de maneira equivalente, sendo que as mulheres lideram entre os jogos casuais.

No Brasil, esses números são ainda mais impressionantes. Estima-se que 158 milhões de brasileiros — cerca de 74% da população — joguem algum tipo de game, seja no celular, computador ou console. Esses jogadores se dividem em perfis como Extreme Hardcore Gamers (extremamente dedicados), Hardcore Gamers (frequentes e engajados), Moderate Gamers (moderados) e Casual Gamers (jogadores ocasionais). A faixa etária predominante, entre 20 e 29 anos, representa 44% desse público, desafiando o estereótipo de que os jogos são um passatempo exclusivo de adolescentes.

Esses dados são estratégicos para o marketing, já que grande parte dos jogadores se encontra na população economicamente ativa, com poder aquisitivo e capacidade de consumo significativos. Além disso, a interação proporcionada pelos jogos cria um nível de engajamento difícil de ser replicado em outro tipo de mídia.

Uma das características mais marcantes dos games é a imersão. Enquanto jogam, os usuários estão completamente focados na experiência, o que reduz a dispersão de atenção e amplia a efetividade da mensagem publicitária. Esse envolvimento direto e intenso é raro em outros formatos de mídia, em que a atenção do público é frequentemente dividida entre múltiplas tarefas.

Os games também têm uma capacidade única de oferecer experiências personalizadas. Com o avanço da tecnologia, os cenários, personagens e interações são cada vez mais realistas, criando uma conexão emocional profunda entre o jogador e o ambiente virtual. Isso amplia o impacto das marcas inseridas no contexto do jogo, tornando-as parte integral da narrativa e aumentando a probabilidade de engajamento e fidelização.

O uso de product placement nos games é um exemplo de como as marcas podem se integrar ao universo dos jogadores de maneira natural e eficaz. Em jogos de corrida, por exemplo, é comum que as marcas de automóveis reais estejam disponíveis como opções para o jogador. Em simuladores como *The Sims*, logotipos de fabricantes de eletrônicos aparecem em contextos do dia a dia, enquanto em títulos como o já tradicional *Guitar Hero*, guitarras Fender se tornaram elementos centrais da experiência de jogo.

Além do impacto emocional, a interatividade exigida pelos jogos cria oportunidades únicas de engajamento. Diferentemente de um anúncio estático ou de um comercial, a publicidade nos games permite que o público interaja diretamente com o conteúdo da marca. Essa interação fortalece a mensagem e aumenta a retenção.

Os games oferecem uma ampla variedade de modelos de receita, desde a venda de "skins" e itens virtuais até estratégias como os "vídeos recompensados", onde o jogador assiste a anúncios para obter benefícios.

No entanto, duas estratégias principais se destacam no uso dos games como ferramenta de marketing: os advergames e o ingame advertising. Os **advergames** são jogos ou minijogos criados especificamente para promover uma marca, produto ou serviço. Esses jogos podem ser distribuídos em diferentes plataformas, como smartphones, navegadores ou consoles, e oferecem uma experiência altamente personalizada para o público-alvo. Um clássico exemplo de advergame foi criado há anos para o Playstation, chamado Pepsiman, para a marca Pepsi.

Há as modalidades de "Publicidade dinâmica no jogo" (DIGA — Dynamic in game ads), que pode ser encontrada em jogos de console, móveis ou de navegador, "Integração de console", quando a publicidade está inserida nas telas de apresentação de plataformas como XBox One ou PlayStation 5; e "Publicidade estática no jogo", em que os anúncios aparecem durante o desenvolvimento do jogo, sem a possibilidade de serem atualizados. Esses anúncios permitem uma integração mais próxima do player durante o jogo.

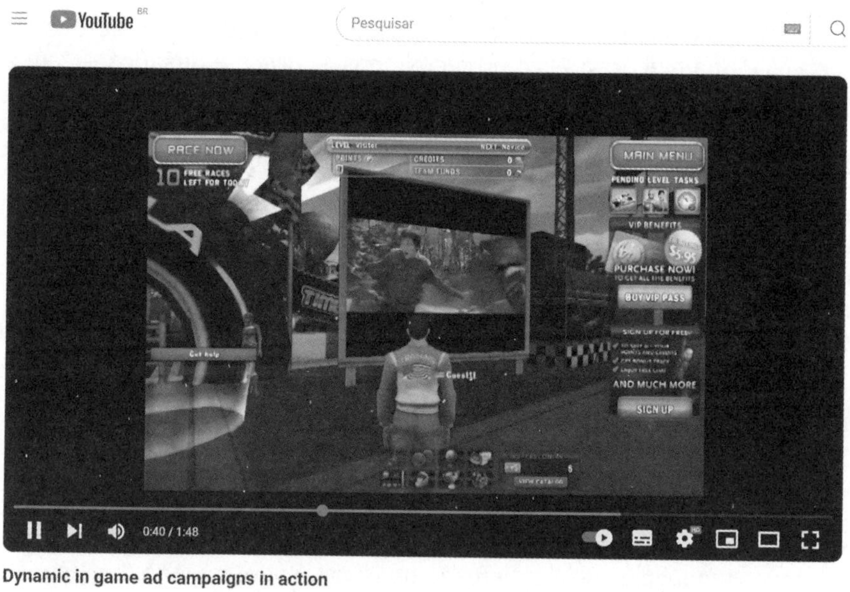

Exemplo de Publicidade dinâmica no jogo.

Fonte: *https://www.youtube.com/watch?v=SWG_dCwjKLQ*

Já o **ingame advertising** consiste em inserir publicidade em jogos já estabelecidos, aproveitando seu público cativo e reduzindo os custos de produção. Nesse modelo, marcas podem aparecer em elementos do cenário, como placas de rodovias em jogos de corrida ou banners em estádios virtuais. Um caso icônico foi o lançamento de *Halo 3*, que integrou banners do Walmart diretamente no ambiente do jogo, conectando a marca ao universo dos jogadores de maneira orgânica. Hoje em dia, um ingame advertising pode ser inserido rapidamente no ambiente de um game, em questão de dias, ampliando o leque de opções para uma marca que deseja comunicar uma ação ou lançamento específico.

Embora o desenvolvimento de advergames exclusivos seja uma opção de alto impacto, ele pode ser financeiramente inviável para algumas empresas, especialmente em mercados emergentes. No entanto, é possível começar com investimentos menores e direcionados. Campanhas a partir de US$10 mil já permitem ações muito interessantes, especialmente ao se concentrar em comunidades específicas de gamers ou em estratégias focadas em um único produto.

Esses investimentos têm mostrado retorno bastante positivo, especialmente quando comparados a formatos tradicionais de publicidade. Com os games, as marcas conseguem não apenas atingir um público amplo, mas também coletar dados detalhados sobre seus consumidores, como preferências, tempo de interação e comportamentos dentro do jogo.

A influência dos games no marketing digital vai além do universo dos jogos. Elementos de gamificação — como recompensas, níveis e desafios — têm sido incorporados em campanhas de fidelidade, aplicativos de treinamento e até programas educacionais. Essa abordagem transforma tarefas rotineiras em experiências envolventes, aumentando o engajamento e a retenção do público.

Também como parte dessa estratégia, a integração entre games e redes sociais está cada vez mais evidente e abre muitas possibilidades. Muitos jogos permitem que os usuários compartilhem conquistas e desafios em plataformas como Facebook, Instagram e X, ampliando a exposição das marcas de forma orgânica. Essa convergência entre entretenimento e interatividade social reforça o potencial dos games como uma das ferramentas mais poderosas do marketing digital.

Dentro da estratégia de marketing digital, os games podem ser aproveitados em diferentes etapas do funil. No topo, eles são eficazes para gerar buzz e awareness, especialmente através da associação com influenciadores gamers que realizam transmissões ao vivo (live marketing) que podem se estender por horas a fio. A propósito, a associação com influenciadores ou com equipes de e-sports é uma das grandes tendências desse mercado no Brasil. Por outro lado, também é possível implementar estratégias de performance, utilizando métricas como número de downloads ou CPA (custo por aquisição) para medir resultados.

Uma abordagem recomendada para empresas é adotar estratégias de longo prazo, com campanhas always-on combinadas a ações pontuais durante o ano. Como toda "novidade", o game business ainda não é tão conhecido pelos tomadores de decisão nas empresas, especialmente nas mais tradicionais. É por isso que uma equipe de marketing eficiente também vai ter a função de "educar" os heads e CMOs sobre as oportunidades do mercado de games, ajudando a superar barreiras iniciais e mostrando como os jogos podem ser uma peça natural no planejamento de marketing.

Games com inteligência artificial

Hoje já há uma série de games utilizando Inteligência artificial. Mas você pode se perguntar por que os jogos usam IA. Bem, os jogos eletrônicos têm a necessidade de desafiar o jogador. E o que é mais desafiador do que inimigos inteligentes? Quando você percebe que parece que seu inimigo está pensando. Alguns exemplos: até o famoso Pac-man já utiliza IA, pois cada fantasma tem um comportamento específico, e que vão ficando mais difíceis a cada fase. AI Dungeon, para quem é fã de RPG, é um jogo baseado em textos, onde você pode escolher diferentes tipos de história, como Fantasia, Medieval e muito mais. Depois de escolher como vai ser o contexto da história, basta digitar suas ações que a história vai se adaptando.

Outro caso é o Red Dead Redemption 2, no qual o mundo criado pela Rockstar é encantador. Impressiona pelo nível de detalhes, mas também é incrível a IA do jogo. Cada pessoa tem uma rotina diária e é possível ver o avanço de muitas delas conforme avança na história. Middle-Earth: Shadow of War, o segundo jogo da série, baseado no clássico universo de Tolkien, é cheio de personagens interessantes. Eles mantêm rotinas próprias, reconhecem o jogador e sabem o momento certo de fugir, se necessário. Alien: Isolation, estar preso a bordo de uma estação espacial, longe de casa, deve ser uma experiência assustadora, mas imagina com um monstro que está te caçando? Mas calma, ainda tem como piorar: a Inteligência Artificial do jogo aprende os seus movimentos e possíveis lugares de esconderijo, forçando o jogador a se adaptar e pensar criativamente em como se esconder. É bem interessante viajar pelo mundo e ver a IA dos inimigos em ação.

TV DIGITAL, UM MEIO REINVENTADO

Entre todos os meios de comunicação, a televisão é um dos mais tradicionais e tem sido utilizada amplamente para a venda de produtos e serviços, explorando diferentes formas de interação com o público. O merchandising em novelas é um exemplo clássico dessa prática, em que o produto é inserido de forma natural nas cenas e rotinas dos personagens. No entanto, com a digitalização e conectividade da televisão, essa experiência ganhou novos contornos. Hoje, ações de marketing na TV digital e nas smart TVs não apenas apresentam o produto, mas também incentivam uma interação direta com o público. Por exemplo, QR Codes exibidos na tela permitem ao espectador acessar imediatamente promoções, sites de marcas e campanhas, integrando o meio televisivo a plataformas digitais e redes sociais.

A interatividade não se limita a QR Codes ou mensagens promocionais. Em programas de grande audiência, como reality shows, eventos ao vivo ou talk shows, essa interatividade é intensificada para impulsionar a participação do espectador em tempo real. Nesse contexto, ações como sorteios e descontos são oferecidos de maneira instantânea, e a audiência responde diretamente via aplicativos ou por mensagens enviadas ao canal. Esse processo, em que as mídias interagem diretamente com o consumidor, fortalece o vínculo da audiência com a marca, facilitando a conversão em vendas e o engajamento.

Nos canais de TV por assinatura e streaming, a interatividade já avançou, permitindo mais do que apenas a compra de programas e shows, como o uso de algoritmos para recomendar conteúdo de acordo com o perfil e o histórico de visualização do usuário. Com a expansão da TV digital aberta e a adoção crescente do t-commerce, essa interatividade também começa a se consolidar no comércio digital direto. O t-commerce, que conecta a compra de produtos diretamente à TV digital, é facilitado pelo uso de controles remotos aprimorados, que permitem a navegação e compra rápida de itens sem sair do conteúdo televisivo. Esse sistema, amplamente utilizado em países como o Japão e os Estados Unidos, ainda enfrenta desafios tecnológicos no Brasil, especialmente no que se refere ao suporte de operadoras e à adaptação de infraestrutura. No entanto, a tendência é que a popularização das Smart TVs e o crescimento da TV digital aberta no Brasil impulsionem o t-commerce, permitindo uma experiência de compra mais fluida.

A chegada das smart TVs no Brasil trouxe consigo o conceito de conectividade e interatividade que já era comum em dispositivos como celulares e tablets. Com o acesso à internet e a instalação de aplicativos, as smart TVs transformaram a experiência do espectador, passando de simples aparelhos de recepção de sinal para dispositivos multifuncionais que reúnem entretenimento, jogos e interação social. As lojas de aplicativos nas smart TVs possibilitam que marcas desenvolvam experiências exclusivas para esse formato, promovendo o engajamento do consumidor diretamente na tela.

Esse movimento aponta para a criação de experiências cada vez mais personalizadas, com conteúdos e publicidades que refletem o interesse e o comportamento do espectador. Um caso interessante é o da Samsung TV Plus, que oferece um serviço de streaming gratuito com anúncios embutidos para quem possui smart TVs da Samsung. Através dele, marcas conseguem inserir conteúdos personalizados e publicidade diretamente na tela, refletindo o perfil de consumo dos espectadores. A experiência do usuário é personalizada, pois o serviço monitora as preferências de visualização para sugerir novos conteúdos e anunciar de forma segmentada, promovendo o engajamento diretamente no dispositivo de TV, sem a necessidade de assinaturas ou dispositivos extras.

A integração entre TV digital e outras plataformas permite ainda o chamado marketing omnichannel, em que diferentes mídias trabalham juntas para oferecer uma experiência contínua ao usuário. Um exemplo comum são as campanhas que integram televisão e redes sociais, onde o espectador assiste a um programa e é convidado a interagir por meio de um link ou QR code que o leva a uma página de compra ou conteúdo adicional. Com essa estratégia, a televisão passa a ser um canal de entrada, mas o processo de compra pode ser finalizado em outras plataformas, como o e-commerce ou o aplicativo da marca. Essa abordagem amplia as possibilidades de vendas e possibilita o acompanhamento detalhado do percurso do consumidor entre as plataformas, o que ajuda a refinar estratégias de marketing e personalizar futuras campanhas.

Outro aspecto interessante do marketing digital na TV é a publicidade programática, que utiliza dados de audiência em tempo real para personalizar anúncios de acordo com o perfil de cada espectador. Essa segmentação de audiência permite que as marcas façam um direcionamento mais preciso, otimizando o investimento em publicidade. A TV conectada, ou CTV (Connected TV), possibilita a coleta de dados valiosos sobre o comportamento dos espectadores, permitindo análises em tempo real que ajudam as empresas a ajustar campanhas e verificar a eficácia dos anúncios. Essa abordagem melhora a performance das campanhas e maximiza o retorno sobre o investimento ao ajustar as mensagens de forma contínua e precisa.

Com o crescimento das plataformas de streaming integradas às smart TVs, essa convergência de mídia tem transformado a experiência de assistir televisão. Em muitas casas, os aparelhos de TV já não exibem apenas a programação aberta ou por assinatura, mas também conteúdos de serviços como Netflix, Amazon Prime Video, e Disney+, que agora fazem parte do pacote de entretenimento televisivo. A compatibilidade com assistentes de voz, como Alexa e Google Assistant, também marca uma mudança importante, permitindo que os espectadores naveguem, escolham conteúdos ou mesmo façam compras com comandos de voz, sem a necessidade de controle remoto. Essa integração de voz abre portas para um novo nível de interatividade, facilitando a experiência do usuário e criando mais oportunidades de engajamento.

A TV 3.0, segundo o Ministério das Comunicações, promete melhorar a qualidade da imagem e som das transmissões de televisão que assistimos hoje e deve entrar em operação em 2025. O governo brasileiro está avaliando como impulsionar a implantação da tecnologia de TV 3.0, a nova geração da TV digital no país.

E com a crescente adesão às plataformas de streaming e ao conteúdo digital em alta definição, observa-se uma preferência do público mais jovem por opções on demand, em vez da TV a cabo tradicional. Essa mudança de comportamento impacta diretamente o mercado de publicidade digital, exigindo que as empresas adaptem suas estratégias de acordo com as novas tendências de consumo. Para as marcas, a TV digital representa um canal dinâmico, que combina o alcance e a credibilidade da televisão tradicional com as funcionalidades interativas dos meios digitais. Cabe aos profissionais de marketing encontrar a melhor maneira de trazer essa velha aliada, agora de roupa nova, para sua campanha.

NFTs e Metaverso

Os NFTs (non-fungible token, ou tokens não fungíveis) são ativos digitais autenticados por meio da tecnologia blockchain, o que os torna únicos e não intercambiáveis, permitindo que as pessoas adquiram itens digitais com uma espécie de "certificado de autenticidade". Esses tokens abrangem desde imagens e vídeos a músicas e terrenos digitais, dando origem a um novo modelo de comercialização digital. Para as marcas, os NFTs oferecem a possibilidade de expandir o portfólio com produtos exclusivos, que podem ser comprados, vendidos e até colecionados virtualmente, aumentando o alcance e a base de clientes. Isso gerou, nos primeiros momentos, uma onda de entusiasmo e especulação, com algumas empresas criando edições limitadas de produtos digitais ou acesso a experiências exclusivas para clientes que adquirissem seus NFTs.

Já o metaverso, conceito popularizado principalmente pela Meta, refere-se a um universo virtual onde pessoas interagem em um ambiente tridimensional imersivo, utilizando avatares. A proposta é que, por meio de um avatar, o usuário explore espaços virtuais que simulam o mundo real — mas também o expandem — e participe de experiências sociais, comerciais e de entretenimento. As expectativas eram de que o Metaverso se tornasse uma nova forma de internet, com lojas virtuais acessíveis a qualquer hora, onde o consumidor pudesse interagir diretamente com produtos em ambientes digitais detalhados. Essa "internet 3D" permitiria que as marcas criassem seus próprios espaços no metaverso, desde showrooms e eventos até interações mais complexas, como treinamentos e reuniões.

NFTs e o metaverso, quando integrados, apresentaram a ideia de um ecossistema digital completo: terrenos virtuais comprados com NFTs poderiam ser decorados ou transformados em lojas personalizadas; itens virtuais exclusivos seriam exibidos e usados por avatares em espaços digitais; e experiências imersivas de compra seriam oferecidas em tempo real. No entanto, a complexidade tecnológica e o custo de implementação, além da barreira de acesso para o público em geral, limitaram a adoção dessas tecnologias em larga escala. Em 2023, por exemplo, a Meta decidiu redirecionar o foco do metaverso para outras iniciativas mais práticas, refletindo os desafios de criar um espaço interativo acessível.

Essas inovações ainda encontram nichos específicos e novas abordagens, como o uso de NFTs em campanhas que oferecem experiências tangíveis, como acesso a eventos exclusivos, e o desenvolvimento de tecnologias de realidade aumentada que facilitam a experiência digital sem a necessidade de um hardware especializado. Essas tendências indicam que, embora NFTs e o metaverso ainda não tenham alcançado o impacto generalizado que se esperava, as lições extraídas dessas experiências contribuem para moldar o futuro do marketing digital, com foco na interatividade, na acessibilidade e na personalização.

Neste capítulo, foi possível observar diferentes canais e ferramentas para aplicação de um marketing digital diferenciado, que vai muito além das redes sociais e anúncios em buscadores, passando pelo universo dos games, da TV digital, flashmobs, mobile, entre outros, o que faz expandir o potencial criativo dos profissionais que atuam com estratégias digitais.

PODCAST

Este episódio discute o mercado de games com Cynthia Rodrigues, Head Comercial LATAM na GMD e professora na ESPM. Sandra Turchi conduz a conversa com sua visão estratégica.

Cynhtya Rodrigues — O mercado de Games

A conversa deste episódio aborda o Marketing Conversacional com Lara Magalhães, sócia e fundadora do Coletivo 45+. Sandra Turchi adiciona sua perspectiva estratégica para ampliar o bate-papo.

Lara Magalhães — Marketing Conversacional

CAPÍTULO 8

MONITORAMENTO, MÉTRICAS E DATA-DRIVEN MARKETING

NESTE CAPÍTULO, VOCÊ VAI:

- *Entender como funcionam a coleta, análise e mensuração de dados para o marketing digital.*
- *Conhecer os principais conceitos, como métricas, dimensões, KPIs, assim como a terminologia do data-driven marketing.*
- *Observar na prática um case de marketing digital baseado em dados.*
- *Conhecer as funcionalidades do Google Analytics 4 e de outras ferramentas voltadas para métricas com uso da IA.*

Você já parou para pensar no número de vezes que você interage com o digital ao longo do dia? São centenas de cliques, toques e deslizadas na tela, que acontecem muitas vezes quase em modo automático, sem que você perceba o que está fazendo ou para onde está direcionando sua jornada digital. Cada visita a um site, cada e-mail aberto, cada postagem visualizada ou link clicado deixa um rastro digital que conta um pouco sobre suas preferências, interesses e intenções.

A soma desses pequenos gestos forma um mapa do seu comportamento como consumidor, um conjunto de informações de grande valor para o marketing digital moderno. Ao transformar esses rastros em dados, as marcas conseguem construir uma visão detalhada do que funciona ou do que precisará de ajustes em suas estratégias para atingir pessoas com seu perfil ou com o perfil que eles têm como público-alvo. É algo completamente diferente de quando um anunciante veicula seu produto na televisão, no rádio ou em um jornal impresso, onde a mensuração é realizada de maneiras menos assertivas e em alguns casos, até subjetivas. Ou seja, sabemos que determinado público, digamos, homens de 39 a 50 anos, classes A e B, residentes nas cidades com mais de 200 mil habitantes, é o público preferencial de certo programa de TV, mas não temos como provar com dados que ele foi impactado pelo anúncio.

No marketing digital, essas interações são registradas e se traduzem em métricas de comportamento: visitas ao site, taxa de abertura de e-mails, cliques em links, curtidas, número de seguidores e visualizações de conteúdos. Para um profissional de marketing, cada uma dessas métricas oferece uma peça do quebra-cabeças que revela como o público reage às campanhas e interage com a marca. Para ilustrar, pense na situação de uma pessoa qualquer que acessa uma loja virtual após receber um e-mail promocional de livros, por exemplo.

Esse primeiro passo já deixa rastros: o e-mail registra a taxa de abertura e os cliques nos links, indicando que há ali algum interesse. Quando o usuário chega ao site, as páginas que visita e o tempo que passa em cada uma são rastreadas, mostrando o nível de envolvimento com os produtos. Se ele adiciona itens ao carrinho, mas não finaliza a compra, o sistema captura como "carrinho abandonado" e permite que a marca retome o contato para encorajar a compra — uma oportunidade direta de conversão criada a partir desses rastros.

A coleta de dados começa, portanto, assim que o usuário acessa o site, ou até antes em determinados casos. Cada visita contribui para indicadores de audiência: quantos usuários chegam ao site, de onde eles vêm e com que frequência voltam. Esses dados são o ponto de partida para entender a eficácia dos canais de divulgação e das campanhas. Dentro do site, o comportamento se traduz em métricas como o número médio de páginas acessadas e o tempo de permanência, que indicam o interesse e a conexão com o conteúdo, algo que é medido, por exemplo, pela taxa de rejeição.

No e-commerce, rastros comportamentais vão além da navegação, abrangendo métricas como volume de vendas, carrinhos abandonados, receita gerada e ROI. Conhecer os produtos mais vendidos ou aqueles frequentemente deixados no carrinho ajuda a ajustar o portfólio e a definir ofertas personalizadas. Essas informações orientam decisões sobre precificação, promoções e melhorias no processo de compra.

Quando o cenário são as redes sociais, as interações refletem a audiência e o engajamento. Métricas de alcance, visualizações, comentários, reações e compartilhamentos demonstram o impacto e a relevância do conteúdo para o público. Quanto maior o engajamento (interações com determinada postagem), mais a marca pode fortalecer sua presença e construir uma relação próxima com seus seguidores e clientes. As redes, portanto, se tornam um espaço de análise e ajuste, onde as preferências do público guiam as próximas ações da empresa.

Cada uma dessas interações representa apenas o ponto inicial de um processo mais amplo de análise e otimização, que exige ferramentas específicas e conceitos fundamentais, como os KPIs (Key Performance Indicator, ou Indicadores-Chave de Desempenho), a serem abordados mais adiante. Essas ferramentas e métricas ajudam a organizar e interpretar o fluxo constante de dados de maneira prática e acionável.

E, à medida que a inteligência artificial avança, ela adiciona um novo nível de sofisticação a esse cenário: além de agilizar a análise de grandes volumes de dados, a IA também antecipa padrões e tendências, gerando previsões e insights que tornam o marketing digital ainda mais preciso.

DATA-DRIVEN MARKETING

Estamos mais do que nunca inseridos na era do data-driven marketing, a era do marketing orientado por dados. Isso transformou a maneira como empresas planejam e executam suas estratégias. Nesse contexto, a matemática e a estatística se tornam aliadas indispensáveis, colocando os números no centro das decisões. Quando o marketing é sustentado por dados, ele potencializa os resultados e se alinha às métricas de negócio, garantindo que a criatividade esteja a serviço de objetivos claros. Essa abordagem desafia a visão tradicional do marketing como algo puramente intuitivo, exigindo que ele funcione como uma ferramenta estratégica para o crescimento empresarial.

Tanto que hoje eu até brinco nas minhas aulas dizendo que aqueles alunos que escolhiam o marketing porque não gostavam das ciências exatas, hoje em dia não conseguem mais escapar dos números, pois vivemos a era do "matemarketing".

Empresas que lideram essa transformação, como a Ambev com iniciativas como o Zé Delivery, demonstram a força de uma estrutura bem fundamentada em métricas. Contudo, muitas organizações ainda enfrentam resistência cultural e operacional ao adotar práticas baseadas em dados. Parte desse desafio está na dificuldade de integrar as lideranças e os times em torno de uma visão comum, enquanto outra parcela reflete o baixo planejamento para a mudança. A transformação começa ao responder a uma pergunta simples, mas essencial: por que e para quem estou buscando essas informações? O foco deve ser a experiência do cliente, entendendo suas necessidades e comportamentos para atender melhor. Pequenos dados, como os canais preferidos ou o tempo médio de resposta no atendimento, formam a matéria-prima do trabalho de marketing, apontando gargalos e oportunidades que podem estar passando despercebidas.

Uma abordagem estruturada facilita a transição para o data-driven marketing. Dividir as métricas em três categorias — diárias, semanais ou quinzenais e mensais — permite um acompanhamento claro e adaptado à dinâmica do negócio. Métricas diárias, como o CPC (Custo por Clique) e a CTR (Taxa de Cliques), ajudam a ajustar campanhas no curto prazo. Métricas de médio prazo, como o CPM (Custo por Mil Impressões), monitoram a eficiência financeira das campanhas. Por fim, métricas mensais, como a taxa de conversão e o ROI, avaliam o impacto global das ações e orientam as próximas decisões estratégicas.

Um ponto de ruptura vem com o uso da inteligência artificial. A IA permite uma análise contínua e em tempo real, substituindo ciclos rígidos de relatórios por insights instantâneos e interativos. O ChatGPT é o parceiro mais conhecido para gerar ideias, textos persuasivos e títulos de e-mails, mas há uma série de ferramentas surgindo o tempo todo no mercado para interpretar grandes volumes de dados de maneira ágil, tornando decisões mais rápidas e informadas. Além disso, a IA tem sido amplamente utilizada em campanhas de atendimento automatizado, como no WhatsApp, onde bots inteligentes personalizam interações e aumentam a eficiência nas conversões.

Ainda assim, as métricas devem ser adaptadas à realidade de cada negócio. Uma escola pode focar no Custo por Lead (CPL), enquanto uma construtora pode priorizar o Custo por Aquisição (CPA). Essa flexibilidade destaca a importância de não tratar as métricas como soluções universais, mas como ferramentas moldadas para objetivos específicos.

É importante também compreender que métricas fornecem dados quantitativos, números, enquanto o monitoramento lida com menções (positivas, negativas ou neutras), por exemplo, nas redes sociais.

No final, o data-driven marketing não é apenas uma evolução técnica, mas uma mudança cultural que requer planejamento, ferramentas adequadas e uma mentalidade voltada à colaboração. Com a integração de criatividade e análise, o marketing moderno pode operar mudanças de rumo nos negócios a partir de ajustes pontuais e que podem estar passando por baixo do radar. A essa altura, entender os dados já deixou de ser apenas um diferencial, mas se tornou uma habilidade imprescindível para competir e prosperar no ambiente dinâmico de negócios — sejam eles digitais ou não.

Para entender um pouco mais como os dados funcionam para direcionar o marketing, vamos voltar para o exemplo da campanha digital para uma livraria que exibe anúncios de seus últimos lançamentos. Cada vez que alguém vê, clica ou interage com o anúncio, esses passos produzem informações. Com a taxa de cliques, a marca mede o interesse inicial: quanto maior a CTR, mais pessoas se engajaram o suficiente para saber mais sobre o produto. A seguir, monitorar o custo por clique permite avaliar o investimento em cada interação, ajudando a medir o retorno sobre o gasto publicitário. Finalmente, a taxa de conversão revela quantas dessas visitas resultam em uma compra, indicando a eficácia do site e o apelo do produto — e o que precisa ser mudado, seja um "call to action" ou um ajuste de preço. Esses dados formam a base para avaliar e modificar as campanhas de forma contínua, proporcionando uma visão clara da eficácia de cada ação de marketing.

No marketing digital, métricas e KPIs funcionam de maneira semelhante a um painel de controle de um carro. As métricas representam os números absolutos, como a velocidade e a quantidade de combustível, fornecendo dados específicos e acionáveis, enquanto as dimensões adicionam uma camada de contexto, semelhante ao GPS que mostra onde o carro está e como o motorista chegou até lá. Essas dimensões ajudam a entender o "por quê" e o "como" dos dados brutos, possibilitando ajustes mais refinados. Por exemplo, a taxa de cliques (CTR) pode mostrar que o anúncio está atraindo atenção, mas é por meio das dimensões, como a faixa etária e a localização dos cliques, que o profissional de marketing entende exatamente onde e com quem a campanha está ressoando mais. Um CTR alto entre um público jovem e urbano sugere um apelo específico desse grupo, o que permite à marca segmentar ainda mais os anúncios ou adaptar a mensagem para ampliar o alcance a outros segmentos.

As dimensões podem ser muitas e variadas, desde informações demográficas (idade, gênero, localização) até variáveis tecnológicas (tipo de dispositivo, navegador utilizado). Essa riqueza de dados proporciona um entendimento mais profundo do comportamento do usuário, como quando vemos que usuários de dispositivos móveis apresentam um tempo de navegação mais curto que usuários de desktop. Esse tipo de análise orientada por dimensões ajuda a ajustar a experiência do usuário de forma personalizada, maximizando o impacto do conteúdo. Quando as métricas são segmentadas com dimensões adequadas, é possível descobrir padrões específicos — por exemplo, que determinados produtos vendem melhor em regiões específicas ou em faixas etárias mais jovens. Esse conhecimento abre portas para decisões de marketing mais estratégicas, ampliando o uso dos dados de forma focada e inteligente.

Os KPIs são como bússolas que mantêm as campanhas na direção certa. Ao contrário das métricas que registram várias ações dos usuários, os KPIs são os pontos de referência que mostram se os esforços de marketing estão realmente alcançando os objetivos centrais da empresa. Esses indicadores devem ser escolhidos com precisão para alinhar as campanhas às metas maiores, pois um KPI bem definido permite uma visão clara dos resultados desejados. Por exemplo, uma campanha que tem como objetivo aumentar a retenção de clientes pode eleger a taxa de recompra como KPI, pois esse indicador reflete diretamente a fidelidade do consumidor e o sucesso em gerar compras recorrentes.

Exemplos de KPIs.

A seleção de KPIs é um processo estratégico que depende da natureza e dos objetivos de cada campanha. Para uma empresa de e-commerce, KPIs como o ticket médio e o abandono de carrinho são fundamentais para medir a eficácia de suas estratégias de vendas. Já para uma campanha de branding, o alcance e a taxa de engajamento seriam mais relevantes, pois indicam o nível de exposição e interesse do público pela marca. A escolha do KPI é o que mantém o foco do time de marketing nas metas mais importantes, filtrando dados que realmente importam. Isso evita dispersão de esforços e permite que a equipe de marketing faça ajustes em tempo real com base em resultados objetivos e alinhados com a visão da empresa.

Para tornar o conceito de KPIs ainda mais claro, pense em um time de vendas cuja meta é aumentar as vendas de um produto recém-lançado. Embora o número total de visitantes no site seja uma métrica útil, o KPI mais adequado seria a taxa de conversão desse produto específico. Esse indicador-chave monitora diretamente a meta estabelecida, pois mostra quantos visitantes realmente compraram o item em questão. Dessa forma, os KPIs ajudam a definir o impacto das ações tomadas, permitindo ao time de marketing fazer ajustes precisos em estratégias de campanha, otimizar alocação de orçamento e até adaptar as mensagens com base em insights tangíveis, assegurando que cada decisão está em sintonia com o objetivo principal.

MÉTRICAS NAS REDES SOCIAIS

No contexto das redes sociais, que acumulam imensos volumes de dados de interação dos usuários, as métricas fornecem insights sobre engajamento e alcance. A análise das redes sociais vai além do número de seguidores, incluindo métricas como alcance (quantidade de usuários expostos ao conteúdo), visualizações, engajamento (curtidas, comentários, compartilhamentos) e até número de vezes que um vídeo foi reproduzido. Essas informações orientam também o time de conteúdo, que passa a entender melhor como o público interage com cada postagem, identificando formatos que geram maior envolvimento, como vídeos e publicações com imagens.

Um passo estratégico que deve nortear as ações nas redes sociais (embora não se restrinja às redes sociais) é definir objetivos SMART (sigla em inglês para Específicos, Mensuráveis, Atingíveis, Relevantes e com Prazo). A especificidade garante que cada objetivo esteja claramente delineado, respondendo às perguntas básicas: o quê, quem, como e onde. Por exemplo, em vez de definir um objetivo vago como "aumentar a presença digital", um objetivo específico seria "aumentar o número de seguidores no Instagram em 20% nos próximos três meses". Essa clareza ajuda a equipe a visualizar o destino final e os caminhos para alcançá-lo.

A mensurabilidade é o que torna os objetivos tangíveis. Sem critérios de medição, é impossível avaliar se o progresso está sendo feito. Ao estabelecer métricas como a CTR ou o CPA, as equipes conseguem monitorar resultados com precisão. Por exemplo, um objetivo mensurável pode ser "alcançar 5.000 cliques em um anúncio patrocinado em duas semanas". Isso cria um ponto de referência objetivo para análise e ajustes.

Tornar os objetivos atingíveis é outro aspecto que não deve se perder de vista. A ambição é importante, mas metas irreais podem gerar frustração e desmotivar a equipe. Por isso, uma tarefa que exige muita atenção e sensibilidade é alinhar os objetivos às capacidades da empresa, seja em termos de orçamento, equipe ou ferramentas disponíveis. Se uma empresa tem um histórico de crescimento de 10% ao ano, definir como meta um crescimento de 50% em um trimestre pode ser contraproducente. Em vez disso, metas alcançáveis ajudam a construir confiança e consistência.

A relevância coloca o foco naquilo que realmente importa para o negócio. Um objetivo relevante é diretamente conectado às prioridades estratégicas da empresa, garantindo que os esforços não sejam dispersos em ações de baixo impacto. Vamos pensar no seguinte exemplo: se a meta de uma escola de negócios é aumentar vendas de um novo curso, um objetivo relevante seria "gerar 500 leads qualificados para o produto por meio de campanhas no LinkedIn". Esse alinhamento estratégico reforça a conexão entre as iniciativas de marketing e os resultados esperados.

Por último, estabelecer um prazo é o que transforma intenções em ações. Objetivos sem prazo tendem a perder força e prioridade em meio às demandas sem fim do dia a dia. Ao definir um período claro, como "aumentar a taxa de conversão em 15% até o final do próximo trimestre", cria-se um senso de urgência que mobiliza a equipe e estrutura as ações dentro de um cronograma. Além disso, os prazos permitem avaliações periódicas, possibilitando ajustes e garantindo que os esforços permaneçam focados no objetivo final. Com objetivos SMART, as campanhas em redes sociais deixam de ser uma sequência de tentativas aleatórias e passam a ser orientadas por um plano estratégico robusto e factível.

Outro aspecto importante na análise de redes sociais é compreender a jornada do cliente, desde o reconhecimento inicial da marca até a conversão. No topo do funil, métricas como impressões e alcance indicam a visibilidade e atração inicial da marca. Elas ajudam a medir o sucesso em gerar reconhecimento e interesse do público-alvo, oferecendo insights sobre como aprimorar o conteúdo para maximizar o impacto inicial.

No meio do funil, uma métrica indicada é a taxa de conexão (connect rate), que reflete quantos usuários são transportados das redes sociais para o site da empresa, indicando que o conteúdo foi atraente o suficiente para gerar uma interação mais profunda. Essa métrica é particularmente valiosa, pois mede a capacidade da campanha de conduzir o tráfego para o site, onde o usuário pode ser mais envolvido e incentivado a realizar ações de valor.

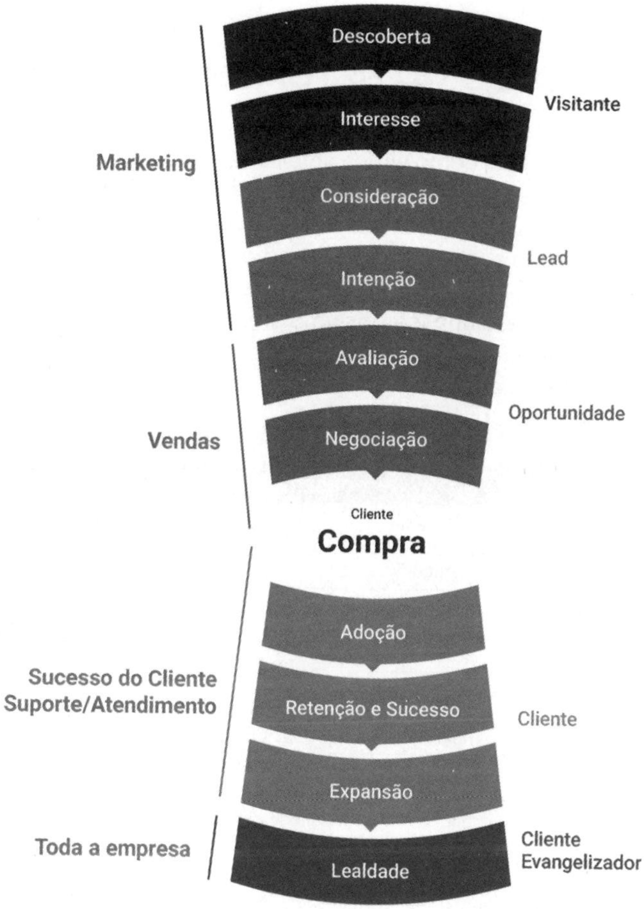

Exemplo de funil/ampulheta.

Fonte: *site Leadster.*

Na parte final do funil, a taxa de conversão mede a eficácia em transformar visitantes em leads ou clientes, o indicador mais completo do sucesso das campanhas em alcançar os objetivos de negócio. Por exemplo, uma taxa de conversão alta pode indicar que o site está convertendo interesse em ações de maneira eficiente, enquanto uma taxa baixa pode sugerir ajustes na página de destino, no layout ou nas chamadas para ação para melhorar a experiência do usuário.

Além disso, monitorar continuamente as métricas e os KPIs permite que o marketing digital adapte suas ações, identifique pontos de melhoria e otimize campanhas de forma a aumentar o ROI. Em um cenário em que a inteligência artificial ganha cada vez mais espaço, o uso da IA pode aprimorar ainda mais essa análise, ajudando a prever tendências e padrões de comportamento. Isso permite que as campanhas se tornem mais responsivas e proativas, ajustando-se rapidamente às mudanças no comportamento do consumidor.

UM ESTUDO DE CASO NO SETOR IMOBILIÁRIO

A implementação de estratégias de marketing digital varia de acordo com o setor e os objetivos de cada empresa, como vimos anteriormente. Segmentos diferentes demandam KPIs adaptados às suas necessidades específicas, que guiam a medição e o aprimoramento das ações realizadas — se alguém disser que a mesma fórmula funciona, por exemplo, para uma pet shop online ou para uma escola de inglês, saiba que o risco de perder dinheiro com investimento em marketing digital é grande. Neste estudo de caso analisamos uma empresa do setor de construção civil que priorizou KPIs relacionados à captação de leads, desempenho do site e conversão em vendas, destacando como a escolha criteriosa desses indicadores gerou insights valiosos e resultados tangíveis.

RECEITA	VENDAS	LEADS	OBSERVAÇÃO	KPI
↑	↑	↑	Boa Performance, sinal de muitos leads e crescimento de vendas e Receita. Acompanhar % de Leads que fecham negócio.	**ÓTIMO**
↑	↑	↓	Boa Performance, queda de leads e crescimento de vendas e Receita. Acompanhar % de Leads que fecham negócio. Acompanhar o motivo de cair os Leads.	**MUITO BOM**
↑	↓	↑	Boa Performance, embora a queda nas vendas, estas devem ter acontecido para imóveis mais caros. Investigar o motivo dos Leads não comprarem.	**BOM**
↑	↓	↓	Exige acompanhamento - embora a queda nas vendas, estas devem ter acontecido para imóveis mais caros. Investigar o motivo na queda de Leads.	**REGULAR**
↓	↑	↑	Acompanhar de perto - Vendas aumentam para imóveis de valor mais baixo mas não fazem crescer a Receita. Investigar o motivo dos Leads não comprarem.	**ATENÇÃO**
↓	↑	↓	Acompanhar de perto - Vendas aumentam para imóveis de valor mais baixo mas não fazem crescer a Receita. Investigar o motivo na queda dos Leads.	**RUIM**
↓	↓	↑	Cenário crítico - Queda em Receitas e Vendas. Analisar profundamente o motivo para a queda das vendas. Investigar o motivo dos Leads não comprarem.	**RUIM**
↓	↓	↓	Cenário crítico - tudo caiu, exige uma revisão em todo o processo da cadeia, desde o público, oferta e campanhas.	**PÉSSIMO**

Exemplos de KPI do mercado imobiliário.

Os KPIs definidos incluíram número de usuários no site, taxa de rejeição, duração média da sessão, custo por lead, custo de aquisição de clientes e retorno sobre investimento. Além disso, foram monitorados indicadores de desempenho por canais de aquisição, como tráfego orgânico, campanhas pagas e redes sociais. Essa abordagem detalhada permitiu uma visão abrangente do funil de vendas, desde a atração de visitantes até a efetivação das vendas.

Ex.Prático – Funil de vendas e mkt

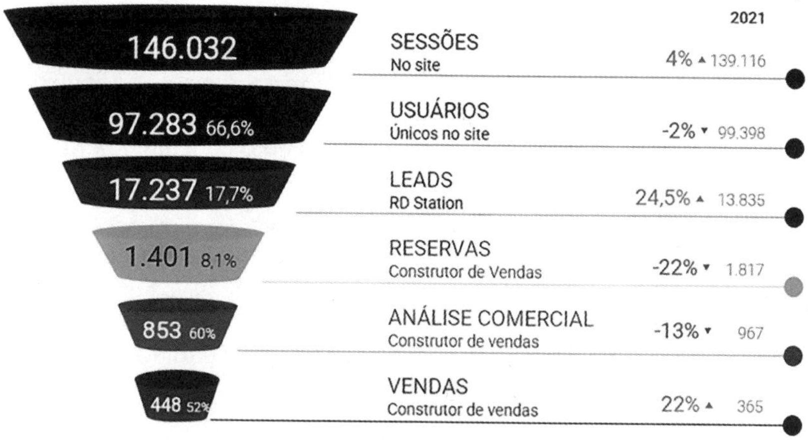

Exemplo real de funil de marketing e vendas.

Fonte: *desenvolvido pela Digitalents*

Neste exemplo prático de funil de vendas e marketing é possível identificarmos, na prática, como os números se comportam. São analisados desde o número de visitas no site e usuários únicos, até as vendas efetivamente realizadas, passando por leads gerados, reservas, análise comercial e finalmente, as vendas efetuadas.

Antes da implementação da nova estratégia, a empresa enfrentava desafios como uma taxa de rejeição elevada e um custo por lead acima do desejado. A alta taxa de rejeição de um site pode ser um indicador de muitos problemas, entre eles, que o conteúdo não está sendo atrativo e pode estar fazendo com que as pessoas entrem e saiam do site brevemente. A mesma avaliação pode ser feita levando em conta tópicos como o tempo de permanência no site e páginas visitadas por sessão.

Com o trabalho estratégico de marketing digital, a empresa teve sua presença digital totalmente redesenhada, com um novo site, novo conteúdo nas mídias sociais e otimização de campanhas no Google Ads, Facebook Ads e outros canais. Paralelamente, investiu na produção de conteúdos mais atrativos e na melhoria da experiência do usuário no site. O impacto foi imediato: o número de sessões no site subiu para 146 mil, enquanto o tempo médio de permanência também avançou.

As redes sociais tiveram um papel estratégico na construção de um relacionamento mais próximo com o público. O Facebook Ads foi um dos canais mais eficazes, responsável por gerar 62,3% de todos os leads no período analisado. No ambiente orgânico, a interação nas redes sociais também contribuiu para ampliar o alcance da marca, com um crescimento de 48% no alcance geral e 18% no número de postagens. Esses resultados mostram que, ao combinar ações pagas e orgânicas, foi possível gerar impacto positivo tanto no engajamento quanto na captação de potenciais clientes.

Como parte da estratégia, as redes sociais foram fundamentais para reforçar a presença da marca em diferentes plataformas. A análise detalhada de KPIs como curtidas, compartilhamentos e comentários indicou aumento no alcance e no número de visitas à página. As métricas também destacaram oportunidades de melhoria, como a queda no número de reações em alguns períodos, o que motivou ajustes nos conteúdos postados. Esse acompanhamento constante permitiu que as campanhas fossem otimizadas permanentemente.

No aspecto financeiro, os resultados foram ainda mais expressivos. O CAC teve um pequeno aumento devido ao aumento dos investimentos, mas o ROI das campanhas subiu 37%, reforçando a rentabilidade das ações. O número de leads captados alcançou uma alta de 24,5%, enquanto o total de vendas subiu para 448 unidades, com destaque para o lançamento de um empreendimento específico que consolidou o sucesso da estratégia.

O CPL foi outro ponto de destaque. Em meses anteriores, alterações em algoritmos de plataformas de mídia social haviam provocado aumentos expressivos, mas o acompanhamento constante permitiu ajustes rápidos. Em comparação com os resultados prévios, o trabalho de marketing digital não apenas estabilizou o CPL, mas também aumentou a previsibilidade na geração de leads, reduzindo oscilações negativas.

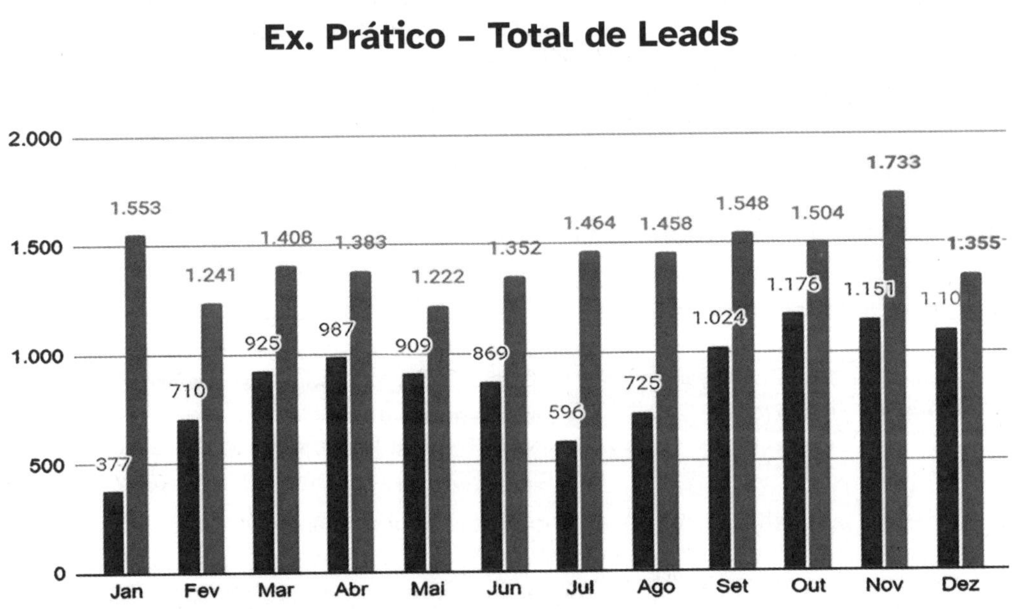

Exemplo prático de acompanhamento da captação de leads.

Fonte: *Digitalens*

No gráfico anterior, é possível comparar a evolução do número de leads, mês a mês, comparando por dois anos. É muito importante avaliar o que está influenciando esses dados para que seja possível entender o que gerou tais mudanças, para melhor ou pior: aumento de investimentos, problemas nas plataformas, entre outros casos possíveis, isso faz parte de um acompanhamento contínuo. No caso desta construtora, pudemos cruzar com a evolução dos investimentos em marketing digital.

As análises de canais revelaram que o Google Ads foi o principal gerador de tráfego, responsável por 9.229 sessões e 320 leads em um único mês. Já o Facebook Ads foi o maior responsável pela geração de leads, trouxe 1.066, representando 62,3% do total, enquanto o tráfego orgânico contribuiu com 87 leads. Essa diversificação permitiu um equilíbrio entre estratégias pagas e orgânicas, maximizando o alcance e a eficiência das campanhas.

Por fim, uma análise de benchmarking posicionou a empresa à frente de concorrentes diretos em indicadores como taxa de rejeição e número de páginas acessadas por visita. As melhorias no site e a diversificação das estratégias digitais consolidaram a marca como uma referência no setor, evidenciando o impacto de um marketing digital orientado por dados e metas bem definidas.

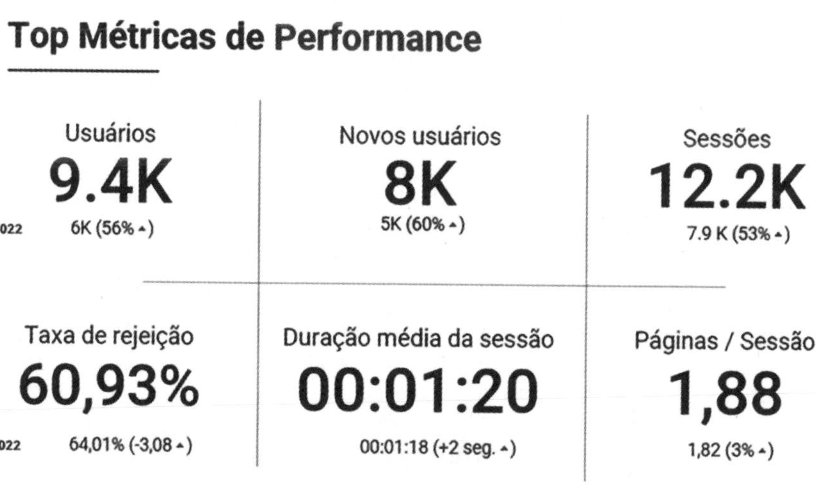

Exemplo de acompanhamento de resultados — case real.

Fonte: *Digitalents*

Estas métricas de performance comparadas com o ano anterior contam parte da história, mas é necessário analisá-las à luz de outros indicadores, como ROI e o próprio número de conversões em vendas.

O NOVO HORIZONTE DE DADOS DO GOOGLE ANALYTICS 4

Lançado em outubro de 2020, o Google Analytics 4 (GA4) representa uma reformulação completa na forma como dados de usuários são coletados, analisados e apresentados. Com um enfoque centrado em eventos e na jornada do usuário, ele substitui o Universal Analytics, que saiu de cena em 2023, após dez anos no mercado. O GA4 oferece uma visão mais detalhada, confiável e alinhada às exigências de privacidade e proteção de dados como o GDPR (sigla para Regulamento Geral sobre a Proteção de Dados, em português), da União Europeia, e a LGPD (Lei Geral de Proteção de Dados) brasileira. Diferentemente do Universal Analytics, que se baseava no rastreamento por IP, o GA4 adota identificadores exclusivos para monitorar comportamentos sem comprometer a privacidade. Essa mudança permite acompanhar interações de um mesmo usuário em diferentes dispositivos, consolidando informações que antes poderiam ser fragmentadas.

Para dar um exemplo prático, podemos pensar em algo que costuma ocorrer com nós mesmos quando estamos decidindo por uma compra. Podemos acessar uma loja virtual pelo celular para explorar produtos, voltar ao site mais tarde e adicionar itens ao carrinho e só à noite, no computador, finalizar a compra. No Universal Analytics, essas interações poderiam ser tratadas como visitas de usuários distintos. Já no GA4, um ID único é atribuído ao usuário, garantindo que toda a jornada seja unificada, mesmo que ele utilize diferentes dispositivos. Essa abordagem centrada no ID reduz redundâncias nos dados e acaba oferecendo uma visão mais clara do comportamento do consumidor, o que facilita a tomada de decisões estratégicas.

Outra inovação importante para as decisões de marketing digital está na forma como o engajamento é medido. O GA4 introduz o conceito de "sessões engajadas", que considera interações mais significativas. Uma sessão engajada é definida como aquela que dura mais de 10 segundos, apresenta um evento de conversão ou tem pelo menos duas visualizações de página ou tela. Isso contrasta com o Universal Analytics, onde uma visita sem interação era automaticamente classificada como rejeição, independentemente de o usuário ter encontrado a informação que buscava rapidamente. Além disso, a taxa de engajamento, calculada dividindo o número de sessões engajadas pelo total de sessões, oferece uma visão mais precisa do envolvimento dos usuários com o conteúdo.

O GA4 também reformulou o conceito de sessões, trazendo mudanças que refletem melhor o comportamento real do usuário. No Universal Analytics, sessões eram reiniciadas à meia-noite ou durante mudanças de campanha, o que muitas vezes distorcia os dados — sim, se um usuário estivesse no seu site às 23h50, fosse tomar um banho e voltasse à 0h05, era considerado como uma nova sessão. No GA4, uma sessão só termina após 30 minutos de inatividade, garantindo maior consistência na análise. Por exemplo, se um usuário pausa a navegação para atender uma ligação e retorna depois, a sessão continua, proporcionando uma visão mais coerente da experiência.

Uma das grandes revoluções do GA4, porém, é o uso de inteligência artificial para análise preditiva. Com algoritmos avançados, a ferramenta identifica tendências e comportamentos futuros, como a probabilidade de conversão ou abandono de carrinho. Um e-commerce pode, por exemplo, prever quais usuários estão mais propensos a finalizar uma compra e direcionar campanhas personalizadas para eles, maximizando o retorno sobre o investimento. Essa capacidade de antecipação transforma a análise de dados em uma ferramenta proativa.

A mudança na coleta de dados também trouxe mais confiabilidade e alinhamento com a privacidade. Enquanto o Universal Analytics era fortemente dependente de cookies, o GA4 é projetado para funcionar em um mundo com restrições crescentes ao uso de cookies. Além disso, a métrica de usuários ativos — que considera visitantes engajados — elimina problemas comuns, como visitas realizadas por bots, oferecendo uma análise mais precisa e centrada no comportamento humano.

Para quem trabalha com data-driven marketing, é importante destacar que o GA4 não é apenas uma atualização do Universal Analytics, mas uma ferramenta completamente nova, com estrutura, métricas e lógica distintas. Por isso, dados das duas plataformas não podem ser comparados diretamente. Essa transição representa uma oportunidade para todos nós, que trabalhamos com marketing digital, evoluirmos na maneira como analisamos e interpretamos dados, adotando uma abordagem mais moderna, flexível e alinhada às necessidades de um ambiente digital em constante mudança. É toda uma redefinição do potencial estratégico da análise de dados.

CAIXA DE FERRAMENTAS

Já não é possível imaginar a vida de um profissional de marketing digital sem uma caixa de ferramentas cheia de opções para esquadrinhar cada passo e cada clique dos usuários que trafegam pela internet. Para que o gigantesco volume de dados captados se transforme em ações estratégicas, é preciso estar munido das ferramentas certas. Abaixo, selecionei as principais opções utilizadas no mercado hoje e como cada uma delas pode ser útil para sua campanha ou seu e-commerce.

- **SEMRush e Ahrefs**: Ambas são líderes em análise de SEO e utilizam inteligência artificial para gerar insights em detalhes. O SEMRush, por exemplo, emprega IA para prever tendências e sugerir palavras-chave relacionadas ao comportamento dos consumidores, inclusive fazendo monitoramento dos concorrentes. Já o Ahrefs aplica algoritmos avançados para monitorar backlinks e avaliar a autoridade de domínios.

- **Google Ads e Facebook Ads Manager**: Fortemente apoiadas por IA, essas plataformas oferecem um painel completo de métricas como CTR (Taxa de Cliques), CPC (Custo por Clique) e CPA (Custo por Aquisição), utilizando aprendizado de máquina para otimizar campanhas automaticamente. No Google Ads, a IA ajusta lances em tempo real com base no comportamento do usuário, enquanto o Facebook Ads Manager pode segmentar públicos de forma cada vez mais precisa, utilizando dados de interesses e interações.
- **Google Analytics 4 (GA4):** Embora não seja puramente uma ferramenta de IA, o GA4 incorpora aprendizado de máquina para identificar tendências e prever comportamentos, ajudando a monitorar e analisar métricas essenciais de marketing digital, como tráfego, conversões e engajamento.
- **Tableau e Power BI**: São ferramentas de inteligência de negócios que ajudam a visualizar dados complexos de forma intuitiva. Um profissional de marketing pode, por exemplo, criar dashboards interativos para cruzar dados de campanhas, comportamento do usuário no site e resultados de vendas, identificando correlações e oportunidades que seriam difíceis de perceber em planilhas. Embora menos centradas em IA, ambas permitem a integração com modelos preditivos baseados em aprendizado de máquina. Isso possibilita a criação de dashboards que projetam cenários futuros, como previsão de vendas ou impacto de campanhas específicas.
- **Hotjar**: Vai além das métricas tradicionais e foca no comportamento do usuário. Seus mapas de calor revelam onde os visitantes mais clicam e quais áreas da página eles ignoram, enquanto gravações de sessões ajudam a entender pontos de fricção que podem estar reduzindo conversões.
- **Optimizely**: Ideal para quem trabalha com testes A/B e experimentação. Com essa ferramenta, é possível medir exatamente qual variação de uma página ou campanha gera mais engajamento ou conversões, permitindo ajustes com base em dados concretos. A ferramenta usa algoritmos para identificar rapidamente a variante vencedora, considerando múltiplas variáveis que influenciam o desempenho, como público-alvo, horário e dispositivo usado.
- **HubSpot e RD Station**: Além de rastrear métricas como CPL (Custo por Lead) e taxas de conversão, oferecem automação de e-mails e fluxos de nutrição, tornando o acompanhamento de leads mais eficiente. Imagine configurar uma sequência automatizada de e-mails para leads que abandonaram o carrinho, enquanto monitora em tempo real quais mensagens tiveram mais aberturas e cliques. O HubSpot, por exemplo, analisa padrões de comportamento para sugerir os melhores horários para envio de e-mails ou o tipo de conteúdo mais eficaz.

- **Zendesk e WhatsApp Business API**: Embora sejam ferramentas de comunicação e atendimento, também fornecem métricas importantes, como tempo médio de resposta e taxa de resolução de problemas. Um e-commerce pode, por exemplo, rastrear quais dúvidas são mais frequentes e ajustar suas páginas de FAQ para reduzir a necessidade de suporte humano. Ambas empregam IA no suporte ao cliente. O Zendesk usa aprendizado de máquina para prever o tempo médio de resolução de problemas e recomendar respostas automáticas. Já o WhatsApp Business API, quando integrado a chatbots inteligentes, pode personalizar o atendimento e até converter leads diretamente pelo aplicativo.
- **Salesforce e Pipedrive**: Mais do que CRMs, essas plataformas ajudam a analisar o ciclo de vendas. Você pode acompanhar o desempenho da equipe comercial, medir o tempo médio para conversão de leads e até prever receitas futuras com base nas tendências de funil. No Salesforce, a funcionalidade Einstein Analytics aplica aprendizado de máquina para recomendar próximas ações baseadas em dados históricos.
- **Zapier e Pluga.co**: Automatizam a integração de ferramentas, como sincronizar dados do formulário de um site diretamente com o CRM. Embora não forneçam métricas, tornam os fluxos de dados mais eficientes, garantindo que você tenha informações precisas para analisar.
- **Bling**: Um ERP que vai além do marketing, mas é útil para integrar dados de vendas, estoque e faturamento. Um profissional de marketing pode usá-lo para acompanhar, por exemplo, o impacto de campanhas em promoções específicas e analisar a relação entre estoque disponível e conversões.
- **Hootsuite Insights (via Brandwatch):** Usa IA para analisar métricas de mídia social, monitorar sentimentos do público e identificar tendências de engajamento em tempo real.
- **Adobe Analytics:** Oferece análise preditiva com IA para métricas de marketing digital, permitindo compreender o comportamento do consumidor e otimizar campanhas em múltiplos canais.
- **IBM Watson Marketing:** Oferece recursos avançados de IA para analisar dados de campanhas, prever comportamentos e otimizar estratégias de marketing.
- **Kissmetrics:** Plataforma focada em métricas de engajamento e conversões, fornecendo insights detalhados sobre o comportamento do cliente e o impacto das campanhas.

15 métricas fundamentais do marketing digital

1. ***Impressões***

Medida de quantas vezes seu conteúdo foi visualizado, independentemente de interações. Cada vez que uma peça de conteúdo aparece na tela de um usuário conta como uma impressão.

Tipo de Medida: Numérica.

2. ***Alcance***

Número total de pessoas únicas que foram expostas ao seu conteúdo. Diferente das impressões, o alcance contabiliza visualizações únicas.

Tipo de Medida: Numérica.

3. ***Frequência***

Número médio de vezes que cada usuário foi exposto ao conteúdo. Alta frequência pode indicar que seu conteúdo está sendo repetidamente visto pelo mesmo público.

Tipo de Medida: Numérica.

4. ***Cliques***

Número total de cliques que seu conteúdo ou anúncio recebeu, seja para redirecionar para um site, abrir um link, ou interagir com um botão.

Tipo de Medida: Numérica.

5. ***CPC — Custo por Clique***

Custo médio para cada clique em seu anúncio, representando o valor pago por cada interação individual no conteúdo patrocinado.

Tipo de Medida: Numérica (moeda corrente).

6. ***CTR — Taxa de Cliques (Click Through Rate)***

Percentual que representa a eficácia do conteúdo em gerar cliques. Calculado dividindo o número de cliques pelo número de impressões e multiplicando por 100.

Tipo de Medida: Percentual.

7. ***CPM — Custo por Mil Impressões***

Custo médio para atingir 1.000 pessoas com seu conteúdo. Comum em campanhas de reconhecimento de marca e publicidade em grande escala.

Tipo de Medida: Numérica (moeda corrente).

8. ***ROAS — Retorno Sobre Investimento em Publicidade (Return on Advertising Spend)***

Retorno gerado diretamente a partir do investimento em publicidade. Calculado dividindo a receita obtida pelo valor investido em anúncios.

Tipo de Medida: Numérica (moeda corrente).

9. ***ROI — Retorno sobre Investimento (Return on Investment)***

Indicador estratégico que avalia o retorno financeiro em relação ao total investido, incluindo todos os custos, e não apenas publicidade. Representa a saúde do negócio em termos de retorno financeiro.

Tipo de Medida: Percentual.

DIFERENÇA ENTRE
RESULTADO E MÉTRICA

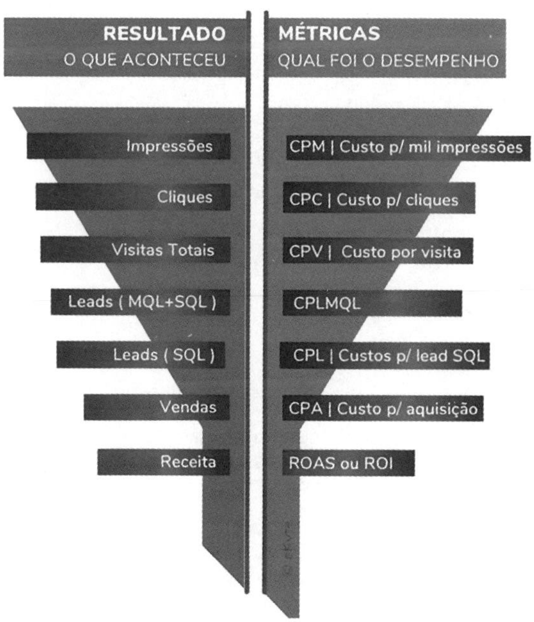

Fonte: *ekyte.com.*

10. ***Taxa de Abertura de E-mail***

Percentual que indica quantos destinatários abriram o e-mail marketing enviado, ajudando a avaliar a eficácia do título e o interesse do público no conteúdo.

Tipo de Medida: Percentual.

11. ***Taxa de Clique de E-mail***

Percentual que representa quantas pessoas clicaram em um link ou chamada para ação dentro do e-mail, mostrando o engajamento e relevância do conteúdo enviado.

Tipo de Medida: Percentual.

12. ***CPL — Custo por Lead***

Valor médio gasto para gerar um novo lead, ou seja, um contato qualificado que demonstrou interesse em seu produto ou serviço.

Tipo de Medida: Numérica (moeda corrente).

13. ***Conversão***

Quantidade total de pessoas que realizaram a ação desejada, como uma compra, cadastro, ou download. Representa a efetividade final da campanha em gerar ações relevantes.

Tipo de Medida: Numérica.

14. ***Taxa de Conversão***

Percentual de usuários que realizaram a ação desejada em relação ao total de pessoas alcançadas. Calculado dividindo o número de conversões pelo número de visitantes ou cliques, dependendo do contexto.

Tipo de Medida: Percentual.

15. ***CPA — Custo por Aquisição***

Média do custo para cada ação ou aquisição realizada, como uma compra ou cadastro. Pode incluir ações específicas, de acordo com o objetivo da campanha.

Tipo de Medida: Numérica (moeda corrente).

LGPD: TODO CUIDADO É POUCO

A Lei Geral de Proteção de Dados (LGPD), promulgada em agosto de 2018 e em vigor desde setembro de 2020, é a principal legislação brasileira que regula o uso, o armazenamento e a proteção de dados pessoais. Inspirada na GDPR (General Data Protection Regulation) da União Europeia, a LGPD surge como uma resposta ao crescente uso de informações pessoais em estratégias de marketing e à necessidade de garantir mais transparência e controle ao usuário. Essa legislação precisa estar lado a lado do trabalho do profissional de marketing, que agora precisa equilibrar a criatividade de suas campanhas e a coleta de dados com a conformidade legal.

Um dos pilares da LGPD é o consentimento explícito, que exige que as empresas obtenham autorização clara e informada do usuário antes de coletar ou usar seus dados. Por exemplo, ao usar um formulário para captar leads, é imprescindível que o consumidor saiba exatamente para que seu e-mail será utilizado — seja para enviar newsletters, promoções ou outro tipo de comunicação. A finalidade específica e a minimização dos dados coletados reduzem o risco de armazenar informações desnecessárias, o que obriga os profissionais de marketing a revisar continuamente suas bases de dados e estratégias de coleta.

Para o marketing digital, essa mudança implica adaptações práticas em ferramentas do dia a dia. Gerenciadores de consentimento de cookies, como OneTrust ou Cookiebot, tornam-se aliados para garantir que o rastreamento de navegação respeite a lei. Plataformas de automação de marketing, como RD Station e HubSpot, já oferecem funcionalidades que ajudam na adequação à LGPD, como a configuração de políticas de consentimento e o gerenciamento seguro de listas de contatos. Além disso, o uso de CRMs e ferramentas de análise, como o Google Analytics, exige revisões nos termos de uso e nas integrações com anúncios e campanhas, de forma a evitar violações.

As sanções para quem descumpre a LGPD são severas. As multas podem chegar a 2% do faturamento anual da empresa, limitadas a R$50 milhões por infração, além de bloqueios ou eliminação de dados coletados ilegalmente. No entanto, os danos vão além do financeiro: o impacto reputacional pode ser devastador, com a perda da confiança dos consumidores. Casos como o de empresas que tiveram dados vazados ou foram multadas por práticas abusivas mostram que a conformidade com a LGPD é mais do que uma obrigação legal — é uma questão de sobrevivência no mercado.

Ainda assim, a LGPD também representa uma oportunidade de diferenciação. Empresas que priorizam a privacidade dos consumidores podem usar essa abordagem como um elemento estratégico de marketing, comunicando confiança e fidelidade. Consumidores valorizam marcas que respeitam seus dados e demonstram compromisso com sua proteção. Essa prática pode até mesmo melhorar métricas de engajamento e conversão, já que leads qualificados e confiantes tendem a interagir mais com as campanhas.

Para quem trabalha com empresas ou marcas internacionais, é preciso lembrar que a LGPD não existe isoladamente: por isso, não podemos perder de vista a GDPR (na Europa) e a CCPA (nos Estados Unidos). Embora cada lei tenha suas particularidades, o princípio é o mesmo: garantir que os dados pessoais sejam tratados com transparência, segurança e respeito. É isso que se exige de um negócio moderno, sustentável e alinhado às expectativas dos consumidores na era digital.

PODCASTS

Um encontro valioso com Lucas Jardim, CEO da JAB Consultoria, CMO e fundador da 'Viver de Kombucha', além de professor na ESPM e na EBAC, especialista em SEO, tráfego pago e Growth. Ele compartilha sua trajetória, conhecimentos e estratégias de mercado. Para completar, Sandra Turchi traz insights valiosos para enriquecer ainda mais essa troca.

Lucas Jardim — Métricas

Uma interação super rica com Gustavo Reis, diretor de marketing e professor em grandes escolas, como Insper, ESPM e FIAP, sobre sua trajetória, seus conhecimentos e assuntos atuais do marketing digital. Sandra Turchi conduz a conversa.

Gustavo Reis — Data Driven Marketing

CAPÍTULO 9

ENTENDENDO O MERCADO DO MARKETING DIGITAL B2B

(Capítulo elaborado em parceria com Fernanda Nascimento – CEO da Stratlab)

NESTE CAPÍTULO, VOCÊ VAI:

- *Saber como o marketing digital pode ser um aliado no B2B.*
- *Entender sobre a presença digital das empresas e sobre o conceito de Thought Leadership.*
- *Conhecer alguns pontos de atenção sobre o uso de IA no marketing digital B2B.*

Seu negócio é B2C ou B2B? Provavelmente você também já fez essa pergunta alguma vez. Afinal, se os termos existem, há diferenças entre eles, por mais que, com o tempo, o jeito de se fazer marketing em geral esteja digitalizado e focado no ser humano. B2C e B2B são siglas populares e muito usadas no mundo dos negócios. Por meio delas, definimos as características do público-alvo e do mercado onde esse público atua.

No B2C (*business to consumer*), o foco é a venda para o consumidor final, aquele que vai até a loja ou adquire o bem ou serviço diretamente pela internet. Nesse tipo de venda, além de atender a uma necessidade física do cliente, há outros componentes psicológicos em jogo que devem ser considerados, como compra por impulso, status, aspiração, desejo e emulação. Essas características do B2C são importantes e devem ser observadas na estratégia de comunicação, visto que elas definirão o conteúdo, os meios de divulgação, o estilo de linguagem e a forma de convencimento, às vezes mais persuasiva e menos racional.

Já no B2B (*business to business*), o negócio é feito entre empresas para atingir objetivos bem definidos. Embora a compra seja mais racional, com a negociação tendo um peso maior, e o ciclo total do processo sendo mais longo, muitas vezes com um período de recompra estabelecido, há emoções envolvidas no processo. No B2B, fatores como marca, qualidade e prestígio fazem parte de uma análise ainda mais criteriosa, o processo de vendas é impactado também por outros quesitos mercadológicos, como preço, garantia, descrição do produto ou do serviço, atendimento e suporte, que são aspectos técnicos, e também por confiança e relacionamento, que são atributos emocionais.

Por isso, quando falamos em um plano de marketing, a estrutura básica do B2C e do B2B é construída a partir do cliente final, de suas expectativas e de suas características particulares, diferenças que orientarão a oferta. Nos últimos anos, principalmente no pós-pandemia, a aceleração no uso das ferramentas digitais e, consequentemente, a mudança no comportamento do consumidor alteraram a forma de vender e de comprar, criando um ambiente novo para o B2B.

Para que possamos compreender este novo cenário B2B, precisamos olhar para as transformações mais destacadas que ocorreram nesse mercado. Alguns dados mostram que transformações foram essas. De acordo com a HubSpot, as taxas de respostas de e-mail caíram 30% durante a pandemia. Uma ferramenta de comunicação que deixou de ser efetiva nas relações pessoais e que, praticamente, ficou em desuso nas vendas corporativas.

Dados de um estudo da McKinsey indicam que 35% dos compradores preferem o atendimento automático digital para solicitar um pedido, enquanto 33% optam por interações tradicionais, e 32% querem o contato humano remoto. O equilíbrio se repete na fase de recompra. A McKinsey ainda registra que 65% dos clientes corporativos procuram interações remotas ou autoatendimento digital em vez de contatos tradicionais. Além disso, 45% das organizações enfrentam mais de 30% de rotatividade em seus quadros de compradores.

Uma pesquisa do LinkedIn constatou que, atualmente, os vendedores de alto desempenho, aqueles que ultrapassam 150% da cota, têm em comum quatro características importantes:

1. Concentram-se em contas com mais oportunidades: usam insights para entender o comprador e priorizam contas com altas probabilidades de negócio.
2. Identificam clientes que estão prontos para se engajar: encontram compradores relevantes na conta, monitoram sinais de compra e personalizam a mensagem para se destacar da concorrência.
3. Buscam aliados: encontram aliados ocultos, como um cliente antigo que começou a trabalhar em uma nova empresa, e usam interesses ou conexões em comum para conquistar a confiança de prospects.
4. Otimizam o tempo: os profissionais dedicam 10% menos tempo às vendas em comparação a vendedores de desempenho médio, que investem 25% do tempo total de trabalho nesse objetivo específico.

Esse novo cenário nos diz muito sobre o novo mercado B2B. A principal informação a ser considerada é que as ferramentas digitais passaram a fazer parte do cotidiano das equipes de compras. Agora, o trabalho de procurar fornecedores, pesquisar preços e referências, solicitar informações, obter suporte e dados de produtos e serviços está mais centralizado nos canais eletrônicos.

Os clientes corporativos são proativos e, por isso mesmo, exigem que suas vidas sejam facilitadas pelas equipes de vendas. Eles não só querem agilidade, comprometimento e assistência, como esperam que as empresas disponibilizem canais simples, sob demanda, rápidos e eficientes.

Isso quer dizer que os compradores estão mais experientes digitalmente e tecnicamente. Eles investem mais tempo em seus dispositivos para encontrar o que querem e menos tempo nos relacionamentos comerciais. Se antes esperavam por uma oferta, agora procuram as melhores condições dentro do tempo e da necessidade deles, descartando fornecedores que não se adaptam a essa realidade.

O PAPEL DO MARKETING DIGITAL NAS EMPRESAS B2B

Mais do que um simples meio de vendas, a tecnologia passou a fazer parte do comportamento do consumidor, sendo decisiva para a aquisição de um produto, como também para a fidelização do público. Essa mesma concepção é percebida nas empresas B2B. Se até então os canais virtuais solidificaram o sucesso do e-commerce no mercado de varejo, hoje o mundo conectado vale, inclusive, para as transações corporativas, tanto para quem vende quanto para quem planeja ações focadas no cliente.

Nesse sentido, estudos do Gartner apontam que, até 2025, 60% dos departamentos corporativos trocarão as vendas baseadas em intuição por aquelas orientadas por dados, insights e informações. No entanto, isso é só uma ponta da mudança. Na outra, está o marketing digital, responsável por garantir a unidade da marca e a sua presença no ambiente eletrônico, atrair e converter leads em clientes, além de aumentar o engajamento e a fidelidade. Como? Criando estratégias de conteúdo direcionadas e com qualidade.

O velho marketing nasceu há pelo menos 5 mil anos, segundo registros do Marketing Museum, quando comerciantes de minério de cobre da região da Mesopotâmia (hoje o Iraque) anunciavam seus produtos em tábuas de argila para despertar a atenção dos clientes e ganhar mercado. Desde então, o marketing moderno evoluiu, principalmente a partir da década de 1950, quando o foco ainda estava no produto e não em quem iria consumi-lo.

A história do marketing B2B provavelmente segue essa mesma linha, embora registros concretos datam do fim do século XIX, quando a empresa de produtos agrícolas John Deere já publicava a *The Furrow*, uma revista de marca nascida muito antes do termo marketing de conteúdo, que veiculava conteúdos técnicos e detalhados de seus produtos, tão úteis para o leitor que a publicação existe até hoje.

Exemplares da revisa The Furrow, John Deere.

Talvez seja impossível que a John Deere tenha feito uma viagem no tempo e fincado os pés nesta década para entender a importância de um conteúdo de qualidade. Mas é provável que a empresa, mais de 120 anos atrás, já compreendesse a relevância de produzir e entregar, ao seu público, temas e assuntos que gerassem valor para os leitores e para seus negócios. De qual forma? Conhecendo o cliente, gerando empatia e confiança.

Um estudo da Salesforce mostra que 74% dos consumidores entrevistados querem uma comunicação honesta e transparente das empresas. Entre as ações para gerar essa conexão, destacam-se: conduzir um relacionamento humanizado, resolver problemas e comunicar-se proativamente.

E mais: para 89% dos compradores, há maior probabilidade de comprar se as empresas demonstrarem compreensão de seus objetivos, e 87% esperam que os parceiros corporativos atuem como consultores confiáveis.

No complexo universo B2B, esses dados, aparentemente desconexos, indicam que o cliente deseja ser reconhecido e ter suas necessidades e expectativas pessoais, profissionais e comerciais atendidas. A comunicação cumpre esse papel, mas desde que elaborada dentro de um planejamento estratégico, coeso e coerente, baseado no buyer persona e no negócio, e totalmente alinhado com a identidade da marca e com os valores.

Quando falamos em conteúdo de qualidade, voltamos nossa atenção para um projeto editorial que traga resultados para uma proposta clara de marketing de conteúdo, visando a um ou mais objetivos, de vendas diretas, geração de leads, relacionamento, reconhecimento de marca ou reputação da marca. Um conteúdo de qualidade deve fazer sentido para a empresa vendedora e para a empresa compradora, sem esquecer o fator humano, ou seja, os compradores e suas equipes.

À medida que as empresas estabelecem suas metas, desenvolvem seus canais de contato, definem suas ações, identificam e reconhecem seus clientes, chega o momento de desenvolver o conteúdo. O marketing B2B atrai e retém seu público por meio de uma abordagem amigável, levando soluções para as empresas que irão acessar o material. Por isso, o conteúdo deve ser claro, direto, racional, analítico e aprofundado, como se fosse uma conversa entre dois especialistas, levantando questões relevantes e que gerem utilidade prática e real.

Como dissemos no início deste capítulo, o processo B2B é longo e mais difícil do que uma venda B2C. Isso faz com que a jornada de compra seja uma transação de idas e vindas, com as ações de marketing — e seu conteúdo — prevalecendo por todo esse período e considerando a fase de recompra, geralmente periódica.

Portanto, estamos falando em construir relacionamentos únicos, porém amplos, nos quais o consumo não é de massa e cada negociação pode exigir decisões específicas. Por mais que haja um catálogo de produtos e serviços predeterminados, devemos lembrar que a comunicação também se guia e se estabelece pelo perfil de quem a consome.

Mais do que receber informações básicas de produtos e serviços, o consumidor B2B espera ser abordado com referências personalizadas e reais, que o façam se sentir dentro de uma relação de negócios, porém humana.

Essa é a oportunidade de criar argumentos na comunicação baseados em casos de sucesso, trazendo o depoimento e a voz de outros clientes para a estratégia. Como em qualquer propaganda, o público quer se ver refletido na mensagem. Novamente: conteúdo de qualidade atende à marca e, principalmente, o cliente, encurtando e facilitando o processo de vendas.

Gerar leads B2B é trazer o consumidor para a sala de vendas. Mesmo no ambiente digital, o funil completo é composto das fases de Consciência, Interesse, Consideração, Intenção, Avaliação, Decisão e Compra. Devido ao dinamismo do mercado e da audiência, nem sempre as etapas acontecem nessa ordem. No entanto, é essa estrutura que a comunicação deve acompanhar.

Depois de definir o posicionamento da marca, entender o cliente, elaborar a estratégia de marketing e construir o conteúdo, chega o momento de colocar as engrenagens em funcionamento. Ou seja, de estabelecer os meios e as formas de cativar o cliente e impactá-lo com o conteúdo.

Dados do Statista mostram que, nos últimos anos, nove de cada dez ações de marketing B2B têm sido digitais, lideradas pela produção de vídeos, conteúdo para Thought Leadership (líderes que se posicionam como especialistas em seus mercados nas redes sociais), anúncios online, webinars, entre outros.

Esses canais são os responsáveis por atrair e aumentar a audiência. Dessa forma, as equipes de marketing devem realizar uma análise cuidadosa de meios e dos conteúdos ideais para proporcionar uma experiência enriquecedora e positiva ao seu público.

MARKETING DE RELACIONAMENTO E PRESENÇA OMNICANAL

Depois de ter conquistado a atenção do cliente, e mesmo no pós-venda, chegamos à etapa de estimular o contato e construir um relacionamento sólido, lembrando que as negociações no B2B são complexas, técnicas e longas, muitas vezes envolvendo outras pessoas e hierarquias internas. Como em qualquer transação, criar laços com o cliente significa potencializar a fidelização, reduzindo, dessa forma, as despesas de captação e aumentando a rentabilidade financeira.

O objetivo do marketing de relacionamento é transformar leads em clientes, e clientes em parceiros comerciais satisfeitos com o serviço prestado, produto vendido e atendimento oferecido. Para ampliar a atuação das ações promocionais, dois fatores são essenciais no marketing digital: a correta segmentação do público e a disponibilidade de multicanais de contato, em um ambiente híbrido e flexível.

O que os compradores querem? Muitas vezes, os vendedores B2B pensam nos clientes como decisores racionais que buscam maximizar valor, reduzir custos e economizar tempo. Essa lógica não está errada, mas não podemos esquecer que, do outro lado da negociação, há seres humanos, cujas necessidades pessoais também precisam ser atendidas.

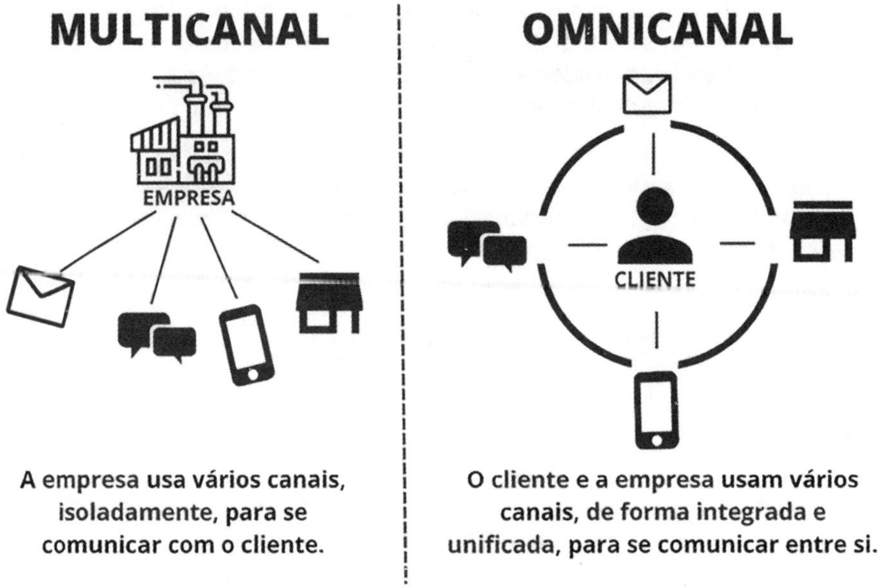

Fonte: *infobip.com.*

Se de um lado estudos indicam que as equipes de compras estão mais digitalizadas, e por isso mesmo mais distantes dos contatos presenciais, do outro ainda há muito espaço para desenvolver ações que priorizem a personalização. Entender o dualismo entre o contato a distância e a humanização pode ser decisivo na hora de desenhar um programa de marketing B2B.

Uma pesquisa publicada na *Harvard Business Review*, por exemplo, mostra que os compradores querem ver suas solicitações profissionais preenchidas ao mesmo tempo que esperam interações que alimentem três necessidades psicológicas: autonomia, relacionamento e domínio.

Dessa forma, três iniciativas podem fortalecer o contato e maximizar as vendas:

1. **Crie condições de autonomia:** alguns clientes preferem receber mais de uma opção ou oferta que resolvam seus problemas, permitindo a liberdade de escolha. Ofereça, então, soluções viáveis que possam ser implantadas.
2. **Conecte-se de forma inteligente:** entenda o que o comprador precisa. Relacionamentos superficiais são substituídos por outros que realmente agreguem valor. Concentrar-se em maneiras para melhorar o trabalho do cliente solidifica a relação comercial. Por isso, entender a dor do outro ajuda a formular argumentos convincentes e autênticos.

3. **Aumente as habilidades das equipes de compra:** em vez de só resolver o problema do cliente, compartilhe informações que auxiliem tarefas e decisões. Estimular a sensação de domínio e controle da negociação é saudável para o relacionamento.

Lembre-se de que a compra B2B é racional e está baseada em aspectos técnicos, na redução de custo e na economia de tempo. No entanto, isso não quer dizer que o fator humano das relações deva ser desprezado, pelo contrário, como veremos a seguir.

SEGMENTAÇÃO E PERSONALIZAÇÃO

Nesta nova era digital, os vendedores com melhor desempenho estão ficando menos obcecados com a visão interna de seu funil, como apresentações, propostas e negociações, e mais orientados ao cliente, procurando oferecer uma jornada personalizada de conscientização, avaliação e consideração.

Com isso, as equipes de marketing podem trabalhar suas abordagens de comunicação conforme o perfil e a classificação de suas contas. Segmentar o público ajuda a elaborar um conteúdo personalizado, definir padrões de contatos adequados a cada tipo de empresa, reduzir o orçamento operacional e identificar nichos de mercado ainda não explorados.

Há muitos modelos de segmentação de mercado, porém a maioria das empresas constroem suas bases seguindo este padrão:

- **Localização —** esta variável é importante quando o negócio atende a regiões limitadas ou quando as ofertas mudam dependendo da localização.
- **Porte da empresa —** muitas vezes, o modelo de negócio é organizado com foco em pequenas, médias ou grandes empresas. Além de demandas e exigências diferentes, o porte influencia a capacidade de atendimento e toda a operação, seja de um produto, seja de um serviço.
- **Setor —** mesmo que um negócio atenda a diferentes setores, o plano de marketing não pode ser igual para todos. É fundamental adequar as ações e a comunicação a cada perfil.
- **Maturidade tecnológica —** organizações com maturidade digital em níveis diferentes apresentam necessidades e desafios distintos. Se a natureza do negócio está sustentada na tecnologia, isso também altera a oferta e a abordagem de marketing.

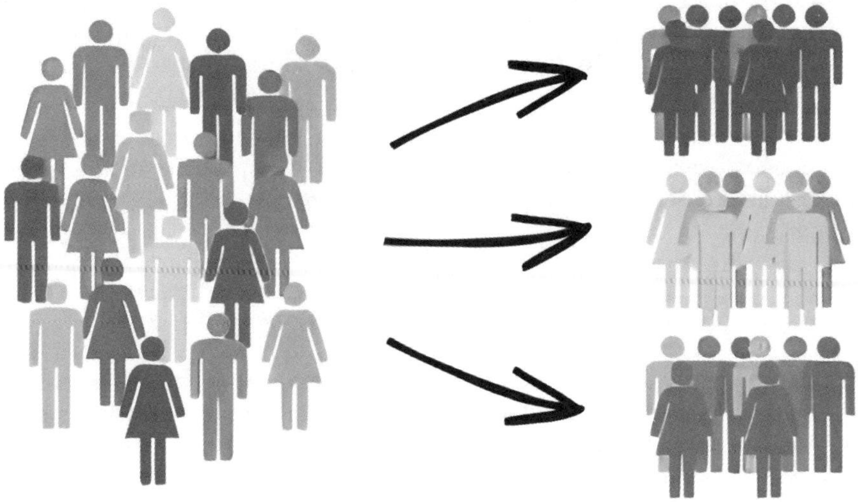

Ilustração sobre segmentação.

Algumas estratégias de marketing segmentam seus clientes criando uma persona, reunindo as características citadas. Como no B2C, essa persona também pode refletir o perfil das equipes responsáveis pelas decisões, considerando aspectos comportamentais e psicológicos. Essas variáveis contribuem com a linguagem, com o tom e com a frequência da comunicação, tornando-a mais personalizada.

Os clientes B2B têm uma expectativa clara do que querem e precisam de seus fornecedores: um atendimento híbrido e flexível, com a mesma eficiência que eles estão acostumados a ter no universo B2C. Isso quer dizer que os profissionais de vendas devem desenvolver e aprimorar habilidades e competências digitais para atender às necessidades de quem não espera — ou não quer — apenas contatos presenciais.

Nesse ponto, é relevante descobrir como o comprador enxerga essa flexibilidade, já que quando falamos em um atendimento personalizado, devemos dividir nossa atenção em vários canais e ser produtivos em todos eles, mas estar devidamente disponíveis para quando o cliente precisar, seja a distância, seja por meio de uma visita.

Consequência da digitalização e do novo comportamento híbrido do cliente, que assimilou para seu lado profissional os hábitos do consumidor B2C, a necessidade de uma estratégia B2B omnicanal deixou ser aposta de alguns para se transformar na urgência de todos. Se até três ou quatro anos atrás o processo de vendas demandava um reduzido número de canais de contato, hoje em dia a evolução da tecnologia determina os meios que podem otimizar os negócios e a rentabilidade.

Dessa forma, uma experiência positiva de compra pode estar diretamente relacionada aos serviços digitais oferecidos para os compradores. Além de funcionais e instintivos, como os melhores exemplos do e-commerce tradicional, a variedade de canais transacionais e de divulgação permite que os times de vendas atuem como especialistas em seus setores, oferecendo conteúdo confiável, humanizado e de qualidade. Essa condição representa um suporte técnico muito útil para os clientes de carteira e possibilita expandir a marca e atrair novos negócios.

VENDAS E MARKETING

Empresas que ainda atuam em silos, com divisões de tarefas e atividades que não se conectam e andam separadas, dificilmente conseguirão sobreviver em um cenário mercadológico tão competitivo como o do B2B. E isso, evidentemente, vale para vendas e marketing.

A colaboração das áreas é fundamental para fortalecer a cultura organizacional e a coesão dos objetivos. Conhecer o consumidor, entender sua realidade, identificar suas carências e conquistar sua confiança são fatores essenciais em um plano comercial integrado, cujas respostas são obtidas por quem conhece o cliente e por quem tem uma visão geral do mercado.

Se, como vimos, a transformação digital alterou o curso das relações, são essas mesmas relações que continuam sustentando uma venda, porém respaldadas por interações híbridas, presença omnicanal, comunicação personalizada e ferramentas tecnológicas que trazem vantagem competitiva e garantem a sustentabilidade do negócio.

Os clientes compram de quem conhecem e confiam. Só depois adotam outros critérios de avaliação. Essa afirmação vale para qualquer relacionamento comercial, porém é no B2B que a autoridade autêntica gera credibilidade para a marca e para quem está por trás dela.

Hoje em dia, muitos cases comprovam o valor de ter líderes gerando autoridade por meio de conteúdos relevantes nas mídias sociais ou em eventos presenciais. Estudos também comprovam como as organizações estão aproveitando seus próprios perfis em plataformas de redes profissionais, como o LinkedIn, para se estabelecerem como verdadeiras Lideranças de Pensamento, o Thought Leadership que citamos há pouco.

O poder da autoridade no B2B é real. Uma empresa pode ser considerada líder de opinião corporativa quando é confiável em sua área de atuação, por meio de sua marca, de suas atitudes e da relevância de seus executivos, que podem ser referências como formadores de opinião.

Um estudo conduzido pelo Content Marketing Institute mostra que cada vez mais as corporações B2B vêm investindo na imagem e no conteúdo para validar credibilidade e, assim, abrir portas para novos negócios.

O mesmo relatório destaca que os Thought Leaders mais bem-sucedidos constroem resultados de sucesso, apostando na jornada de ponta a ponta: 73% nutrem assinantes, audiências ou leads; 64% geram vendas/receita; e 60% constroem um público "assinante".

As empresas que constroem confiança e reputação por meio de conteúdo qualificado têm um número maior de seguidores e, à medida que esses seguidores crescem, suas receitas também aumentam. Para construir essa reputação, uma das principais estratégias é por meio de influenciadores.

INFLUENCIADORES B2B: INTERNOS E EXTERNOS

Líderes genuínos se posicionam proativamente nas redes sociais trazendo ideias, conceitos, experiências, histórias de sucesso e informações relevantes para seus pares, contribuindo para o crescimento pessoal e profissional de outras lideranças. Eles criam valor para suas próprias marcas e, consequentemente, para as organizações em que atuam. Esses são os influenciadores internos, lideranças que falam por si e carregam automaticamente a marca consigo.

Para os negócios B2B, a Thought Leadership é um novo modelo de comunicação corporativa que supera o tradicional press release em fiabilidade e crédito, permitindo uma voz humanizada conectada com sua audiência, criando influenciadores externos e imparciais, ou seja, sem relação profissional com a marca, ainda mais confiáveis.

Segundo orientação do *Forbes Coaches Council,* algumas recomendações podem ser úteis para formar uma liderança inovadora nos negócios corporativos. Listo algumas:

- Promover a educação contínua para si e para o público.
- Redigir e compartilhar artigos relevantes nas redes sociais.
- Participar de conversas virtuais.
- Fazer parte de conferências, webinars e podcasts.
- Estabelecer sua área de atuação sobre os assuntos e temas que domina e escreve.
- Desenvolver redes e participar de ecossistemas do conhecimento.
- Publicar casos e experiências profissionais.
- Revelar seus pontos fortes, mas não esconder suas fraquezas.

A Thought Leadership é um recurso valiosíssimo para ir além da comunicação corporativa, revelando-se uma excelente oportunidade para enriquecer o marketing de conteúdo com um toque humano. Neste atual momento do mercado, ideias, cultura, experiências pessoais e valores são cada vez mais valorizados no B2B, pois enriquecem os relacionamentos.

MÉTRICAS E ANÁLISE DE DESEMPENHO B2B

As campanhas de marketing B2B, digitais ou não, precisam de métricas e de análise de desempenho (KPIs) para avaliar a performance das ações e medir os retornos esperados. Isso é fundamental para confirmar a eficiência da estratégia escolhida, corrigir desvios, ajustar processos e garantir novos investimentos.

É importante que essas métricas sejam analisadas em conjunto e que contextos externos do mercado sejam incorporados, pois, ocasionalmente, uma campanha é coerente com as premissas iniciais, mas pode ser corrompida por agentes alheios ao processo, como mudanças econômicas, ações da concorrência e decisões do cliente.

Definir quais métricas serão usadas no acompanhamento de performance dependerá dos objetivos da campanha e da disponibilidade de dados. Às vezes, uma ação de longa duração entrega informações em tempos diferentes, já que o ciclo de vendas no B2B têm comportamentos muito específicos.

Em todo caso, há alguns KPIs que podem ser comuns nesse mercado:

1. **Taxa de conversão —** este índice mede a proporção de leads que se transformam em clientes reais. Uma taxa de conversão alta indica bom trabalho da equipe de vendas e ações de marketing gerando leads qualificados. Uma taxa de conversão baixa, por outro lado, exige uma análise no mesmo sentido e até mais ampla.

2. **Ciclo de vendas —** é o tempo necessário para converter um lead em um cliente. Acompanhar o ciclo de vendas ajuda a identificar muitas variáveis internas, desde gargalos nos processos a oportunidades de melhoria, como ajustes de finanças e de pessoal. O ideal é sempre ter ciclos de vendas curtos, pois eles ajudam a equilibrar o fluxo de caixa e os investimentos. Contudo, cada mercado tem um ciclo determinado. Assim, o importante é ajustar o negócio a ele.

3. **Custo de aquisição de cliente —** o CAC calcula o custo total de aquisição de um novo cliente (como já visto anteriormente), incluindo os custos de marketing, vendas e outros. Um CAC baixo garante equilíbrio e rentabilidade. Para reduzir o custo de aquisição, ajustes financeiros devem ser feitos na estrutura dos negócios e nos investimentos. Outra saída é melhorar a qualificação de *leads* ou aumentar a taxa de conversão.

4. **Valor do tempo de vida do cliente** — o LTV (*life time value*) mede o valor total que um cliente gera durante todo o relacionamento com a empresa. Isso ajuda a entender o valor de um cliente e quanto vale a pena investir em sua aquisição e retenção. Um LTV alto traz melhores receitas.
5. **Taxa de retenção de clientes** — esta métrica calcula a proporção de clientes que permanecem ativos em um determinado período. Uma taxa de retenção alta é importante para garantir receita recorrente e pode ser indicador positivo de satisfação do cliente.
6. **Número de leads qualificados** — estima a quantidade de leads que atendem aos critérios de qualificação estabelecidos pela sua empresa. Este KPI ajuda a identificar quais fontes de geração de leads estão funcionando melhor e quais leads têm probabilidade de se converterem em clientes.
7. **Taxa de resposta** — mede a proporção de leads que respondem às campanhas. Acompanhar esta métrica é importante para entender a eficiência do conteúdo de marketing.
8. **Receita por cliente** — calcula a quantia média de dinheiro que um cliente gasta com a empresa, além de indicar a lucratividade e o potencial de crescimento.

Interpretando dados para melhoria contínua das estratégias

Estabelecer, acompanhar e interpretar métricas e dados que façam sentido para o negócio e para os objetivos estabelecidos é fundamental para garantir que a empresa e suas estratégias estejam no caminho certo para um crescimento saudável e sustentável. Dessa maneira, é possível identificar os pontos fortes e fracos das campanhas de marketing e dos processos de vendas, ajustar determinadas ações e melhorar os resultados.

Essa é uma atividade que deve ser periódica e contínua. Afinal, os ciclos de vendas B2B são longos, e os esforços de marketing demandam tempo e investimento.

Inteligência artificial no marketing B2B

Nestes últimos anos, vimos a IA generativa avançar em diversas áreas, ajudando profissionais a aprimorar estratégias e alcançar melhores resultados. No marketing digital, as ferramentas inteligentes também são grandes aliadas, utilizadas principalmente para aumentar a personalização de mensagens, criar formas de conteúdo, gerar leads, reduzir custos de aquisição de clientes e otimizar o retorno sobre o investimento das campanhas.

A IA está se integrando em todas as etapas da jornada do cliente. Esse avanço tecnológico, por outro lado, desafia as práticas tradicionais de marketing, exigindo que as marcas sejam mais ágeis e adaptáveis às mudanças do mercado, enquanto mantêm consistência e coerência na comunicação.

Vejamos com mais detalhes em quais atividades do marketing digital a IA tem ganhado espaço e expansão:

- **Personalização em tempo real:** a IA permite às empresas a personalização de mensagens e ofertas em tempo real, adaptadas aos comportamentos, às preferências e aos dados demográficos de cada cliente, esse é um aspecto fundamental para manter a relevância e engajar os consumidores de forma mais eficaz.
- **Previsão e análise de comportamento:** ferramentas de IA, como algoritmos de machine learning, estão sendo amplamente utilizadas para analisar grandes volumes de dados de consumidores, possibilitando aos negócios prever tendências e comportamentos futuros com maior precisão.
- **Automação de processos:** a IA está automatizando muitos aspectos do marketing digital, desde a criação de conteúdo até a distribuição de anúncios, o que reduz custos e aumenta a eficiência.
- **Aumento de produtividade:** a tecnologia inteligente também está melhorando a eficiência dos fluxos de trabalho de marketing. Tarefas que antes levavam meses, como design de conteúdo, geração de insights e segmentação de clientes, agora podem ser concluídas em alguns dias.
- **Otimização de campanhas publicitárias:** com a ajuda da IA, as campanhas podem ser ajustadas em tempo real para melhorar o ROI, otimizando a alocação de budget e segmentando o público-alvo de forma mais precisa.
- **Melhoria na experiência do cliente:** utilizando IA, as empresas podem oferecer uma experiência do cliente mais dinâmica e envolvente. Chatbots e assistentes virtuais apoiados em IA são fundamentais para fornecer suporte personalizado, automatizar e-mails de acompanhamento e oferecer orientações em tempo real. Essas ferramentas ajudam a melhorar a satisfação e a retenção, garantindo interações oportunas às marcas.
- **Engajamento em mídias sociais:** a IA está sendo utilizada para aperfeiçoar a interação com os usuários em plataformas de mídia social, incluindo chatbots e ferramentas de recomendação, que ajudam a personalizar a experiência do usuário e a aumentar a satisfação do cliente.

Vemos assim que a IA generativa está se tornando uma ferramenta indispensável no marketing digital, com potencial para transformar profundamente a maneira como as empresas interagem com seus clientes.

Transparência, ética e conexões humanas

Se a IA tem poder de transformar o marketing, seu uso também requer cuidados e responsabilidade. As organizações podem aproveitar os benefícios dessa tecnologia sem comprometer a confiança do consumidor ou a integridade da marca. Para isso, é necessário manter o foco na transparência, na ética e nas conexões humanas.

Esses cuidados tornam as iniciativas de marketing mais eficazes e sustentáveis, promovendo relacionamentos sólidos com os clientes. Por isso, listei sete pontos de atenção ao usar IA no contexto do B2B e na construção de uma Thought Leadership, embora isso tenha validade para todo o uso de IA na criação de conteúdo e no marketing digital:

1. **Autenticidade e humanização**

   Embora a IA possa automatizar muitas tarefas e criar conteúdo em escala, é fundamental que as interações e o conteúdo mantenham um toque de autenticidade. Os consumidores valorizam a conexão humana. Mensagens automatizadas podem desagradar ao público. Vale equilibrar a eficiência da IA com a personalização e o toque humano.

2. **Privacidade e conformidade**

   O uso de IA no marketing frequentemente envolve coleta e análise de grandes volumes de dados de clientes. As empresas devem garantir o cumprimento de todas as regulamentações de privacidade de dados. A transparência com os consumidores sobre como suas informações são usadas é elementar para manter a confiança.

3. **Dependência excessiva**

   Embora as ferramentas inteligentes ofereçam meios incríveis de automação e análise, confiar exclusivamente nelas pode levar a uma falta de criatividade e originalidade nas campanhas. A IA deve ser vista como suporte para os profissionais, não como um substituto completo para insights e para a intuição humana.

4. **Vieses**

   Os algoritmos podem, inadvertidamente, perpetuar vieses existentes nos dados em que são treinados. Isso pode resultar em campanhas que excluem ou representam inadequadamente certos grupos demográficos. É fundamental revisar e ajustar continuamente os modelos de IA para identificar e corrigir possíveis desvios e preconceitos.

5. **Gestão de riscos**

   Como a inteligência digital está em constante evolução, também aumenta o potencial de erros ou mal-entendidos. Implementar IA em marketing requer uma estrutura de gestão de riscos para identificar possíveis falhas ou impactos negativos antes que eles ocorram. Isso pode incluir testes rigorosos, revisões éticas e supervisão humana.

6. **Manutenção da reputação da marca**

   A IA pode produzir resultados rápidos e em grande escala, mas qualquer erro ou desvio dos valores da marca pode ter um impacto negativo significativo. As empresas devem assegurar aos consumidores que a IA esteja alinhada à identidade da marca e que o conteúdo gerado passe por revisões para garantir consistência e qualidade.

7. **Educação e treinamento**

   Os profissionais de marketing precisam ser capacitados para trabalhar com ferramentas de IA. Ou seja, são necessários treinamentos contínuos para entender as capacidades e limitações da tecnologia, bem como para interpretar corretamente os insights gerados.

Para o futuro, as empresas e os profissionais devem continuar explorando novas formas de integrar IA em suas estratégias de marketing, com um foco particular em melhorar a personalização e explorar novas oportunidades de engajamento com os consumidores.

A IA E A INTELIGÊNCIA COLETIVA

Agora que sabemos como a IA pode contribuir para as atividades de marketing, precisamos entender como essa tecnologia influencia a inteligência coletiva na comunicação mercadológica.

A inteligência coletiva pode ser definida como a capacidade de um grupo de indivíduos trabalharem juntos, e de forma coordenada, para resolver problemas complexos ou tomar decisões difíceis. Ainda que esse conceito não seja novo — tem sido estudado desde o início do século XX em diversas áreas, como biologia, economia e ciência política —, ele ganhou outros espaços com a ascensão da IA.

Quando aplicada ao marketing digital, a inteligência coletiva utiliza a colaboração de pessoas e a análise avançada de dados por IA para criar campanhas mais eficazes e personalizadas.

Alguns exemplos de como essa combinação está sendo usada:

- **Personalização avançada**

  Com a inteligência coletiva, as marcas utilizam insights de consumidores, como feedback em tempo real, para ajustar campanhas de marketing digital. Plataformas de mídia social e fóruns online, por exemplo, são usados para coletar opiniões de grandes grupos de consumidores, que, por sua vez, são analisadas por IA para identificar tendências e preferências. Dessa maneira, campanhas altamente personalizadas são criadas e ajustadas conforme a evolução do comportamento coletivo dos consumidores.

- **Crowdsourcing para criação de conteúdo**

  Marcas estão utilizando plataformas de crowdsourcing para gerar ideias criativas e conteúdos de marketing. A IA facilita esse processo ao identificar as melhores contribuições, prevendo quais ideias têm maior potencial de engajamento. Essa abordagem amplia a criatividade e também torna possível o alinhamento do conteúdo com as expectativas e as preferências do público-alvo.

- **Decisões baseadas em dados coletivos**

  O uso de IA com a inteligência coletiva permite aos profissionais de marketing tomarem decisões mais informadas e rápidas. Ferramentas de análise de dados, por exemplo, coletam e processam vastas quantidades de informações de diversas fontes (como redes sociais, pesquisas de mercado e dados de vendas), ajudando a prever o comportamento do consumidor e ajustando campanhas em tempo real.

- **Engajamento em tempo real**

  A inteligência coletiva também está sendo usada para melhorar o engajamento com os clientes. *Chatbots* e assistentes virtuais alimentados por IA analisam dados coletivos para fornecer respostas rápidas e personalizadas às consultas dos clientes, otimizando a experiência do usuário e aumentando as taxas de conversão.As empresas que conseguem alavancar a inteligência coletiva podem criar vantagem competitiva e se destacar em seus mercados, criando conexões mais profundas com seus consumidores e obtendo melhores resultados. Por fim, podemos afirmar que o marketing digital é essencial para o mercado corporativo. Ele ajuda a construir e a fortalecer uma marca, aumenta o relacionamento com os clientes, cria valor para o negócio, impulsiona as vendas, indica novas alternativas de receitas e orienta o crescimento sustentável da empresa.

Além de tudo isso, o marketing digital é um conjunto de conceitos e ferramentas em constante evolução, que acompanha a transformação tecnológica e oferece as melhores estratégias para construir experiências de compras positivas e eficazes.

PODCAST

A conversa deste episódio foca no marketing digital e vendas para o mercado B2B com Fernanda Nascimento, fundadora e CEO da Stratlab. Sandra Turchi contribui com sua ampla experiência para enriquecer a discussão.

Fernanda Nascimento — Marketing digital e vendas para o mercado B2B

CAPÍTULO 10

QUAL SERÁ NOSSO FUTURO PROFISSIONAL NA ERA DA IA?

NESTE CAPÍTULO, VOCÊ VAI:

- *Entender como mudanças no comportamento do consumidor estão impactando o marketing digital.*
- *Conhecer em detalhes as principais tendências em marketing digital para o futuro próximo.*
- *Saber quais habilidades o profissional do futuro deve desenvolver para acompanhar a expansão da IA.*

MUDANÇAS NA VIDA E NO COMPORTAMENTO DO CONSUMIDOR GUIANDO O MARKETING

Para encerrar este livro, quero falar sobre algo um pouco diferente do conteúdo que vimos até aqui. Quero falar sobre a nossa casa. Historicamente, as normas sociais moldaram nossas vidas e certos rituais, como horários de trabalho definidos, refeições regulares e responsabilidades domésticas. A pandemia, juntamente com a evolução do comércio eletrônico e da presença da tecnologia em nossas vidas, interrompeu essas convenções e mudou a forma como nos relacionamos com as pessoas e o ambiente das nossas casas. As pessoas estão se adaptando a vidas que não se encaixam mais nos moldes tradicionais, e tem havido uma transformação em como a vida é medida, deslocando o foco de marcos mais tradicionais para a vida cotidiana.

Essa mudança permitiu que os indivíduos celebrem os pequenos momentos balanceando algumas perdas ocorridas no convívio social. As casas passaram a ser quase um santuário, onde as pessoas escapam das pressões do dia a dia, especialmente em um cenário pós-pandemia — claro que isso não é uniforme e aplicável a todas as pessoas dados os efeitos da desigualdade social.

O propósito do "lar" está em reconstrução, muitos se transformaram e permanecem sendo também os locais de trabalho, e as marcas estão sendo colocadas na linha de frente para inspirar partes das casas e da vida — e não necessariamente a ideia de um lar completo. É dentro dessas "partes" que as pessoas estão criando memórias e alegria. Um lar pode não ter uma sala de jantar completa, mas pode ter lindas taças de vidro que tornam um prazer cotidiano mais especial e elevam a experiência.

As pessoas estão compartilhando a intimidade de seus lares de novas maneiras, eliminando a necessidade de perfeição. Enquanto ajustam suas rotinas e hábitos, elas buscam tanto otimizar o tempo (por exemplo, realizar várias tarefas ao mesmo tempo), principalmente devido à junção com o trabalho remoto, quanto otimizar o bem-estar (por exemplo, com rituais). Essa contradição aparente entre harmonizar produtividade e autocuidado está moldando o futuro.

Tudo isso, associado a um cenário de grande incerteza e falta de controle sobre o futuro, tem levado a um aumento do chamado "novo niilismo" fazendo com que as pessoas busquem viver mais o presente, o que pode induzir a um aumento no endividamento, devido ao comportamento "compre agora/pague depois". Há uma oportunidade para as marcas nesse sentido, de como podem ajudar as pessoas a preencher essa lacuna entre a sua realidade vivida e suas aspirações.

Como resultado, os sonhos e aspirações evoluíram, levando a um desejo de romantizar o cotidiano, que traz consumidores ansiando por satisfazer necessidades emocionais e sociais, além de experiências físicas e sensoriais intensas que dão mais significado à vida, às marcas e aos produtos.

No mundo do marketing digital, essas mudanças trouxeram um grande impacto no tipo de conteúdo criado e compartilhado. Podemos citar o crescimento do modelo "faça você mesmo" ou de "criações culinárias", assim como o compartilhamento de espaços da casa para mostrar como vivem, como demonstram diversas publicações no Tik Tok (alguns exemplos podem ser vistos abaixo). São comportamentos que não eram tão comuns no passado.

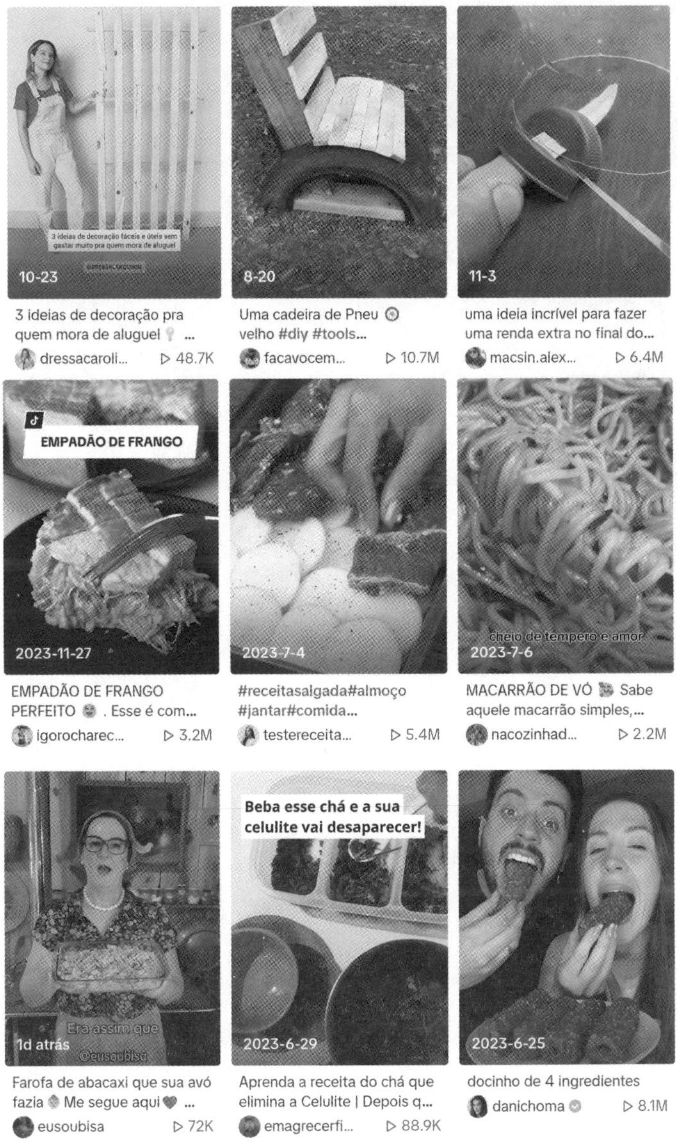

Prints aleatórios do Tik Tok.

Isso trouxe uma busca crescente e incessante por inspiração e o aumento no uso de plataformas como o Pinterest, por exemplo, justamente voltada para essa inspiração visual, como nos exemplos a seguir.

Prints selecionados do Pinterest.

Do mesmo modo, aumentou o compartilhamento de conteúdo sobre viagens, que trabalham neste nível "inspiracional", com dicas e sugestões sobre destinos, sobre como economizar, e como juntar e trocar milhas.

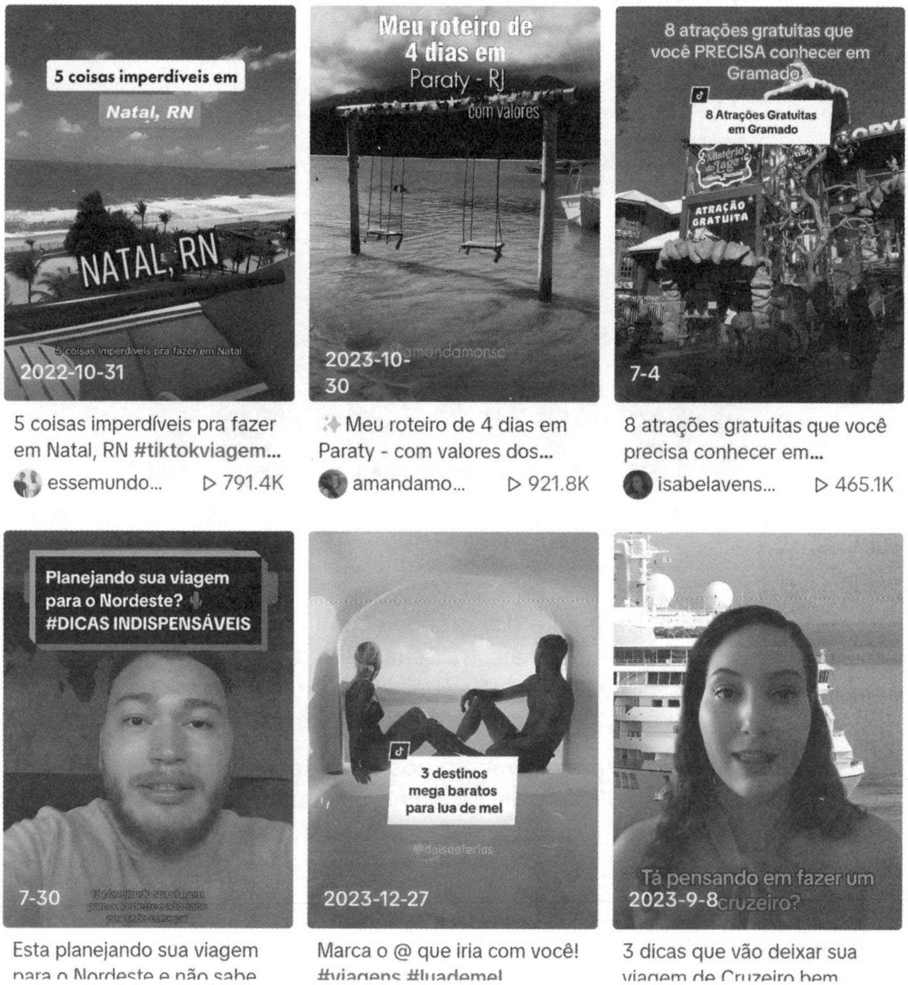

Imagens aleatórias do TikTok.

Assim como aplicativos para você "colecionar" os países que já esteve, como no caso do app Countries, demonstrado a seguir:

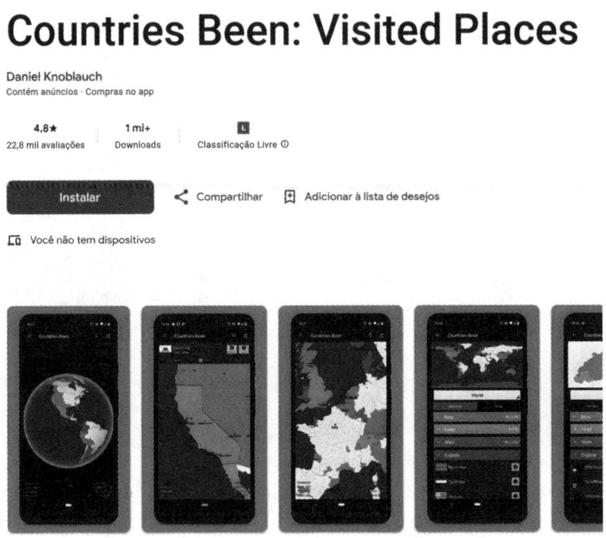

Fonte: *Imagem do app Countries.*

Os consumidores, principalmente dos grandes centros urbanos, estão cada vez mais acelerados, são multifuncionais, trabalham em diferentes locais, o que faz com que demandem serviços ainda mais ágeis. Isso impacta diretamente o varejo, que precisa se adaptar de forma veloz à omnicanalidade e às entregas ultrarrápidas.

Há uma mudança acontecendo também nos formatos das famílias, com uma ampliação do conceito tradicional, incluindo novos membros (podem ser pets ou amigos) e demandando esse entendimento pelas marcas.

Outra mudança no comportamento dos consumidores que têm causado grande impacto no marketing é a personalização, vista pelos clientes como um direito, e não um privilégio. Estamos vivendo a nova era do pessoal e intransferível. Por isso, a personalização tornou-se essencial para o marketing, colocando preferências e hábitos do consumidor no centro da sua relação com as marcas. De maneira geral, associamos a personalização a algo que gera proximidade e identificação. Pesquisas apontam que o termo está ligado a sentimentos positivos, que geram experiências memoráveis: 71% dos consumidores esperam interações personalizadas e 76% se decepcionam quando elas não acontecem.

Para o futuro próximo, reuni algumas tendências que o profissional de marketing e todo aquele que se interessa por marketing e novas tecnologias deve estar familiarizado. Como sempre digo, a presença da IA nas nossas vidas é um caminho sem volta, é como a luz elétrica. Porém, saber qual o seu papel como ser humano para fazer essas tecnologias trabalharem para você é o que vai fazer a diferença.

1. **Hiperpersonalização**

   É justamente por este último ponto que vamos iniciar. Personalizar, no marketing, significa oferecer um atendimento mais eficiente e próximo às necessidades e preferências dos clientes. Isso, portanto, deve afetar os mais diversos pontos de interação entre clientes e empresas: respostas às interações nas redes sociais, envio de e-mails e promoções, disponibilização de informações em canais de atendimento.

   Ou seja, uma empresa focada no cliente e que tem o marketing personalizado como uma preocupação deve contemplar todas as frentes de contato, visando criar uma relação mais próxima e íntima com os clientes a partir dos seus valores, das suas preferências e necessidades. E isso no varejo conecta ainda mais, além de torná-lo mais humano.

   E o que os clientes valorizam em marketing personalizado? De acordo com uma pesquisa da McKinsey, foram agrupadas quatro expectativas dos consumidores em relação às suas interações com as marcas:

   - *Faça recomendações tão relevantes que eu mesmo não teria pensado.* Uma prática comum de personalização é lembrar os consumidores de itens que eles visualizaram mas não compraram. Isso pode ser irritante ou intrusivo se não for bem executado. Por outro lado, os clientes gostam de receber recomendações de produtos ou serviços que complementem o que já pesquisaram ou compraram. As marcas precisam monitorar as impressões e deixar de enviar anúncios a clientes que não responderam.
   - *Converse comigo quando eu estiver com intenção de comprar.* Acertar o momento de enviar uma mensagem é tão importante quanto o conteúdo. Identificar esse momento exige uma análise detalhada dos comportamentos, padrões e hábitos do cliente. Por exemplo, um varejista de vestuário descobriu que os consumidores que visitavam uma loja física ou *online* tinham mais probabilidade de abrir e responder a mensagens enviadas no mesmo dia ou exatamente uma semana depois.
   - *Lembre-me do que eu quero saber, mas talvez não esteja ativamente procurando.* As marcas podem se tornar relevantes para os clientes por meio do monitoramento de eventos e circunstâncias. Isso pode incluir avisar o cliente quando um item desejado estiver de volta ao estoque ou quando for lançada uma nova versão de um produto comprado anteriormente.
   - *Conheça-me, independentemente de onde eu esteja interagindo com você.* Os clientes esperam comunicações que combinem perfeitamente com experiências *on* e *offline*. Isso é um desafio para os varejistas porque exige a colaboração entre áreas distintas da organização - desde operações de lojas até *analytics*.

A GenAI finalmente torna possível a personalização em escala — seja por meio da interpretação de dados não estruturados e desconectados, que auxiliam na segmentação, seja por meio da criação de mensagens e recomendações personalizadas, com a geração de *copies* e imagens alinhadas com as preferências do consumidor.

As empresas que adotam o marketing personalizado podem se beneficiar de diversas vantagens. Uma delas é a maior relevância, pois a criação de fluxos de personalização do marketing aumenta a pertinência dos conteúdos entregues aos clientes, tornando a relação com a empresa mais útil para eles. Além disso, a personalização resulta em clientes mais satisfeitos, que tendem a permanecer mais tempo com a empresa e a recomendá-la para outras pessoas. Outro benefício é a possibilidade de antecipar as necessidades dos clientes antes que se transformem em problemas ou falhas no serviço oferecido. Por fim, a personalização contribui para o aumento de vendas, fidelização e retenção, já que conteúdos e promoções personalizados, entregues no momento certo, fortalecem o vínculo entre clientes e empresa, gerando resultados positivos em várias frentes.

2. **Ampliação da automação de marketing**

   A **automação de marketing** já é uma realidade há algum tempo, mas em breve ela se tornará ainda mais sofisticada e essencial. Ferramentas de automação estão evoluindo para oferecer cada vez mais eficiência. A combinação de **inteligência artificial (IA)** com automação permitirá que as empresas criem campanhas altamente segmentadas e personalizadas em escala.

   As empresas têm entendido a necessidade de investir em plataformas de automação que utilizam IA para analisar o comportamento do consumidor e ajustar automaticamente suas campanhas. Ferramentas como RD Marketing, Hubspot, Marketo, Pardot, Intuit Mailchimp, GetResponse, Brevo, entre outras, estão constantemente atualizando suas funcionalidades para incorporar essas tecnologias avançadas. Sem este tipo de recursos para criar fluxos de trabalho automatizados que respondem dinamicamente às ações dos usuários, garantindo uma experiência personalizada e relevante, torna-se cada vez mais difícil implementar certas estratégias, como o inbound marketing.

3. **Maior qualidade no marketing de conteúdo**

   O **marketing de conteúdo** foi e continuará sendo essencial nas estratégias de marketing digital, mas com uma ênfase ainda maior na qualidade sobre a quantidade. O conteúdo é fundamental para conectar a empresa e sua estratégia ao seu público visando alcançar seus objetivos,

   A criação de conteúdo valioso que envolva o potencial cliente é crucial. O conteúdo de formato longo, como artigos detalhados, whitepapers e e-books, ganhará mais importância, assim como os formatos mais visuais, como vídeos e infográficos.

Concentre-se em produzir conteúdo que realmente agregue valor ao seu público. Realize pesquisas aprofundadas para entender as necessidades e desafios do seu público-alvo e crie conteúdo que ofereça soluções práticas e insights imprescindíveis. Veja mais no capítulo específico para conhecer as ferramentas adequadas para isso.

Além disso, diversifique seus formatos de conteúdo para incluir podcasts e webinars, por exemplo, ampliando assim o alcance e o engajamento do seu público.

4. **SEO e a experiência do usuário (UX)**

   O SEO está sempre em evolução e a **experiência do usuário (UX)** será um fator ainda mais importante para o ranking nos motores de busca.

   O Google e outros motores de busca estão priorizando sites que oferecem uma experiência de usuário superior, incluindo tempo de carregamento rápido, navegação intuitiva e conteúdo relevante e de alta qualidade.

   Em SEO, é fundamental focar na otimização da experiência do usuário. Deve-se realizar auditorias regulares de SEO e UX para identificar e corrigir quaisquer problemas que possam prejudicar a experiência do usuário, assim como utilizar ferramentas como Google Analytics e Search Console para monitorar o desempenho do seu site e fazer ajustes conforme necessário.

   Além disso, certifique-se de que seu site seja mobile-friendly e utilize técnicas avançadas de *SEO*, como otimização de snippets, schema markup e conteúdo evergreen, como falamos no capítulo específico sobre o tema, incluindo também o uso cada vez maior de IA para esse processo de otimização.

5. **Inteligência artificial e big data**

   A inteligência artificial e o big data continuarão a moldar o marketing digital. A capacidade de coletar, analisar e agir sobre grandes volumes de dados em tempo real permitirá que as empresas criem campanhas altamente personalizadas (a importância já foi detalhada) e direcionadas.

   A IA também será usada para prever tendências, comportamentos do consumidor e também para criar conteúdo. Cresce a importância das empresas investirem em tecnologias de IA e big data que possam ajudar a entender melhor o público e personalizar suas campanhas.

   Ferramentas como o Google Analytics 4, que utiliza IA para fornecer insights avançados, e plataformas de CRM com capacidade de análise de big dat*a*, podem ser extremamente úteis. A seguir as ferramentas de CRM consideradas como melhores pelo mercado: Salesforce, Ploomes, Zoho CRM, HubSpot, ProofHub, Monday, Moskit, Pipedrive e HoneyBook. Os profissionais deverão usar esses insights para ajustar suas estratégias em tempo real e criar campanhas mais eficazes e impactantes.

6. **A ascensão do marketing de influenciadores**

   O marketing de influenciadores vem evoluindo muito e continuará a ser uma estratégia poderosa, mas com algumas mudanças significativas. A autenticidade e a transparência serão mais importantes do que nunca, com os consumidores exigindo parcerias genuínas e conteúdo autêntico. Micro e nanoinfluenciadores, que têm seguidores altamente engajados, ganharão mais destaque.

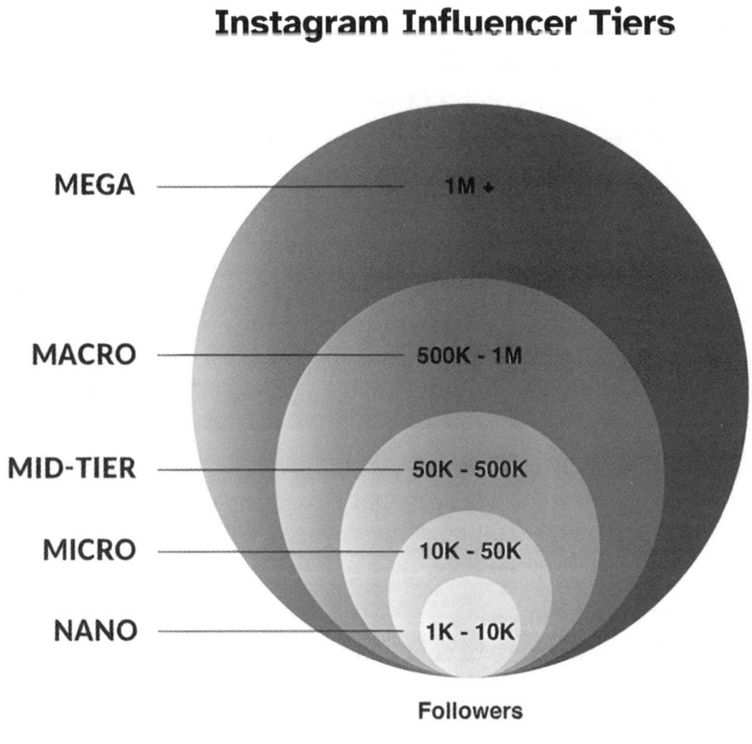

Faixas de influência pela quantidade de seguidores.

Fonte: *Mediakix*

As empresas devem selecionar influenciadores que realmente se alinhem com os valores da sua marca e que tenham uma conexão genuína com seu público-alvo, concentrando-se em construir parcerias de longo prazo em vez de campanhas pontuais.

Essa seleção deve ser criteriosa e rigorosa a fim de evitar equívocos, como trazer para perto da marca influencers que, mais do que não estarem alinhados, podem causar danos à imagem da empresa.

7. **O futuro do e-commerce e social commerce**

   O e-commerce continuará a crescer, com o social commerce (vendas diretas através de plataformas de mídia social) evoluindo cada vez mais.

   As plataformas sociais estão investindo pesadamente em funcionalidades de compra direta, permitindo que os usuários comprem produtos sem sair da plataforma.

   As empresas devem procurar integrar suas estratégias de e-commerce e social media e utilizar as funcionalidades de compra direta nas plataformas sociais, como o Instagram Shopping e o TikTok Shop.

   Deve-se buscar criar conteúdo que promova os produtos de forma natural e envolvente nas redes sociais. Além disso, é estratégico investir em anúncios pagos nas plataformas sociais para alcançar um público mais amplo e direcionado.

8. **Outras tendências importantes para o marketing e o consumo**

   - **Marketing multisensorial e retail media**

   O varejo assume cada vez mais um papel central como ponto de mídia de alta potência. Tecnologias como RV e RA criam interações, elevando a experiência multissensorial nos pontos de venda, assim como provadores virtuais, do uso de texturas interativas, iluminação inteligente, música personalizada etc. A loja volta a ser vista como destino para os consumidores. O retail media cresce muito colocando o ponto de venda como local de atração e influência das marcas.

   - **Autoindulgência**

   Pela definição, a auto indulgência é a tendência da pessoa que busca desculpar os próprios erros, autocomplacência, autoperdão, enfim, é um conceito relacionado ao fato de a própria pessoa se presentear com algo, com os famosos mimos - no final de 2024, por exemplo, a frase “me mimei” virou uma trend. Está relacionada também ao alto impacto atual da “instagramabilidade” e ao acesso ao mercado de luxo, com extensões de linhas de produtos (bolsas, snickers, beleza cosmética etc.) feitas pelas marcas e agora também muito voltadas para alimentos, com diversas marcas de luxo criando seus cafés, docinhos, chocolate, snacks e artigos similares. Já chegou até mesmo ao mainstream com redes como H&M e Zara.

- **Rejeição ao greenwashing**

A sustentabilidade deve ser um propósito real, também com uma crítica às práticas superficiais ou pouco efetivas (o chamado greenwashing). Os consumidores estão exigindo cada vez mais que as marcas tenham uma "ética verde" e se preocupem de verdade com questões ambientais, sendo mais sustentáveis, mudando suas atitudes e práticas de negócios de forma a olhar para o planeta criando metas alcançáveis. Envolve reparos e reuso de produtos, economia circular, serviços de aluguel, redução de emissões, captura de carbono, parceria com fornecedores, entre outros, evitando o consumo desenfreado e o desperdício.

- **Wellbeing**

É essa sensação de se sentir saudável e feliz. Saúde e bem-estar nunca deveriam ter sido uma "tendência", mas agora passam a ser uma busca por longevidade e de real conexão com a espiritualidade e ancestralidade como uma resposta ao momento de excesso de doenças mentais, que se tornou quase uma epidemia nos dias atuais. Diferentemente do conceito de *wellness* - que está relacionado a uma busca individual - o conceito de wellbeing é mais amplo e envolve o bem estar físico e também mental, e é mais holístico pois atinge todas as pessoas e setores da sociedade. Marcas que integram essa tendência de forma real podem gerar maior engajamento.

- **Ecodiversidade**

Combina a sustentabilidade ambiental com a inclusão social para gerar impacto positivo para o planeta e pessoas (incluindo comunidades antes marginalizadas), envolvendo agricultura, ecossistemas integrados, preservação de recursos naturais, conectando responsabilidade ambiental e social.

- **Mudanças nos grupos familiares**

Famílias tradicionais se reinventando e se ampliando para um conceito de comunidade, incluindo outros membros e outros seres (pai e mãe de pet já se tornaram expressões comuns). Há marcas que investem em cocriação, entendendo esse novo conceito de família, fortalecendo o vínculo e o engajamento. E o humor traz leveza para as narrativas como estratégia de comunicação, tornando marcas mais humanas e acessíveis, ganhando ainda mais relevância.

- **Regionalismo**

Valorização do que é local, atingindo consumidores que prezam essa ação de marcas que olham para isso de forma genuína. Com o destaque para informações de procedência de alimentos, meios de fabricação, uso de mão de obra adequada etc. Ressurge como tendência central para marcas que valorizam esse fortalecimento das identidades regionais e buscam mais autenticidade.

- **Superconveniência**

Com o tempo sendo um fator chave hoje em dia a busca por conveniência continua a moldar o varejo, com serviços de entrega ultrarrápidos (same day delivery) que são cada vez mais demandados e valorizados por consumidores ainda mais acelerados e aflitos, que desejam tudo na hora. Este avanço só tem sido possível com o uso de tecnologias avançadas no setor de logística, oferecendo experiências mais ágeis.

- **IA integrando o varejo**

Era da automação e IA redefinindo o varejo: logística otimizada, abastecimento automatizado, compras por voz, o comércio em qualquer lugar já é uma realidade, com sistemas de IoT e isso ajuda na fluidez omnichannel. Liberando recursos para focar na experiência, o que vai ajudar na união do back e do front da loja.

HABILIDADES PARA O PROFISSIONAL DO FUTURO

Uma pergunta que qualquer profissional deve estar se fazendo hoje em dia, ainda mais em tempos de grande expansão da IA, é sobre o que o mercado está ou estará buscando em termos de competências e habilidades profissionais.

É muito importante salientar que essa busca vai além de habilidades técnicas - as hard skills. As chamadas *soft skills* estão mudando a forma como os profissionais atuam e como as empresas recrutam pessoas.

O relatório *Future of Jobs* do *World Economic Forum* (WEF) apontou quais são as 15 habilidades do futuro do trabalho. São elas:

1. Pensamento analítico e inovação
2. Aprendizagem ativa e estratégias de aprendizagem
3. Resolução de problemas complexos
4. Pensamento crítico
5. Criatividade, originalidade e iniciativa
6. Liderança e influência
7. Uso, monitoramento e controle de tecnologia
8. Design de tecnologia e programação
9. Resiliência, tolerância ao estresse e flexibilidade
10. Raciocínio e ideação
11. Inteligência emocional
12. Resolução de problemas na experiencia do usuario
13. Mentalidade de customer service
14. Análise e avaliação de sistemas
15. Persuasão e negociação

As habilidades do futuro são competências de ordem social e emocional, que guiam o comportamento de uma pessoa e seu desempenho profissional. Ao contrário das hard skills, que são habilidades técnicas geralmente desenvolvidas em cursos, aulas e treinamentos, as soft skills são aprendidas e desenvolvidas ao longo da vida, por meio de experiências pessoais.

Isso não significa que não possam ser desenvolvidas voluntariamente, mas sim que as vivências de cada pessoa têm uma influência significativa no aprendizado dessas habilidades.

Por que as empresas estão atentas a essas habilidades?

Nos últimos anos, organizações descobriram que a união entre soft skills e hard skills é o fio condutor de uma performance de excelência. Por isso, à medida que as competências socioemocionais se tornam um critério de recrutamento, o desenvolvimento dessas habilidades do futuro se torna imperativo.

Estamos em um período de muitas mudanças no mercado de trabalho. Com a pandemia, a transformação digital, que chegava de forma um pouco menos acelerada, foi grandemente impulsionada. As empresas que ainda ignoravam o potencial disruptivo dessa transformação precisaram se reinventar, e foi nessa transição que as soft skills ganharam ainda mais destaque.

A expansão do home office e do trabalho híbrido, a adoção de tecnologias e a automatização de processos fizeram com que alguns empregos entrassem em declínio, enquanto outras funções emergiram. Entre elas, profissões menos operacionais e mais estratégicas, focadas no digital, na análise de dados e na gestão de pessoas, como também apontado pelo relatório do WEF.

Nesse cenário imprevisível e instável, apenas alguns profissionais se destacam. Entre eles, estão os que são capazes de se adaptar rapidamente às mudanças, propor soluções inovadoras, gerenciar conflitos de forma criativa, lidar de forma empática com outras pessoas e entre outras capacidades consideradas habilidades do futuro.

Obviamente, o conhecimento técnico ainda é muito importante; contudo, ainda mais relevante é a capacidade de continuar se desenvolvendo, aprendendo e providenciando os recursos necessários para se ajustar às transformações.

CONCLUINDO: UM CONVITE À REINVENÇÃO

Quando este livro estava na reta final, já em fase de revisão, uma notícia abalou o mundo da inteligência artificial: no dia 20 de janeiro de 2025 a empresa chinesa DeepSeek lançou seu modelo de IA, o DeepSeek R1. Um chatbot que parece funcionar tão bem (ou melhor!) que o ChatGPT, da OpenAI, com software código aberto e totalmente gratuito. Mais do que isso, o modelo teria sido desenvolvido a um custo de US$5,6 milhões, uma pequena fração dos bilhões de dólares utilizados no desenvolvimento do ChatGPT.

Em poucos dias, o DeepSeek R1 passou a ser o app mais baixado nas lojas de aplicativos americanas e provocou uma queda de US$1 trilhão no valor de mercado das chamadas "the magnificent seven" americanas (Alphabet, Amazon, Apple, Meta, Microsoft, Nvidia e Tesla). Isso porque a tecnologia chinesa seria capaz de fazer mais por muito menos, sem depender dos processadores americanos — a espinha dorsal dos modelos de IA. Por outro lado, ainda há muitas dúvidas sobre a privacidade de dados no aplicativo chinês e desconfiança sobre os valores divulgados.

Se isso vai ser uma nova "corrida espacial" como nos tempos da Guerra Fria, é o que veremos. O que não podemos perder de vista, como profissionais de marketing digital e interessados no tema da IA, é qual vai ser o nosso papel diante dessa evolução tão acelerada que nem somos capazes de acompanhar. Afinal, a impressão é de que estamos sempre correndo atrás!

Mas se hoje a IA redefine as dinâmicas do trabalho, da sociedade e da vida cotidiana, eu tenho certeza de que o desenvolvimento de habilidades humanas é a chave para quem quer ser relevante. À medida que a tecnologia automatiza tarefas analíticas e operacionais, o valor das qualidades exclusivamente humanas, como criatividade, intuição, empatia e discernimento, ganha protagonismo. No entanto, alcançar esse diferencial não será possível com abordagens tradicionais e lineares. Será necessário explorar caminhos que ampliem a consciência, isto é, que aprofundem nossa compreensão de nós mesmos, das nossas conexões interpessoais e do universo que nos cerca.

Essa jornada de aprendizado vai além do pragmatismo e exige uma imersão em áreas de conhecimento que abrangem novos horizontes. A física quântica, por exemplo, nos desafia a questionar as certezas da física clássica, investigando fenômenos que operam em níveis subatômicos e redefinem conceitos de previsibilidade e interconexão. As constelações sistêmicas, fundamentadas em disciplinas como psicologia, filosofia e antropologia, proporcionam uma compreensão mais profunda das dinâmicas humanas em sistemas coletivos, revelando como nossas ações individuais afetam o todo. Outras vertentes, como a neurociência e os estudos sobre a mente consciente e subconsciente, oferecem insights sobre os mecanismos internos que moldam nossas decisões e comportamentos. Além disso, práticas como a meditação regular têm sido amplamente reconhecidas por fortalecer habilidades como foco, resiliência emocional e clareza mental. Todas essas áreas convergem para um mesmo ponto: elas nos ajudam a enxergar além do óbvio, ampliando as perspectivas necessárias para navegar a complexidade do mundo atual.

Mais do que uma adaptação às mudanças, essa expansão da consciência representa a capacidade de trazer soluções inovadoras, éticas e profundamente conectadas com as necessidades humanas. O diferencial competitivo não estará mais em quem detém mais dados ou ferramentas tecnológicas, mas em quem consegue articular conhecimento, intuição e sensibilidade para criar algo verdadeiramente significativo. É nesse contexto que habilidades como empatia, pensamento crítico e visão sistêmica permitem aos profissionais equilibrar a lógica das máquinas com a profundidade emocional e reflexiva que apenas a humanidade pode oferecer.

Para atender a essas novas demandas, é vital que o desenvolvimento pessoal e profissional seja uma prioridade. Isso inclui não apenas buscar conhecimento técnico, mas também o apoio de escolas, mentores, grupos de networking e comunidades especializadas que fomentem o aprendizado contínuo. Mais do que nunca, é necessário investir tempo e energia na construção de uma base sólida que integre habilidades práticas e emocionais.

Ampliar a consciência é mais do que uma resposta às mudanças tecnológicas; é também um convite à reinvenção. Nesse processo, os profissionais podem descobrir não apenas como se adaptar ao futuro, mas também como moldá-lo. Ao abraçar essa jornada de autodescoberta e aprendizado, estamos criando oportunidades para que nossas contribuições em um mundo dominado pela IA sejam mais profundas, impactantes e alinhadas aos desafios e possibilidades do nosso tempo.

PODCAST

Este episódio é quase uma masterclass com Martha Gabriel, autora best-seller, sócia-fundadora da FutureNow e professora em grandes instituições como PUC, Dom Cabral e Insper. Ela compartilha sua trajetória, conhecimentos e detalhes sobre seu livro *Inteligência Artificial: do Zero a Superpoderes* e, com ela, Sandra Turchi traz sua vasta experiência para enriquecer essa conversa imperdível.

Martha Gabriel — O ser humano e a Inteligência Artificial

Este capítulo traz um podcast adicional e discute o futuro dos profissionais na era digital com Romeo Busarello, professor da ESPM, INSPER, FIA e Startse. Sandra Turchi conduz a conversa com insights estratégicos que tornam o bate-papo ainda mais interessante.

Romeo Busarello — o Futuro dos profissionais na era digital

REFERÊNCIAS BIBLIOGRÁFICAS

ANDERSON, C. *A cauda longa*. São Paulo: Campus, 2006.

CARVALHO, Nino. *Metodologia PEMD - Planejamento Estratégico de Marketing na Era Digital*. São Paulo, DVS, 2023.

__________. *Mais Marketing, menos Guru*. São Paulo, DVS, 2024.

DANTAS, Vera; AGUIAR, Sonia. *Memórias do computador*. São Paulo: IDG, 2005.

GABRIEL, Martha. *SEM e SEO dominando o marketing de busca*. São Paulo: Novatec, 2009.

__________. *Marketing na era digital*. São Paulo: Novatec, 2010.

__________. *Você, Eu e os Robôs - Como se transformar no profissional digital do futuro*. São Paulo: Gen-Atlas, 2021

__________.*Inteligência Artificial - do Zero a Superpoderes*. São Paulo, Gen-Atlas, 2024.

GODIN, Seth. *Marketing de Permissão* - São Paulo - H1 Editora, 2021.

MELO DE SOUZA, Edson; GIURLIANI, Silvia. *Mídias sociais para pequenas e médias empresas*. São Paulo: Germinal, 2011.

MOUTINHO, Luiz; MENEZES, Karla. *NeuroMarketing - Ciência, Comportamento e Mercado*. São Paulo. DVS, 2023.

MURTA, Rodrigo. *A Arte de GPTear - Conversando com robôs*. São Paulo. Ed. Labrador. 2023.

REZ, Rafael. *Marketing de Conteúdo - A moeda do século XXI*. São Paulo. DVS Editora, 2016.

RIBEIRO, Rui; VEIGA, Paulo. *Transformação Digital - Os Desafios, o Pensar e o Fazer.* São Paulo, Actual, 2023.

ROGERS, David L. *Transformação Digital - Repensando o seu negócio para a era digital. São Paulo. Autêntica Business, 2023.*

SOLIS, Brian; KUTCHER, Ashton. The complete guide for brands and businesses to build, cultivate, and measure success in the new web. Nova York: Wiley, 2010.

SOSNOWSKI, Alice Salvo. *Soft Skills - Para a vida, a carreira e os negócios.* São Paulo. Ed. Alta Life, 2024.

SPINA, Felipe. Personalização - Quem fala com todos não fala com ninguém. São Paulo, DVS, 2019.

TELLES, André. *A revolução das mídias sociais.* São Paulo: M.Books, 2010.

WANDERLEY, Cristovão; PENNA, Daniela; NASCIMENTO, Fernanda; LEONE, Isadora; ALGODOAL, Juliana. *Thought Leadership - muito além da influência.* São Paulo, Ed. Neo, 2024

WESTERMAN, George; BONNET, Didier; McAFEE, Andrew. Liderando no Era Digital. São Paulo. M. Books, 2016

Sites e portais:

___________. *Como as pessoas se comportam nas redes sociais.* Disponível em: <http://cappra.com.br/2012/09/18/perfil-socialgrafico-como-as-pessoas-se-comportam-nas-redes-sociais>.

ADMINISTRADORES, Marcos Hiller. *Não é merchan! O certo é product placement.* Disponível em: <http://www.administradores.com.br/artigos/negocios/nao-e-merchan-o-certo-e-product-placement/61320/>.

ADNEWS, Da Redação. *Skol 360° lança Serviços de Atendimento ao Churrasqueiro.* Disponível em: <http://www.adnews.com.br/publicidade/skol-360-lanca-servico-de-atendimento-ao-churrasqueiro>.

ADNEWS, Da Redação. *Como a tecnologia está mudando completamente o planejamento de mídia.* Disponível em: <http://www.adnews.com.br/artigos/como-a-tecnologia-esta-mudando-completamente-o-planejamento-de-midia>.

AGÊNCIA BRASIL, Helena Martins. *Comunicação: sociedade cobra ampliação do acesso à internet*. Disponível em: <http://agenciabrasil.ebc.com.br/geral/noticia/2014-09/comunicacao-sociedade-cobra-ampliacao-do-acesso-internet>.

AGÊNCIA BRASIL, Fernanda Cruz. *Quase 80% dos jovens com acesso à internet mantêm perfil em redes sociais*. Disponível em: <http://agenciabrasil.ebc.com.br/geral/noticia/2014-08/quase-80-dos-jovens-com-acesso-internet-mantem-perfil-em-redes-sociais>.

AGÊNCIA PARTNER. *Mídia programática a evolução da compra de mídia na internet*. Disponível em: <http://blog.agenciapartner.com/2015/01/midia-programatica-evolucao-da-compra.html>.

BRASIL ECONÔMICO, Douglas Nunes. *Aplicativos movimentam US$ 25bi no Brasil*. Disponível em: <http://brasileconomico.ig.com.br/ultimas-noticias/aplicativos-movimentam-us-25-bi-no-brasil_137815.html>.

BRASILLINK, Juan Pablo Suarez. *Compra programática: o futuro das campanhas veiculadas por mídias digitais*. Disponível em: <http://brasillink.usmediaconsulting.com/2013/05/compra-programatica-o-futuro-das-campanhas-veiculadas-por-midias-digitais/>.

CARVALHO, Emanuele. *Criação de marketing de conteúdo*. Disponível em: <http://aulasmd.blogspot.mx/2013/04/criacao-de-marketing-de-conteudo.html>.

CIO, Da Redação. *Brasileiros estão seriamente preocupados com dados pessoais*. Disponível em: <http://cio.com.br/noticias/2014/05/21/efeito-snowden-brasileiros-estao-seriamente-preocupados-com-dados-pessoais/>.

DEURSEN, Felipe Van. *Como os fãs salvaram a Lego*. Disponível em: <http://super.abril.com.br/cotidiano/como-fas-salvaram-lego-642842.shtml>.

ESTADÃO, Bruno Capelas. *Brasileiros são os mais viciados em ficar conectados, diz pesquisa*. Disponível em: <http://blogs.estadao.com.br/link/brasileiros-sao-os-mais-viciados-em-ficar-conectados-diz-pesquisa/>.

EUGÊNIO, Márcio. O poder de uma boa história. Disponível em: <http://www.baguete.com.br/artigos/12/08/2014/o-poder-de-uma-boa-historia>

FERRAZ, Karen. Descomplicando a mídia programática. Disponível em: <http://www.exchangewire.com.br/2016/06/13/descomplicando-a-midia-programatica/>.

FOLHA DE S.PAULO, Bruno Romani. *Smartphones crescem em tamanho e engolem venda dos tablets*. Disponível em: <http://www1.folha.uol.com.br/tec/2014/08/1495512-smartphones-crescem-em-tamanho-e-engolem-vendas-dos-tablets.shtml>.

FOLHA DO MATE, Guilherme Siebeneichler. *Ibope confirma que mulheres usam mais a internet*. Disponível em: <http://www.folhadomate.com/blog/tudo-e-todas/0000/ibope-confirma-que-mulheres-usam-mais-a-internet->.

GGN, Luiz Eduardo Brandão. *Blogs do Brasil: 2° lugar no mundo em alcance*. Disponível em: <http://jornalggn.com.br/fora-pauta/blogs-do-brasil-2%C2%BA-lugar-no-mundo-em-alcance>.

GHISE, Vinícius. Mídia Programática: O que é e como funcionam as plataformas. Disponível em: < http://www.viniciusghise.com.br/blog/midia-programatica/>.

HERMANO MOTA. *69% das empresas monitoram o que é dito nas redes*. Disponível em: <http://hermanomota.com.br/2014/06/10/69-das-empresas-monitoram-o-que-e-dito-nas-redes-sociais>.

IDGNOW, Da Redação. *Internet é a principal fonte de entretenimento para 43% dos jovens*. Disponível em: <http://idgnow.com.br/internet/2014/07/17/internet-e-a-principal-fonte-de-entretenimento-para-43-dos-jovens/>.

MEIO E MENSAGEM, Da Redação. *Consumo de vídeos online é maior no Brasil*. Disponível em: <http://www.meioemensagem.com.br/home/midia/noticias/2014/11/25/Consumo-de-videos-online-e-maior-no-Brasil.html>.

MEIO E MENSAGEM, Da Redação. *Mulheres navegam mais no Brasil*. Disponível em: <http://www.meioemensagem.com.br/home/midia/noticias/2015/02/13/Mulheres-lideram-presenca-na-internet-no-Brasil.html>.

MARKETING, Silvio Almeida. 42% *das pesquisas orgânicas são provenientes de dispositivos móveis*. Disponível em <http://mmarketing.pt/2015/02/42-das-pesquisas-organicas-sao-provenientes-de-dispositivos-moveis/>

MOBILE TIME, Da Redação. 25% das visualizações de páginas web no mundo acontecem em dispositivos móveis. Disponível em: <http://www.mobiletime.com.br/05/06/2014/25-das-visualizacoes-de-paginas-web-no-mundo-acontecem-em-dispositivos-moveis/379939/news.aspx>.

MOBILE TIME, Fernando Paiva. *Brasil: download de apps dobra em um ano*. Disponível em: <http://www.mobiletime.com.br/28/10/2014/brasil-download-de-apps-dobra-em-um-ano/395724/news.aspx>.

MOBILEXPERT, Laura Ximenes. *Android supera Apple iOS em número de aplicativos*. Disponível em: <http://mobilexpert.com.br/mercado-telecom/materias/9415/android-supera-apple-ios-em-numero-de-aplicativos>.

OLHAR DIGITAL, Da Redação. *Site AliExpress, do chinês Alibaba, lidera vendas na internet brasileira*. Disponível em: <http://olhardigital.uol.com.br/noticia/site-aliexpress-do-chines-alibaba-lidera-vendas-na-internet-brasileira/44884>.

O QUE ROLA NO MUNDO. Google leva 0,5 segundos para ler todas as páginas web do mundo. Disponível: <http://www.oquerolanomundo.com.br/google/>. A

PREDICTA, Bruno Borges e Luis Camargo. *Mídia programática: como se preparar para esta nova realidade?*. Disponível em: <http://www.predicta.net/tag/midia-programatica/>.

PROPMARK, Kelly Dores. *Marcas surfam na onda dos apps*. Disponível em: <http://propmark.uol.com.br/digital/47319:marcas-surfam-na-onda-dos-apps>.

PUBLICITÁRIOS SOCIAL CLUB, Renata Roque. *Mulheres e as redes*. Disponível em: <http://www.publicitariossc.com/2014/06/mulheres-e-redes-sociais//>.

QUICKDROPS, Stanley Calderelli. *Personalização e interação via whatsapp*. Disponível em: <http://www.quickdrops.com.br/2014/05/comunicacao-personalizacao-e-interacao-whatscook.html>.

REINERT, Pedro. O futuro das plataformas de mídia. Disponível em: <http://www.anfibia.com.br/blog/category/tendencias/>

RUSSOWSKY, Henrique. 7 definições para entender o universo da compra programática. Disponível em: <http://www.proxxima.com.br/home/proxxima/how-to/2015/02/11/7-defini-es-para-entender-o-universo-da-compra-program-tica.html>.

SEBRAE, Da Redação. *A presença das empresas brasileiras nas redes sociais*. Disponível em: <http://www.sebraemercados.com.br/a-presenca-das-empresas-brasileiras-nas-redes-sociais/>.

SERRANO, Daniel Portillo. *Geração Z* Disponível em: <http://www.portaldomarketing.com.br/Artigos3/Geracao_Z.htm>.

TASSINARI, Fernando. Como a tecnologia está mudando completamente o planejamento de mídia. Disponível em: <http://www.adnews.com.br/artigos/como-a-tecnologia-esta-mudando-completamente-o-planejamento-de-midia>.

Sites e páginas consultadas:

https://datareportal.com/reports/digital-2024-october-global-statshot

We are Social - Meltwater - Fev/2025

https://quixy.com/blog/top-ai-tools-for-productivity/

https://asana.com/pt/resources/swot-analysis

https://www.agenciamestre.com/seo/estado-da-pesquisa/

https://blog.opinionbox.com/pesquisa-sobre-aplicativos-no-brasil/

https://influency.me/blog/o-que-sao-microinfluenciadores/

https://sebrae.com.br/sites/PortalSebrae/como-usar-a-estrategia-de-influenciadores-digitais-para-vender-mais,927fbbd7f0f07810VgnVCM1000001b00320aRCRD

https://abemd.org.br/regulamentacao/capem/

https://mundodomarketing.com.br/9-tendencias-de-ia-para-2025-segundo-a-ibm

https://www.mckinsey.com/br/our-insights/all-insights/consumidores-esperam-interacoes-personalizadas

https://blog.somostera.com/futuro-do-trabalho/habilidades-do-futuro

https://iabbrasil.com.br/wp-content/uploads/2019/11/Ebook-IAB-Formatos-An%C3%BAncio-A5-DIAGRAMA%C3%87%C3%83O-v3.pdf

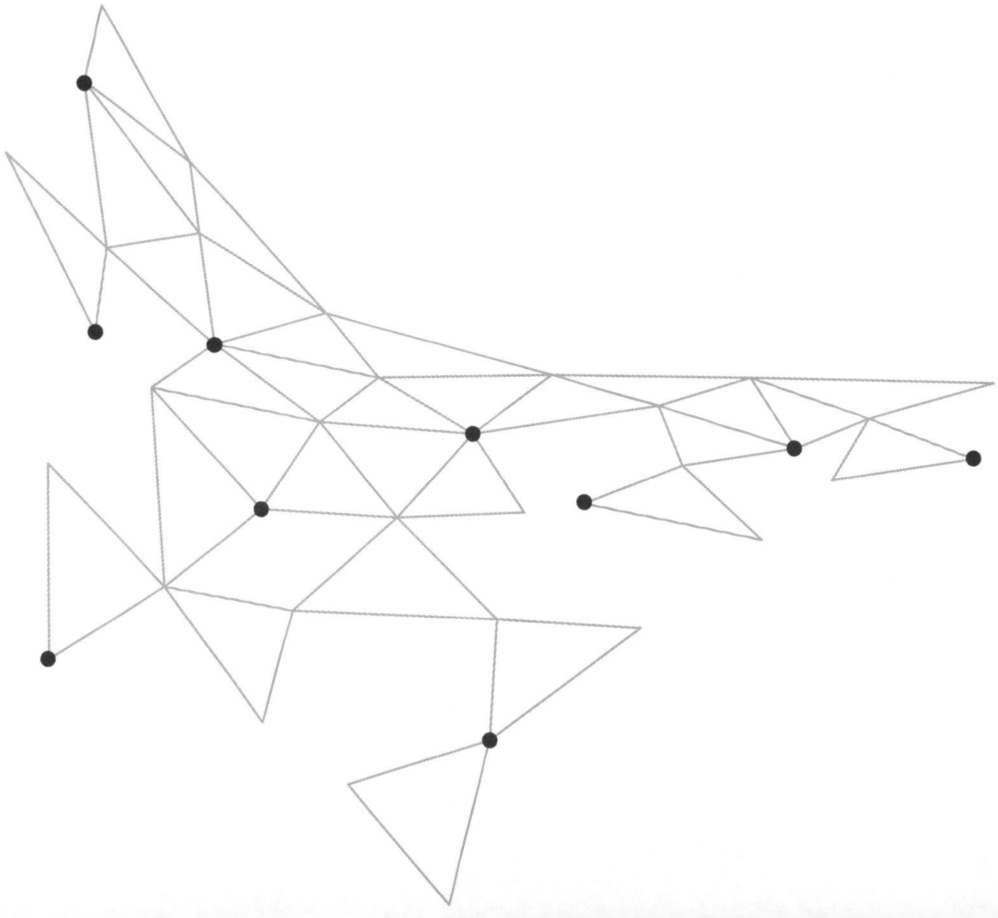

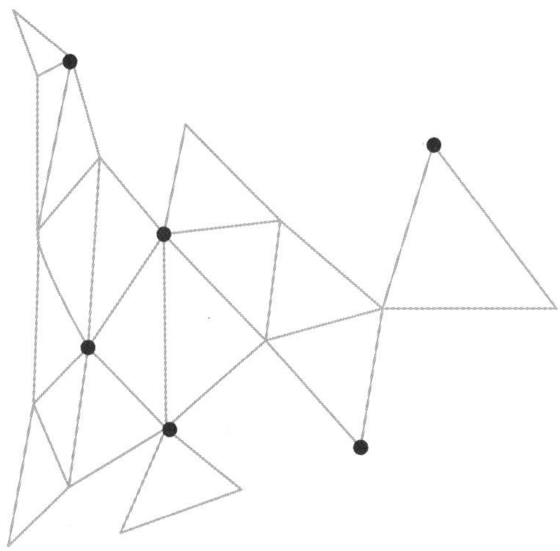

www.dvseditora.com.br

Impressão e Acabamento | Gráfica Viena
Todo papel desta obra possui certificação FSC® **do fabricante.**
Produzido conforme melhores práticas de gestão ambiental (ISO 14001)
www.graficaviena.com.br